STORIE DEL MONDO

12

BRUNO BARTOLONI

LE ORECCHIE DEL VATICANO

MAURO PAGLIAI EDITORE

www.mauropagliai.it

© 2012 Edizioni Polistampa
Via Livorno, 8/32 - 50142 Firenze
Tel. 055 737871 (15 linee)
info@polistampa.com - www.leonardolibri.com

ISBN 978-88-564-0178-3

Sommario

LE ORECCHIE
DEL VATICANO

*La Memoria di Hilde, Marianne,
Ilda, Fritz, Giulio Argentino e Nissim Alhadeff.*

*La Memoria dei Boehm, Büchenbacher,
Busse, Dorn, Goldmann, Guttstadt, Hesselberger,
Hirschmann, Landmann, Mailänder,
Rosenbaum, Rosenfeld, Samter, Warschauer.*

Il ricordo di Giovanni Paolo II.

*La pazienza di Carla, l'intelligenza
di Claudia Murru, la cortesia di Antonio.*

SEIFFEL E IL SUO PIFFERO

Seiffel, figlio di Wolf, figlio di Benjamin, se ne andava a piedi lungo la grande carraia bianca che risale verso Norimberga. Veniva dal minuscolo borgo di Landshausen, vicino a Dillingen sul Danubio, dov'era nato trent'anni prima. Faceva ancora caldo in quei giorni di settembre del 1780 e Seiffel se ne andava contento e di buon passo girandosi ogni tanto per vedere se passava qualche carro che portava alle birrerie il luppolo appena raccolto. I contadini lo facevano salire senza problemi. A volte bastava solo un cenno e la risposta era un gesto distratto della mano callosa, quella che non teneva le redini appoggiate sulle groppe possenti dei cavalloni da tiro.

Si stendeva sulle balle e si lasciava stordire dall'odore acido del luppolo che macerava al sole. Sorvegliava sui tetti delle cappelle lontane i nidi delle cicogne che sbattevano ali e becchi ma non si decidevano ancora a partire. Contava i passaggi di anatre e di aironi rosa dai lunghi colli. Poi tirava fuori dalla sacca il suo piffero e cominciava a zufolare.

Lo chiamavano Pfeiffer, Seiffel figlio di Wolf, perché quando non soffiava in un piffero aveva sempre una battuta pepata da soffiare ai clienti. Suo padre era un ambulante, come lo era stato Benjamin e forse anche il nonno e il nonno del nonno. Era quasi l'unico mestiere consentito allora agli ebrei. Vendeva tessuti, vestiti, pentole, penne e inchiostro e non si allontanava mai più di qualche miglio dalle rive del Danubio. Con una penna di legno il piccolo Pfeiffer si era costruito un giorno un fischietto. Con lo stesso materiale s'inventò un piffero molto simile a quello visto fra le mani di un rubicondo virtuoso della banda di Landshausen.

Aveva cominciato ad avere successo con zufoli e fischietti in mostra sul banchetto di suo padre che aveva poco a poco allungato le sue spedizioni fino ai dintorni di Norimberga, evitando accuratamente la città. Da Norimberga gli ebrei erano stati espulsi e si erano ritrovati quasi tutti a Diespeck, un accogliente borgo vicino a Neustadt sull'Aisch.

A Diespeck, zufolando dietro il banchetto sulla piazza del mercato, aveva incantato Ziporra, una giovane, minuscola ebrea dagli occhi nerissimi e i capelli ricci e corvini, figlia anche lei di un Wolf che aveva una bottega di spezie.

"Torno! Torno presto! Aspettami!" le aveva detto partendo, facendola arrossire.

Così ora tornava. Aveva compiuto trent'anni pochi giorni prima.

"È tempo che io vada!" aveva detto al padre. Wolf lo aveva benedetto e gli aveva fatto scivolare nella tasca un piccolo gruzzolo. La madre aveva pianto.

Ci saranno state venti miglia prussiane da percorrere, ben centocinquanta chilometri. La vecchia giumenta di casa con il suo traballante carretto ci aveva messo tre settimane a portarli in giro per i borghi della Baviera e della Franconia fino a Diespeck. Secondo Pfeiffer, con po' di fortuna e con il bel tempo, ora da solo e a piedi in cinque giorni poteva raggiungere la piccola Ziporra.

Non si perse tempo. Pfeiffer fu accolto come un fidanzato atteso da sempre dalla dolce Ziporra ma anche da suo padre, vedovo e molto anziano che non ce la faceva proprio più a vendere le sue spezie nella piccola bottega appoggiata ai resti del castello del margravio di Brandeburgo.

Il vecchio Wolf regalò a Pfeiffer una sbuffante camicia bianca che odorava di lavanda e un suo vecchio cappello nero *haut de forme* sotto il quale Ziporra riuscì a recuperare fra i boccoli dello sposo due lunghi cernecchi. Lui ripescò, incurante del caldo, il tocco di zibellino smangiucchiato da generazioni di tarme. Andarono dal rabbino nella minuscola sinagoga e il matrimonio fu presto celebrato nella gioia della comunità, con i canti e le preghiere regolamentari e con i bravi calici spezzati come vuole la tradizione nel ricordo del tempio distrutto.

Ziporra portò in dote la somma stabilita dal governo regionale pochi mesi prima per fornire agli ebrei la *Schutz,* la "protezione" che dava loro il diritto alla residenza. Pfeiffer portò le sue braccia, la sua esperienza nel commercio, i suoi pifferi e le sue divertenti battute piene di pepe. Ma anche la sua fortuna. Due anni dopo l'imperatore Giuseppe emanò l'editto di tolleranza che ridusse tasse, oneri e restrizioni agli ebrei. Fecero festa perché proprio allora nacque Federica e perché gli affari sarebbero andati sempre meglio. Infatti Pfeiffer poté comprare da David Marx, il bottaio di Diespeck, un altro *Schutzjude*, un piccolo podere con casa e giardino.

Prima di chiudere gli occhi sereno, nonno Wolf ebbe il tempo di veder nascere una nuova piccola Ziporra ma anche un Lazarus che avrebbe assicurato la discendenza.

E non furono gli ultimi rampolli. Seguirono, infatti, Voegele, Loeb, Rosina e Marianne.

Aveva quasi sessantacinque anni Pfeiffer Wolf di Benjamin quando divenne Pfeiffer Wolf Mailänder, a seguito dell'emancipazione, elargita con decreto imperiale, che imponeva agli ebrei di scegliersi un cognome. Non si sa perché volle chiamarsi "Milanese", visto che a Milano non c'era mai stato. Qualche viaggiatore gli avrà parlato della metropoli lombarda e l'avrà fatto sognare.

Pfeiffer morì ultrasettantenne dopo aver accasato le tre figlie ma dopo aver perso Lazarus e Voegele, colpiti da una delle tante epidemie che scoppiavano come tempeste improvvise dopo aver covato nella vicina Norimberga, crocevia di traffici e commerci. Il suo ultimo atto ufficiale, registrato nel 1820 al Comune di Diespeck, fu la richiesta d'immatricolazione a futura memoria per Loeb Pfeiffer Mailänder, firmata con il suo nome in ebraico perché il tedesco lo parlava ma certamente non lo sapeva scrivere. Il diritto alla "protezione" passava soltanto al figlio maggiore dopo la morte del padre.

Non visse a lungo neppure il povero Loeb, forse minato dallo stesso male che aveva colpito i fratelli. Ma ebbe il tempo di sposarsi con Lea Rosenfeld, "Campo di rose", la figlia del rabbino-capo della comunità di Uehlfeld, ad un paio di miglia da Diespeck. Lea aveva allora ventidue anni, era figlia unica ed era certamente un buon partito. Ma anche Loeb si presentava bene. Papà Rosenfeld dovette essere ben contento di aver trovato un giovane ormai abbastanza agiato, con la sua fiorente merceria e il suo bel podere, che non se ne sarebbe andato troppo lontano con la sua Lea. Gli assicurò un erede, Wolf Loeb, nato nel 1820, e una piccola Loebine, nata nel 1822 già orfana di padre.

La vedova ancora giovane si consolò molto presto con Isaac Rosenbaum, "Albero di rose", della vicina Zeckendorf, che oltre alla moglie si trovò una merceria ben avviata, da lui arricchita con il commercio di lana e cuoio marocchino.

La nuova coppia ebbe tre figli maschi in rapida successione: Philip, Emil e Hermann. Isaac lasciò presto intendere con molta chiarezza che avrebbe ceduto a Philip il suo diritto alla successione. Wolf

Loeb Mailänder capì l'antifona. Con quattro soldi in tasca partì alla ventura. Tanto più che a Diespeck le cose per gli ebrei non giravano più tanto bene. Già l'arrivo del patrigno nel paese aveva suscitato a suo tempo qualche sospetto.

Il governo regionale chiese al tribunale provinciale di Neustadt un rapporto sull'aumento della popolazione ebraica a Diespeck. In particolare chiese notizie su quell'ebreo forestiero che intendeva sposare la vedova Rosenfeld. Il matrimonio avrebbe aumentato ulteriormente il numero delle famiglie ebree che dovevano invece essere ridotte da trentadue a ventisette.

Aveva vent'anni Wolf quando lasciò la casa paterna. Baciò con le lacrime agli occhi la madre, chiedendosi se l'avrebbe mai più rivista e che viceversa non solo venne poi a trovarlo ma gli sopravvisse una dozzina d'anni.

Giovane com'era, la grande città non poteva che attirarlo. Ed infatti partì in direzione di Norimberga. Ma non ci arrivò. Forse era stanco dopo aver percorso a piedi quasi sei miglia, sempre di quelle solide miglia prussiane. O forse un gelido acquazzone lo costrinse a cercare una locanda per la notte. Si fermò così a Fürth, alle porte della metropoli. Trovò con chi chiacchierare, proprio un ebreo come lui. Seppe così che da tempo in quella cittadina erano state definitivamente abolite tutte le misure burocratiche e fiscali nei confronti degli ebrei, comprese l'immatricolazione e la tassa personale. A Fürth c'erano ben due sinagoghe da almeno un paio di secoli, c'era una scuola di Talmud e perfino un ospedale ebraico. In tempi lontani, gli assicurò il suo interlocutore, c'era stato anche un sindaco ebreo. Il fatto è che Fürth se l'erano litigata per secoli il vescovo di Bamberga, l'imperiale Norimberga e i margravi di Brandeburgo. E nella confusione dei conflitti la comunità ebraica era riuscita a barcamenarsi con successo. Insomma, per chi avesse idee e voglia di lavorare nell'industriosa cittadina bavarese lo spazio non mancava. Non si chiedevano origini e documenti a nessuno: c'erano artigiani e commercianti olandesi e francesi integrati da tempo immemorabile e soprattutto era il regno dei birrai.

"E se te ne vuoi andare a passare la giornata a Norimberga puoi prendere la ferrovia" disse l'improvvisato compagno di tavolo e di birra al giovane Wolf, rimasto muto ad ascoltarlo a bocca aperta e con gli occhi sbarrati.

"La ferrovia?" balbettò Wolf.

"La ferrovia, la ferrovia! Magari non sai neppure di che si tratta!" riprese lo sconosciuto con un vocione baritonale e ammiccando con i suoi occhi bovini.

"Beh..." prese tempo Wolf per non sembrare troppo ignorante.

"È una grande macchina a vapore. Ci mettono dentro il carbone. Si trascina dietro un sacco di carrozze con la gente dentro. È più veloce di un cavallo. Ci mette un quarto d'ora a mangiarsi il miglio che separa Fürth dalla cattedrale di Norimberga. È la prima del paese, forse del mondo e non solo della Baviera. Ci vengono da lontano per vederla passare."

"Ma tu credi che troverò facilmente lavoro? Sai, di commercio un po' ci capisco, ma non so far altro se non lavorare con le braccia."

"Senti ragazzo. Mi sembra che hai gli occhi onesti. Io mi chiamo Franz Kissinger e vendo il luppolo ai birrai. Lo vado a cercare in campagna, come oggi. Mi farebbe comodo qualcuno che mi aiuti. Se vuoi, ti carico sul mio carro che è qui fuori. Ti porto in città. Non ho posto per ospitarti. Questa notte dormi sul carro o sotto il carro nella stalla e domani si vedrà."

"Che Dio ti benedica come ha benedetto me che mi ha messo sul tuo cammino! Io mi chiamo Wolf Loeb Mailänder e vengo da Diespeck."

Salì sul carro, Wolf, e mentre rabbrividiva fra i vapori densi, sdraiato sulle balle di luppolo umido, si ricordò dei racconti di suo nonno e del suo lungo viaggio per arrivare a Diespeck. Non si accorse neppure che Franz aveva infilato il carro nella stalla e se n'era andato senza far rumore dopo aver staccato il cavallo che era rimasto a sgranocchiare fieno e vecchie pannocchie.

Dovette ammettere in seguito che quel giorno aveva sentito la presenza di Dio, ma fu sempre molto categorico nel dire che non ne aveva visto il volto per cui era divenuto nel corso degli anni quello che allora si sarebbe definito un libero pensatore. Uno stile di vita e di pensiero che avrebbe trasmesso a quasi tutta la sua discendenza.

Andò un giorno da Franz e, dopo avergli baciato le mani fra le sue mani, gli chiese il permesso di aprire un suo commercio del luppolo. Avrebbe certamente trovato un altro aiuto per la sua attività. Franz, che era molto osservante, l'abbracciò e lo benedisse con gli occhi umidi.

Gli affari andarono a gonfie vele, ma anche la sua vita sentimentale. Sposò la bella Jeannette Hesselberger dagli occhi di smeraldo, di dieci anni più giovane di lui, così innamorata da perdonargli perfino che il sabato non venisse a pregare in sinagoga. Aveva poco più di quarant'anni e già tredici figli quando rilevò una vecchia e prestigiosa fabbrica di birra, costruita quasi come una provocazione nella Weinstrasse, la strada del vino. La chiamò la Bergbräu W.L. Mailänder - Fürth, dove W.L. non stava più per Wolf Loeb, ma per Wilhelm Ludwig, in onore dei re germanici. Era di moda allora fra gli ebrei laici rinunciare ai loro nomi per meglio integrarsi nella vita cittadina.

Attivo, risoluto, tenace, Wolf era divenuto un personaggio molto rispettato che attraversava la città a piedi con i suoi alti stivali, divenuti una sua caratteristica. Aveva adottato il motto "pensa e lavora" dopo aver approfittato un giorno di un'importante richiesta di un cliente vicino a Regensburg per scendere il Danubio a bordo di una chiatta fino alla Steinerne Brücke, il famoso ponte di pietra che lo scavalca. Aveva visitato St. Emmeram, il più antico monastero benedettino della Baviera e ne aveva riciclato l'*ora et labora*.

Poco tempo dopo acquistò una seconda azienda proprio nel cuore della vecchia città, accanto alla sua bella casa borghese nella Baumenstrasse. Le feste d'estate di Wilhelm Ludwig Mailänder nella sua casa di campagna sui bordi dello stagno divennero le più ambite occasioni mondane di Fürth.

Morì giovane quasi come il padre. Aveva appena superato la cinquantina. Jeannette ne aveva quarantuno, il figlio maggiore Leonhard ventitré, Aurelie, la secondogenita, destinata a diventare un personaggio centrale della famiglia, ne aveva ventuno ed era già sposata a Berlino. L'ultimo, Richard, non aveva ancora tre anni.

Jeannette sopravvisse al marito quasi vent'anni, cercando con successo alterno di portare i figli in sinagoga, costringendoli a imparare l'ebraico, perché anche lei il tedesco lo sapeva pressappoco parlare ma non sapeva scriverlo. Nel suo libretto di preghiere segnava puntualmente nella lingua degli avi ogni nascita, ogni morte e ogni avvenimento importante. Era l'anagrafe di casa Mailänder, perché la vera anagrafe a Fürth nacque solo nel 1876. Prima ci pensavano le parrocchie e, per gli ebrei, la comunità, i cui registri ci ha pensato Hitler a bruciarli nella "Notte dei cristalli", il 9 novembre 1938.

Diespeck e il fondatore della birreria Mailänder, Wolf Loeb, con la famiglia

IL TELEFONO NERO

Il telefono nero cominciò a squillare. Era la prima volta che si manifestava dopo quattro anni di silenzio. Era un oggetto prezioso. Anche se statico e muto, garantiva un consistente compenso di un pool di agenzie e di giornali per una vigilanza costante sulla salute di Pio XII. Il compenso era naturalmente molto maggiore per chi era all'altro capo del filo e cioè "Giovanni", questo il nome in codice dell'archiatra pontificio.

Il dottor Riccardo Galeazzi Lisi, il medico, anzi il "primo dei medici" del papa – un titolo che dopo di lui sarà cancellato quasi con vergogna dall'annuario pontificio –, fratello del potente architetto dei sacri palazzi apostolici, ingegner Enrico, abitava in una palazzina signorile di corso Trieste. Ci abitava anche Max Bergerre, vicedirettore della sede romana dell'agenzia francese Havas, divenuta Agence France Presse nel 1944 dopo la liberazione. Nipote di uno zuavo pontificio venuto a difendere Pio IX dai piemontesi, Max Bergerre non si era mai mosso da Roma, salvo il primo periodo della guerra fino alla nascita del governo collaborazionista del maresciallo Pétain a Vichy.

Dagli inevitabili incontri fra i due inquilini era scaturita l'idea di una "collaborazione". Si diceva che il medico personale del papa avesse bisogno di alimentare la sua passione per il gioco d'azzardo.

"Subito a Castel Gandolfo!" ebbi appena il tempo di udire da una voce nervosa prima del clic. La voce la conoscevo bene.

Mio padre mi aveva costretto a non poche inutili visite di controllo nello studio medico del dottor Galeazzi Lisi in via Sistina. Durante le lunghe permanenze su una poltrona, mentre leggevo e rileggevo una tabella ottica, l'illustre clinico, che era un oftalmologo, confabulava con l'amico giornalista. La più lunga conversazione seguì la "visione" di Gesù ufficialmente attribuita nel dicembre 1954 a Pio XII sofferente nel suo letto.

La falsa notizia della morte del papa

"Ma ancora una volta non ti sei accorto di nulla, come nel 1950 quando vide il sole girare nei giardini vaticani?"

"Che vuoi, ovviamente quando è a letto, ma anche durante le passeggiate, mi tengo a distanza per lasciargli le sue libertà!..." si giustificò il professor Galeazzi Lisi, usando in realtà espressioni più grossolane.

Per un'inutile prudenza o forse per pudore, in quelle conversazioni non si facevano mai nomi, ma lo stile era più romanesco che italiano.

Pio XII soffriva già da allora di una supposta ernia iatale che gli provocava dei fastidiosi singhiozzi. Il vicedirettore dell'«Osservatore Romano», Cesidio Lolli, mi confessò un giorno il suo imbarazzo per essere rimasto nascosto dietro le tende, chiuso nella Sala dei Foconi dove il papa era ormai solo dopo aver registrato un radiomessaggio. Il suo timore era di essere sorpreso come testimone involontario delle rumorose apnee del timidissimo pontefice.

Mio padre mi spedì a Castel Gandolfo con Robert Mengin, il direttore dell'Agence France Presse, e con la moglie di Patrick Crosse, il direttore della Reuters. Robert Mengin non tradì le sue abitudini. Venne vestito di bianco alla coloniale con il suo bravo panama e la sua canna da passeggio. Il minuscolo e pretenzioso giornalista bretone si considerava in esilio a Roma, dopo aver diretto l'ufficio di corrispondenza dell'Havas a Londra. Era andato allora a bussare alla porta del generale Charles De Gaulle.

"Sono Robert Mengin!" aveva declamato al generale con aria teatrale e molto fiera.

"Lo resti pure, vecchio mio, lo resti pure!" gli aveva risposto il capo della Resistenza francese, piegandosi letteralmente in due per ritrovarsi all'altezza dell'ospite. Da allora Robert Mengin dedicò la vita a raccogliere documenti e rivelazioni sulle "colpe" del generale.

Quando fu mandato a Roma dopo la guerra, lui che si aspettava di divenire il presidente direttore generale dell'AFP, ci andò come in un esilio africano. Rompeva i suoi bastoni sulle automobili che non si fermavano sulle strisce pedonali, pretendeva dalla banca cartamoneta intonsa che toccava poi solo con guanti di camoscio, si faceva accompagnare alla pesca alla mosca con una jeep dai vecchi corrispondenti di guerra, Louise Mackenzie del «New York Times» e Alain Jacks dell'Associated Press. Jenny Crosse non era meno bizzarra. Era figlia del famoso scrittore inglese Robert Graves, l'autore di *Io, Claudio*. Anche lei pensava che gli indigeni italiani potessero tutti essere comprati, tanto che quando tornò a Roma alla morte di papa Giovanni XXIII cercò disperatamente, e disastrosamente senza successo, di ottenere servizi pagati dal medico pontificio di allora. Godevo della sua fiducia soprattutto perché ero stato testimone del suo fidanzamento con Patrick Crosse, avendoli accompagnati per una pallida nuotata con assurdi costumi da bagno di lana fra le alghe del lago di Bracciano. Si erano poi trovati un nido all'ultimo piano della Torre del Grillo, quella del famoso marchese dietro i Mercati di Traiano. Elegante e raffinato, con l'aplomb di allievo di una Public School che in realtà non aveva mai frequentato essendo un autodidatta, Patrick Crosse invitava il 2 giugno i colleghi della stampa estera a seguire noiosamente dalla sua terrazza la parata militare per la festa della Repubblica.

Con Robert Mengin e Jenny Crosse arrivammo a Castel Gandolfo nella tarda mattinata di quel lunedì 6 ottobre. Era una giornata splendida e sulla piazza di fronte al palazzo apostolico non c'era ancora nessuno. Dovevamo sorvegliare le finestre ma non avevamo alcuna idea sul tipo di segnale che avremmo dovuto scorgere. Gli occhi mi lacrimavano nello sforzo delle prime ore di sorveglianza. Fui poi lasciato solo alla responsabilità del controllo. Da diversi anni il pool aveva preso in affitto un appartamento in un vicolo nel centro storico del piccolo borgo, provvisto – cosa eccezionale a quei tempi – di una linea telefonica. A Castel Gandolfo esisteva allora un solo telefono pubblico sulla piazza sotto la sede del Comune, una situazione che si rivelò poi quasi drammatica. Solo poco prima della morte del papa la società telefonica aggiunse alcune linee volanti reclamate dal sindaco Marcello Costa.

Il giorno dopo la piazza cominciò a riempirsi di cronisti, fotografi e curiosi. Nella mia giovanile incoscienza quasi mi divertivo a cambiare improvvisamente posizione, seguito da vere e proprie ondate di colleghi consapevoli che dovevo saperne più degli altri, come figlio di Giulio Bartoloni.

L'atmosfera divenne rapidamente felliniana. Le modeste varietà alimentari proposte dal bar Lolli erano state integrate da venditori di porchetta, di panini e di bibite. Sotto le finestre del papa morente, circondato da una corte corrotta – anche la concorrenza aveva le sue spie pagate all'interno del palazzo – lo spettacolo non era certo dei più edificanti.

C'erano sia Robert Mengin che Jenny Crosse quando la mattina dell'8 ottobre ci sembrò di scorgere un segnale dietro una tenda. Fui incaricato di raggiungere l'appartamento e di segnalarlo a mio padre.

Seppi solo in seguito delle conseguenze della mia segnalazione. I vari clienti erano stati messi in allarme ma nessuno l'aveva considerata un elemento sufficiente a giustificare la diffusione di una notizia di così straordinaria importanza.

All'allarme si aggiunse un imprevisto, come rivelò poi Max Bergerre. Il direttore della giovanissima e aggressiva Agenzia Italia, che cominciava a far concorrenza all'Ansa, aveva la radio costantemente sintonizzata sulla lunghezza d'onda della Radio Vaticana. Faceva parte del pool e pochi minuti dopo la segnalazione udì l'emittente pontificia dare inizio alle trasmissioni con il tradizionale *carillon* delle campane di San Pietro che intonavano il *Christus vincit*. Fu per lui quasi automatico pensare che il Vaticano si preparasse ad annunciare la morte del papa. Non riuscì a trattenersi e autorizzò il "flash". I giornali che avevano già le edizioni straordinarie pronte con il solo vuoto dell'ora e del giorno misero in moto le rotative. Uscì prima «Il Tempo», seguito dal «Messaggero» e dal «Momento Sera». Fu ovviamente uno scandalo al quale alcuni giorni dopo il quotidiano «Paese Sera», rimasto immune dalla falsa notizia, dedicò una pagina intera firmata da Lillo Spadini, figlio del grande pittore romano e lui stesso vignettista, divenuto "vaticanista" del suo giornale.

Il papa morì realmente solo il giorno dopo, alle primissime ore del mattino. Nel frattempo il burbero e barbuto cardinale decano Eugène Tisserant, indignatissimo, aveva preso la situazione in mano. Aveva cacciato via quasi tutti dal palazzo apostolico, compresa la fino ad allora potentissima suor Pasqualina Lehnert, segretaria del papa, e aveva affidato al "microfono di Dio", il gesuita Riccardo Lombardi, zio dell'attuale direttore della Sala Stampa della Santa Sede, il compito di dare l'annuncio della morte del pontefice. Cosa che avvenne sotto le luci dei riflettori delle televisioni a pochi metri dall'ingresso del palazzo apostolico. Mi ricordo di aver assistito all'annuncio ormai ubriaco di sonno e libero dalla responsabilità di trasmettere la notizia, responsabilità recuperata dai vari giornalisti legati al pool.

Il cardinale Tisserant rispedì sui due piedi suor Pasqualina in convento con il solo souvenir del famoso canarino di Pio XII. Non poté sbarazzarsi immediatamente del dottor Galeazzi Lisi perché ancora non ne sapeva molto delle sue più gravi "debolezze". Gli lasciò così il tempo di commettere due nuovi pesanti errori: la pubblicazione in Francia di un libro di memorie già confezionato con annesse alcune foto imbarazzanti del papa morto e morente e l'imbalsamazione "miracolosa" di Pio XII.

In una conferenza-stampa l'archiatra spiegò con freddezza pseudoscientifica il metodo d'imbalsamazione d'origine indiana che permetteva di evitare il macabro svuotamento dei precordi e il trattamento successivo della salma. Bastava far ricorso a dei balsami misteriosi.

Il risultato fu che le guardie nobili in servizio d'onore accanto al catafalco esposto nella basilica di San Pietro svenivano una dopo l'altra per l'insopportabile odore. Lasciò un ricordo indelebile il volto di papa Pacelli divenuto verde sotto la mitra che lo ricopriva.

Una volta sepolto il pontefice, il porporato francese riuscì a cacciare a pedate anche l'archiatra. Il barbuto decano del Sacro Collegio dovette provare allora la profonda soddisfazione di far pulizia di una schiera di cortigiani che detestava da anni.

Ad onor del vero, anche lui non sempre si era circondato di anime pie. Nella sua diocesi suburbicaria di Porto e Santa Rufina avvenivano strani e confusi maneggi di terreni edificabili nei quali, a dar vita ad attività palazzinare, c'era un viavai di amici francesi di padre Pio autori di operazioni nelle quali fungeva spesso da tramite un cronista dell'«Osservatore Romano».

Oma Reli

L'anagrafe della famiglia Mailänder fu ripresa dalla secondogenita Aurelie che se la portò a Berlino. A Berlino, perché questa volta toccò a un giovane commerciante prussiano andarsi a cercare la sua bella a casa Mailänder. Si chiamava Feodor Warschauer. Suo padre Theodor aveva scelto Varsavia per il suo cognome anche lui non perché ci fosse mai stato, ma perché sapeva per certo che la sua famiglia veniva dalla Polonia, attraversata nel corso dei secoli verso la frontiera occidentale per fuggire fame e pogrom. Aveva finito per accamparsi a Bolesławiec a vendere a basso prezzo le ceramiche mal cotte oltre la vicina frontiera, dove agli inizi era guardato con sospetto perché per i tedeschi ogni imbroglio è "un affare polacco". Con il crescere dell'attività fu quasi un obbligo per Theodor trasferirsi nella cosmopolita Berlino come importatore dei servizi da tavola di Bolesławiec, i capolavori bianchi e blu decorati come merletti.

Quando aveva ventisei anni Feodor fu spedito un giorno dal padre a consegnare un carico di boccali da birra con il nome della Bergbräu Mailänder, un viaggio di ben sessanta delle famose miglia prussiane per raggiungere l'azienda di Fürth.

Ripercorse quei cinquecento chilometri un anno dopo per chiedere la mano di Aurelie, appena diciannovenne, bionda, minuscola, delicata come una porcellana, con gli occhi del colore delle ceramiche di Bolesławiec. Gli aveva già detto di sì al primo incontro solitario sui bordi dello stagno di famiglia, lui con un boccale di birra fra le mani, lei tenendo con due dita la fragile tazzina di tisana di tiglio.

La sua partenza lasciò un gran vuoto nella tribù Mailänder. Aurelie era già la seconda madre e l'autorità indiscussa per almeno la metà dei suoi dodici fratelli e sorelle, nei confronti dei quali avrebbe conservato per tutta la vita un sentimento materno. Jeannette le aveva trasmesso tutte le sue abilità nella cucina kasher e nel ricamo, la sua religiosità, il suo senso della famiglia, le sue qualità di leader. "Bisogna saper fare per saper comandare": questa la regola ereditata dal padre. Il suo carattere già rigoroso s'irrobustì nel trasferimento in una nuova realtà, quasi un altro mondo.

Siamo nel 1869 e la Germania come nazione non esisteva ancora. Non è difficile immaginare i confusi sentimenti e i timori della giovane quando lasciò non solo la famiglia e la sua piccola cittadina, ma il suo stesso paese, la dolce Baviera, per trasferirsi in quella Prussia il cui temibile esercito l'aveva sconfitta e invasa nel 1866 durante la guerra austro-prussiana.

Aurelie era una ragazza di provincia che improvvisamente si ritrovava a vivere in una grande città e in mezzo a gente così diversa.

Era appena arrivata a Berlino quando nel 1870 la Francia dichiarò guerra alla Prussia. Abitava nella Friedrichstrasse, una delle arterie principali della città vecchia, dove poi si stabilì l'autorità di confine fra Berlino est e Berlino ovest.

Raccontò in seguito come fosse rimasta colpita dall'immediato risveglio dello spirito militare prussiano e dall'entusiasmo sfrenato della folla che invase le strade inneggiando alla guerra.

Ma non confidò mai a nessuno quali fossero stati allora i suoi pensieri quando la Prussia, sconfitta la Francia, realizzò l'unità germanica e la Baviera fu integrata come membro della nuova confederazione.

Proprio il 18 gennaio 1871, il giorno in cui Aurelie compiva ventun anni, nacque l'impero tedesco. Re Guglielmo Hohenzollern di Prussia fu proclamato a Versailles Guglielmo I imperatore di Germania.

La Confederazione degli Stati Germanici era nata grazie a negoziati e accordi fra dinastie e governi europei che lasciavano abbastanza indifferente la gente comune più o meno contraria all'unificazione. I bavaresi, tedeschi meridionali di carattere bonario e gioviale, avevano sempre nutrito una certa antipatia per i rigidi prussiani del nord. E viceversa. I bavaresi li chiamavano *Saupreussen*, "cani prussiani", e a volte anche peggio. I Mailänder, anche se di origine israelita, avevano assorbito l'indole, l'umanità e lo spirito tipico della gente di Baviera.

Oma Reli, nonna Reli, come fu poi sempre chiamata Aurelie, finì per amare Berlino e anche col sentirsi fiera di essere cittadina della grande Germania. Quando nel '39 ricordava lo scoppio della Grande Guerra, non solo si lamentava di aver dovuto assistere di nuovo alle stesse scene di delirio bellico con bandiere e canti dopo tanti decenni di pace, ma sottolineava come quella guerra purtroppo avesse significato la fine di un'epoca di grande benessere della Germania.

Probabilmente pensava con nostalgia all'era guglielmina, anche se il regime repubblicano aveva in fondo favorito l'ingresso dei suoi correligionari in molti settori della vita sociale prima preclusi agli ebrei.

Ma nessuno allora avrebbe potuto prevedere a quali nefaste conseguenze, dietro la spinta di quel fanatismo, avrebbe portato il sogno mai sopito di tanti tedeschi della rinascita di una Germania grande e potente. Né lei né alcun altro avrebbe potuto immaginare che un giorno l'innocua distinzione fra i popoli germanici avrebbe ceduto il posto a una discriminazione di tutt'altro calibro, cioè fra tedeschi di origine ariana ed ebrei, discriminazione che a questi ultimi avrebbe tolto non solo il diritto alla cittadinanza, ma anche quello alla vita.

Fritz Warschauer e oma Reli

La vita coniugale della giovane Aurelie fu di breve durata. Feodor Warschauer morì il 23 febbraio 1881. Sotto le date di nascita e di morte i versi dettati dalla vedova ricordano sulla pietra il marito al cimitero di Weissensee a Berlino.

Feodor lasciò la giovane moglie con tre figli piccoli, Wally, Robert e Fritz, che aveva appena quattro anni.

Rimasta sola poco più che trentenne, Aurelie chiamò a vivere con lei il fratello Carl. Più che un sostegno, il ragazzo diciottenne rappresentava per lei un conforto affettivo e un modo per sentire più vicina la sua famiglia di Fürth. Con grande forza d'animo la giovane vedova, abituata a occuparsi esclusivamente della casa e dei figli, affrontò i problemi di sopravvivenza in una metropoli nella quale si sentiva ancora forestiera e in un mondo nel quale alla donna non era riconosciuto alcun diritto sociale.

Quel settembre del '43

Fino ai tempi di papa Pacelli, il Vaticano era rimasto un piccolo mondo, quasi un paese dove tutti si conoscevano. Il postino consegnava personalmente la posta ai destinatari. I nomi delle strade e delle piazze furono decisi per decreto solo il 1° luglio 1972: ventitré vie e viali, una salita, uno stradone, una rampa, un vicolo e un bastione, e ventitré piazze, piazzali e larghi, i cui nomi furono suggeriti dal vicecomandante dei gendarmi Gastone Imbrighi, docente di geografia all'università di Perugia. Il decreto ne sostituiva uno del 1932 che all'articolo quattro si preoccupava solo di vietare "il transito in bicicletta nell'interno del palazzo apostolico."

C'era di tutto, dallo scemo del paese al sarto sciancato, ai personaggi colti e bizzarri come il professor Pietro Salviucci, cancelliere della Pontificia Accademia delle Scienze, dal linguaggio crudo e diretto, che inforcava sulla punta del naso minutissimi occhialini. Poteva così vedere al di sopra delle lenti e "al naturale" i monsignori "coglioni", e viceversa ingrossati dalle lenti i suoi attributi personali. Non mancava di ripeterlo puntualmente ai più degni e inorriditi prelati, sue vittime preferite.

I risparmiatori potevano allora affidare direttamente i loro piccoli gruzzoli alle mani benevole di monsignor Alberto Di Jorio, segretario della banca delle Opere di religione, oppure a quelle premurose del suo ragioniere Massimo Spada, incontrati nel cortile di San Damaso. Potevano anche metterli in banca consegnandoli a un amabile funzionario che fu un protagonista della vicenda dell'oro richiesto dai nazisti alla comunità ebraica.

Si chiamava Enrico Giuliani ed era il contabile principale, fin dalla sua costituzione nel 1929, dell'Amministrazione Speciale della Santa Sede, l'organismo incaricato di gestire il deposito di quasi due miliardi di lire (un miliardo e duecento milioni di euro) pagati dall'Italia al Vaticano in seguito ai Patti lateranensi.

Il 26 settembre del 1943 Enrico Giuliani lasciò come ogni mattina il suo appartamento di piazza Risorgimento. Era abbastanza inquieto perché dalle finestre aveva scorto un minaccioso carro armato tedesco appostato presso le mura vaticane.

"Ero appena arrivato in ufficio – raccontò a mio padre poco tempo prima di morire ultraottantenne – quando mi fu annunciata la visita di due persone, un anziano signore dall'aria stanca e preoccupata, e una giovane donna. Era il rabbino maggiore della comunità ebraica di Roma Israel Zolli, accompagnato da sua figlia Myriam. Era latore di una lettera a me indirizzata dall'allora vescovo di Trieste monsignor Fogar che, a Roma, abitava nel mio stesso palazzo. Monsignor Fogar mi avvertiva che il comando tedesco della città aveva imposto agli ebrei di consegnare entro ventiquattr'ore un notevole quantitativo d'oro e che il dottor Zolli non era stato in grado fino a quel momento di raccogliere fra i correligionari tutta la quantità richiesta. Gli mancavano ancora quaranta chili, mentre il termine perentorio scadeva a mezzogiorno. Non so per quale ragione il presule si rivolgesse a me personalmente, scongiurandomi di allontanare dalla popolazione ebrea la minacciata rappresaglia, aiutando il rabbino in qualsiasi modo.

Ne rimasi sconvolto e pregai il rabbino di tornare verso le undici. Nel frattempo avrei informato chi poteva decidere. Se ne andò incerto e forse con poche speranze nel cuore. Mi recai immediatamente dall'ingegner Bernardino Nogara, il Delegato dell'Amministrazione Speciale e lo misi al corrente della richiesta del rabbino. 'Bisogna muoversi subito, senza perdere un solo istante!' commentò. Chiamò al telefono monsignor Giovanni Battista Montini, allora sostituto della Segreteria di Stato: 'Vengo un momento da vostra eccellenza!' e corse al 'terzo piano'.

Era passato appena un quarto d'ora quando tornò: 'Dia pure i quaranta chili d'oro', mi disse due volte mentre lo guardavo quasi incredulo. Alle dieci e quarantacinque il rabbino tornò. Aveva l'aria meno stanca e meno preoccupata di prima. "Sa, – mi disse prima che potessi parlare – la ringrazio tanto di quanto ha potuto fare per noi, ma sono stato in grado di provvedere altrimenti in quest'ultima mezz'ora: sono in possesso della quantità richiesta."

Enrico Giuliani gli volle comunque annunciare che il papa aveva subito aderito alla richiesta.

"Il rabbino rimase molto impressionato. Dopo qualche attimo di silenzio chinò la testa, guardò la figlia e mi tese la mano accomiatandosi con gli occhi umidi e arrossati."

I suoi ricordi non coincidono del tutto con quelli di altri testimoni dell'epoca. La sua intervista risale a diversi anni dopo la vicenda e Giuliani era certamente un funzionario fedele.

Israel Zoller/Zolli era un ebreo di origine polacca, studioso di psicanalisi, laureato in filosofia a Firenze dove frequentò il collegio rabbinico italiano. È stato rabbino-capo a Roma dal 1939 al 1944, dopo esserlo stato a Trieste.

Era un uomo di grande cultura e di grande spiritualità, un mistico che si convinse solo in tarda età di essere tale, autore di studi rabbinici e biblici d'indiscussa autorità. Si fece battezzare il 13 febbraio 1945 con il nome di Eugenio.

Sua figlia Myriam ha sempre sostenuto che non si trattò di "gratitudine" ma solo di "simpatia" nei confronti di papa Eugenio Pacelli. La conversione, come la racconta Zolli, ha del miracoloso. Era il "Giorno dell'Espiazione" nell'autunno del 1944 e il rabbino-capo stava presiedendo le liturgie religiose nel tempio. Ebbe una visione improvvisa di Gesù Cristo e disse a se stesso: "Tu sei qui per l'ultima volta". E così fu. Ma la cosa ancor più straordinaria è che quella stessa sera sia sua moglie che sua figlia, indipendentemente l'una dall'altra, ebbero un'analoga visione, tant'è che ne seguì una conversione a tre.

Un episodio semplificato a volte con un pizzico d'ironia da alcuni scrittori, con grande indignazione di Myriam Zolli, ma che pur rimane un fatto contenuto nelle memorie del padre.

La clamorosa vicenda scandalizzò la comunità ebraica che accusò Eugenio Zolli di "tradimento". Tullia Zevi, la presidente dell'Unione delle comunità italiane, ora scomparsa, mi ha confermato la memoria di questa convinzione fra gli ebrei romani della generazione precedente. "Tradimento" non tanto per la conversione di Zolli, quanto per il fatto che le sue convinzioni cristiane avevano evidentemente radici antiche.

Nella sua autobiografia Zolli accenna più volte alle sue inquietudini spirituali. Fa risalire questo suo "travaglio religioso" al 1938, ancor prima della sua nomina a rabbino-capo di Roma.

Se è vero, come scrive suo nipote Enrico de Bernart nella presentazione dell'autobiografia, che il nonno "dopo il battesimo rimase ebreo, ebreo e cristiano", affermazione fatta propria da molti altri, non ultimo il cardinale arcivescovo di Parigi Jean-Marie Lustiger, è anche comprensibile che da un rabbino-capo la sua comunità si attendesse non che il proprio maestro spirituale fosse prima cristiano e poi ebreo ma, eventualmente, il contrario.

*La "banda Pucci" intervista l'ex-rabbino-capo di Roma convertito
Israel/Eugenio Zolli al Portone di bronzo dopo l'udienza di Pio XII*

Di tradimento fu accusato anche dai presidenti di allora della comunità di Roma, Ugo Foà, e dell'Unione delle comunità italiane, Dante Almansi. La giunta deliberò il 2 aprile 1944 la sua "dimissione" per essersi reso "irreperibile" in data anteriore all'invasione e aver "abbandonato il suo posto nel momento nel quale maggiormente l'opera spirituale di assistenza dei correligionari risultava necessaria."

Fausto Coen, giornalista ebreo, ex-direttore del quotidiano «Paese Sera», scrisse alcuni anni fa che effettivamente Israel Zolli, grazie alle sue esperienze triestine e ai suoi contatti con profughi tedeschi e austriaci, aveva compreso prima di altri "l'immenso pericolo" che correvano gli ebrei.

"Non v'è dubbio – mi ha poi confermato – che Zolli avesse visto più giusto dei dirigenti di allora. Ma questo non lo assolve dal suo comportamento. A guerra finita, considerato indegno dai dirigenti della comunità per aver abbandonato il suo posto e la sua gente, gli fu tolto l'incarico."

Rispondeva il nipote: "Zolli riteneva di avere fatto il suo dovere. Ha tentato di salvare la sua gente ed è rimasto inascoltato; allertato da un funzionario della questura, non ritenne etico attendere passivamente per gli altri e anche per sé."

Che fosse stato fra i primi a essere informato sulla persecuzione degli ebrei l'ex-rabbino-capo l'ha rivelato effettivamente nelle sue memorie. Un giorno di cui purtroppo non indica la data, ricevette da una persona rimasta anonima una sconvolgente documentazione in tedesco. La tradusse e riuscì a farla avere a Mussolini.

"Il duce ha sfogliato i documenti in presenza mia" gli riferì il corriere. "Rimase male impressionato e poi disse: 'Ho sempre detto che se si grattano i tedeschi saltano fuori i barbari'. Comunque tornerò a parlarne a Husserl [nome citato da Zolli nella sua autobiografia, senza alcuna relazione con il filosofo; fu ambasciatore del terzo Reich nell'Italia fascista]."

Secondo Zolli, Mussolini era un uomo di nessuna cultura religiosa – "al cardinale Schuster ha chiesto se a Roma e a Milano i dogmi fossero gli stessi" – tuttavia contrario alla persecuzione degli ebrei in Germania, perché la considerava un atto "impolitico".

Si deve a Israel Zolli l'iniziativa di chiedere a Pio XII un aiuto quando le SS ricattarono la comunità: "O cinquanta chili d'oro in ventiquattro ore o trecento ostaggi". Nelle sue memorie egli afferma che quel 26 settembre 1943 si recò personalmente in Vaticano dove ottenne la disponibilità di un prestito vagamente restituibile di quindici chili d'oro. Come si sa, non furono poi necessari.

Zolli riteneva che comunque non ci si dovesse fidare dei nazisti. "L'unica soluzione valida era quella" – a suo avviso – "di fornire i trecento ostaggi" con il suo nome e quelli di sua moglie e di sua figlia ad aprire la lista. Non si trattava, secondo Myriam Zolli, "di eroismo o di volontà suicida, ma di un acuto senso di aderenza alla realtà storica del periodo", anzi "semplicemente di una valutazione numerica: trecento morti avrebbero forse salvato migliaia di altri e si sarebbe risposto in modo dignitoso, cioè umano, con un no al sopruso e alla violenza, servendo così non solo a un gruppo di minoranza, ma all'intera città."

Le testimonianze fedelmente riportate nel volume sono a questo punto contraddittorie. Foà gli scrisse il 4 luglio 1944 di non aver mai ricevuto assicurazioni del prestito vaticano di quindici chili d'oro ma solo la comunicazione di "un molto generico affidamento di eventuale aiuto", né di una sua disponibilità a costituirsi quale ostaggio. Anzi, commentava, "tutta la sua condotta smentisce simile affermazione."

L'avvocato Giorgio Fiorentino, che aveva accompagnato Zolli fino alla porta vaticana di Sant'Anna, dove era rimasto ad attenderlo, conferma che il rabbino-capo aveva scritto una lettera proprio nel suo studio per informare Foà di aver ottenuto il prestito e di essere pronto in ogni caso a offrirsi per primo come ostaggio.

Myriam Zolli assicura a sua volta di aver consegnato personalmente questo messaggio al presidente della comunità romana. Sia su Foà, che definisce "sciarpa del littorio", che su Almansi, ex-funzionario del ministero dell'interno, poi epurato come ebreo, insinua dubbi, se non altro di facioneria o comunque di debolezza nei confronti del regime.

Zolli smentì poi di essersi convertito in segno di riconoscenza verso papa Pacelli, al quale comunque dedica alcune pagine da far impallidire la retorica dei giornali cattolici degli anni Cinquanta. "Sin dal primo incedere s'intuisce l'uomo sublime, la mente sovrana" e così via.

Lo esclude anche il nipote il quale, a conclusione dell'autobiografia, osserva che le valutazioni sull'azione di Pio XII dovrebbero tener conto del contesto storico, senza dimenticare che nessuno negli anni Trenta poteva prevedere la disfatta del nazismo e del fascismo.

Dopo la guerra Zolli fu ricevuto in udienza privata da papa Pacelli. Cosa si dissero quel giorno l'ex-rabbino-capo non lo disse. Mio padre, fotografato con lui con il suo bravo taccuino di giornalista in mano davanti al Portone di bronzo, non ha lasciato nulla.

LA GROSSBEERENSTRASSE

"Ecco l'*hopje* per la mia brava Mariechen". Fedele ai suoi criteri, ogni volta che la nipotina andava a trovarla oma Reli le regalava una sola caramella. Con un gesto lento e quasi solenne pescava la caramella dalla scatola delle famose *hopjes* olandesi.

Mariechen non ebbe mai dalla nonna un solo giocattolo, oggetto "futile", e neppure di che comprarselo (il denaro bisognava toccarlo il meno possibile perché passava per tante mani). Ma oma Reli poteva essere anche generosa. Versava puntualmente somme consistenti nel suo libretto di risparmio. Tutti soldi che finirono negli anni Quaranta, ormai fuori corso, fra i giochi dei pronipoti perché l'inflazione del '23 aveva ridotto milioni, anzi miliardi di marchi a carta straccia.

Al numero 68 della Grossbeerenstrasse, la mitica casa di oma Reli nella vecchia Berlino, citata come si cita il Vaticano per autorità e magistero, le regole erano severe.

La casa e la vita che in essa si svolgeva corrispondevano in maniera così totale al personaggio che sembravano indivisibili. Anche dopo la guerra le vecchie generazioni, nel riferirsi a oma Reli, parlavano semplicemente della Grossbeerenstrasse.

L'atmosfera di quiete che si respirava in quella casa aveva sempre suscitato rispetto e discrezione. Nessuno si poteva permettere di turbare le regole e le abitudini che vi regnavano. E se capitava, l'incauto ospite veniva immediatamente ripreso con fermezza dalla padrona di casa. Soprattutto guai a chi alzasse la voce, com'era solita fare la nuora, la corposa Hilde Dorn, con grande imbarazzo della piccola Mariechen.

Era una tipica abitazione berlinese: due ingressi uno accanto all'altro. Quello di servizio si apriva sulla *garçonnière* dello zio Carl. Quello principale introduceva, dopo un angolo piccolo e buio, nella sala da pranzo e al salotto, centro di tutto l'appartamento. Seguiva il resto della casa, quasi tutta in penombra, come la stessa sala da pranzo, illuminata solo dalla finestra del bovindo affacciato sul cortile.

Qui, dopo la siesta, sempre di precisa e uguale durata, la piccola, anziana signora dai capelli grigi lisci e finissimi, vestita come per una serata elegante, con il suo bel nastrino nero a nascondere vezzosamente le rughe del collo, passava quasi sempre sola i suoi pomeriggi.

Oma Reli rimaneva per ore davanti al tavolo con il busto ben eretto, a leggere libri o giornali e a rispondere alla sua straboccante corrispondenza. Non c'erano disdicevoli poltrone nella Grossbeerenstrasse. Stare seduti, ma anche camminare con la schiena dritta era la regola.

Leggeva dalla a alla zeta il suo «Berliner Lokalanzeiger», la gazzetta cittadina, chiamata il *Berliner Skandalanzeiger*. Non veniva mai sorpresa dagli ospiti con vicende che le fossero sfuggite.

Il pomeriggio riceveva parenti e amici ammessi "a corte". Annunciarsi per telefono era indispensabile. Apriva la conversazione con banalità lette sul giornale per dare tempo agli ospiti di mettersi a loro agio, prima di affrontare questioni delicate o personali. Oma Reli era un'attenta e comprensiva ascoltatrice. I parenti e gli amici ricorrevano a lei per un saggio consiglio o per un'opera di mediazione in famiglia.

Quando riposava, solo a Mariechen era permesso di rimanere in quel salotto freddo e un po' triste, sovrastato da un gigantesco quadro con l'albero genealogico di famiglia. Poteva curiosare senza toccare nulla. Nel salotto l'unico conforto per la nipotina era una sedia a dondolo. Oscillando sempre più svelta attraversava la stanza da un angolo all'altro. Nel profondo silenzio della casa non si udiva che il lamento della vecchia sedia.

Oma Reli si muoveva con sicurezza nella penombra dell'appartamento, un po' per abitudine, un po' perché aveva da sempre evitato lo "spreco" dell'energia elettrica, come qualsiasi altro spreco.

La porta accanto al bagno era sempre ermeticamente chiusa. Era la sua camera da letto, luogo tabù per tutti, figli e fratelli, sorelle, nipoti, amici e amiche che fossero. Neppure l'anziana Frau Fricke, da decenni al suo servizio, poteva entrarci. Oma Reli anche in età avanzata continuò a pensare da sola alla pulizia della sua stanza.

Nelle rare occasioni in cui a Mariechen fu permesso di affacciarsi nel "santuario", il suo naso ne era subito colpito. Il ricordo, come tutti i ricordi olfattivi, le rimase indimenticabile. Si avvertiva nella stanza da letto un odore che aveva qualcosa di acre e dolciastro allo stesso tempo. Quando cercava di spiegarlo molti anni dopo in famiglia annusava l'aria come lo avesse ancora nelle narici.

La camera era piccola e aveva sempre le persiane socchiuse. Tutto era lindo. In un angolo un letto bianco candido e una toilette con tendine e *volants* altrettanto bianchi, sulla quale erano poggiate scatolette e boccette misteriose. Oma Reli ci teneva molto all'igiene e dedicava molto tempo alla cura del corpo. Si lavava in tutte le stagioni con l'acqua fredda, abitudine che curiosamente è stata ereditata da diversi membri della sua discendenza.

Ogni martedì veniva la massaggiatrice. Tutti in famiglia ne erano informati perché quel giorno non era permesso disturbare la nonna, neanche per telefono. Chiamava il martedì il suo *Ruhetag*, il giorno di riposo, perché dopo il massaggio mattutino restava probabilmente a letto per quasi tutta la giornata. Ma nessuno sapeva esattamente quali fossero tutti i riti del *Ruhetag* di oma Reli.

Di fronte al bagno, pulitissimo e impressionante per l'igiene quasi maniacale, dove perfino la vasca e il bidet erano coperti da teli bianchissimi, c'era la cucina, un altro "sacrario" della padrona di casa.

Nella cucina Mariechen ebbe il permesso di entrarci rare volte. In genere si doveva fermare sulla soglia. Era ammessa solo Frau Fricke che ogni mattina veniva a fare le pulizie. La cucina era vietata agli estranei anche dalla soglia durante la preparazione delle pietanze, forse un po' per gelosia del mestiere, ma soprattutto per precauzione igienica. Tutti erano possibili portatori di microbi con i loro abiti impolverati.

Per la sua attività di cuoca oma Reli si proteggeva con lunghi grembiuloni bianchi. Cucinava sempre lei senza economie. I suoi piatti erano ricchi di condimento, di burro e di spezie. Quando invitava a cena in occasioni particolari, poteva imbandire tavole principesche. Apriva lei stessa le ostriche e preparava con le sue mani le terrine di fegato d'oca.

Dopo queste cene la nuora Hilde veniva puntualmente colpita da coliche e il medico di famiglia doveva accorrere con la morfina che allora si usava con grande disinvoltura. Probabilmente non era soltanto la pesantezza del cibo a farla star male, ma anche i quasi inevitabili contrasti fra le due donne.

L'impegno culinario di oma Reli era in genere concentrato sul pranzo del mezzogiorno. La sera consumava un frugalissimo pasto solitario a base di frutta. Era ghiotta di mele, come anche Marianne che prima di morire chiese un succo di mele per ritrovare i ricordi di quegli anni felici.

La sua passione erano le frittelle, le *Apfelküchle* in dialetto bavarese, che si mangiavano bollenti. Erano fettine sottili di mele macerate per ore nello zucchero e nel rum e poi fritte nella pastella.

Di mele ce n'erano sempre in grande abbondanza nella casa. L'ultima stanza in fondo all'appartamento, un ambiente grande, fresco e arioso, era adibita a dispensa. Vi si respirava un dolce profumo di mele e di pere d'inverno, conservate su lunghe assi di legno traforate, sistemate lungo le pareti. Selezionate una per una, venivano direttamente dal frutteto di una cugina della fedele Frau Fricke.

Frau Fricke era una donna alta, con un fisico asciutto, un personaggio molto dignitoso nonostante il buffo cappellino, per anni sempre lo stesso. Più che una domestica era considerata una persona di fiducia che dava una mano in casa. Oma Reli ci teneva moltissimo e la trattava con estremo riguardo. Nonostante la loro lunga conoscenza le dava del lei e la chiamava *gnädige Frau Fricke*.

Insomma, Frau Fricke faceva parte della Grossbeerenstrasse, della sua vita tranquilla, serena, ordinata e regolata da quell'antico orologio a pendolo che da decenni una volta la settimana un vecchio e distinto personaggio veniva a caricare.

Il piccolo mondo vaticano

Ai tempi di Pio XII si potevano perdere ore se ci s'imbatteva a un angolo di strada nel logorroico commendator Pietro Bonatti, zoppo e sorridente, ricco di denti neri e dorati, gran fumatore di toscani, che conosceva tutto e tutti perché come "cursore pontificio" andava a consegnare le lettere ufficiali del papa *per cursores mittendae*.

Era un mondo affollato di personaggi della corte pontificia, una trentina dei quali vennero cancellati con un semplice tratto di penna da Paolo VI dopo secoli di spettacolari ma inutili servigi. Con la sua riforma del 1967 scomparvero i prelati di fiocchetto, il maggiordomo, il ministro dell'interno, il commendatore di Santo Spirito, il magistrato romano, il cavallerizzo maggiore, il sopraintendente generale delle Poste, i latori della rosa d'oro, il segretario per le ambasciate, l'esente delle guardie nobili, il maestro del Sant'Ospizio, i camerieri d'onore in abito paonazzo, i camerieri d'onore *extra urbem*, i camerieri di spada e cappa sia segreti che d'onore, i bussolanti, i cappellani segreti e i cappellani segreti d'onore, i chierici segreti, il confessore della famiglia pontificia, gli accoliti ceroferari, i cappellani comuni pontifici, i maestri ostiari di *virga rubea*, il custode dei sacri triregni, i mazzieri, i cursori apostolici, gli scopatori segreti, il coppiere e lo scalco.

L'unica aristocratica funzione non eliminata fu quella dei due principi assistenti al Soglio, tradizionalmente ricoperta dalle famiglie Colonna e Orsini, come discendenti di Orso di Bobone ai tempi di papa Giulio II. Il titolo assicura il diritto a ricevere una gran fumata d'incenso e la *pax tecum* dal papa subito dopo il vicecamerlengo di Santa Romana Chiesa e di "ministrare al lavabo" nelle messe pontificie. Gli Orsini erano già stati sostituiti dai Torlonia, in seguito alle avventure del principe Filippo Orsini alla fine degli anni Cinquanta con le attrici Irene Tunc e Belinda Lee e con la principessa Soraya, concluse poi con uno pseudotentativo di suicidio. L'alternanza fra i due principi non è chiara. Oggi l'assistente è il principe Alessandro

Torlonia, mentre il principe Prospero Colonna è solo un "gentiluomo di Sua Santità".

Suo padre, don Aspreno, era stato assistente al Soglio di cinque papi e uno dei rari cavalieri del più illustre e antico ordine equestre pontificio, quello Supremo del Cristo, in compagnia di un pugno di sovrani e capi di stato cattolici.

Era il tipico grande aristocratico romano. Usava un linguaggio molto popolare e grossolano con tutti, cardinali e suoi pari o dipendenti e sconosciuti. I suoi scambi di scurrilità con il sor Pietro, il gigantesco portiere in livrea del suo palazzo di piazza Santi Apostoli, un ex-corazziere divenuto con gli anni quasi altrettanto largo che lungo, giustificavano una sosta nel cortile.

Era uno spettacolo vedere questo distinto signore, piccolo e un po' pingue, con i capelli tirati con la brillantina, dalla camminata oscillante per evidenti problemi di archi plantari, discendente di papi e imperatori se non di Giulio Cesare come vuole la leggenda, divertirsi a sbraitare con grande abbondanza di scurrilità sotto la pancia del sor Pietro che diventava più rosso di quanto non giustificasse la sua passione per il bianco di Olevano.

Morì improvvisamente nell'ottobre del 1987 a settantadue anni, seguendo di poco la moglie, donna Maria Milagros dei principi del Drago, che per anni aveva svolto un ruolo centrale nella vita della famiglia Colonna e dell'aristocrazia romana. Per la morte di don Aspreno si misero a lutto le sessanta famiglie iscritte nell'albo "dei nobili romani coscritti" con tutto il mondo patrizio della capitale.

Nel palazzo che aveva ospitato Rabelais e Petrarca, Machiavelli e Ariosto e tutti gli eroi della battaglia di Lepanto vinta per il papa da Marcantonio Colonna, le spoglie furono composte nel salone d'onore di fronte alla colonna di marmo eretta nel cortile sopra il motto *semper immota* e ai piedi di un trono pontificio girato contro il muro perché nessuno osasse servirsene.

Il conte Raffaele Gaetani colse l'occasione per distribuire un saggio stampato a sue spese destinato a smentire il gran ceffone che Sciarra Colonna avrebbe dato a papa Bonifacio VIII ad Anagni quasi sette secoli prima e rimasto nella storia come "lo schiaffo d'Anagni".

Solo per un paio d'anni sopravvissero alla riforma paolina del '67 le guardie nobili e le guardie palatine, mandate poi a casa quando la Gendarmeria fu riciclata in un corpo di vigili che oggi ha ritrovato la sua antica fisionomia. Scomparvero anche le "verghe" dei penitenzieri della basilica vaticana che venivano picchiate con annessa indulgenza sulle spalle dei penitendi inginocchiati davanti ai monumentali confessionali di noce massiccio. Sembravano tante canne da pesca.

Il Sacro Collegio era composto di una cinquantina di cardinali, una ventina dei quali risiedeva con vari incarichi nella curia romana. Il loro prestigio era altissimo. Se viaggiavano in treno, a norma del Concordato che garantiva ai porporati gli onori dovuti ai principi del sangue, avevano diritto a uno scompartimento gratuito riservato di prima classe. Se accettavano un invito, dovevano conoscere in anticipo il nome degli altri ospiti e dovevano avere la certezza che non si sarebbe potuta dare alla loro presenza "un'interpretazione diversa da quella per la quale avevano ricevuto l'invito". Dovevano essere accolti da due camerieri con torce, una cortesia ancora usata per i cardinali a casa del principe Colonna nel suo palazzo di piazza Santi Apostoli. Va detto che le tradizioni a casa Colonna resistono a lungo. Fino al 1870 il palazzo ospitava l'ambasciata di Francia. L'ambasciatore La Tour-Maubourg cercò di mettere fine all'usanza rigorosamente rispettata da tutti gli ospiti, principi, cardinali e prelati, di mingere contro le piante di aranci e di mirto, distribuite lungo i lati dello scalone d'onore, dopo essere stati annunciati dai due colpi di tacco degli alabardieri della guardia svizzera.

"È un affare serio: Sua Eccellenza va a metter lite tra la Francia e la corte di Roma" lo mise in guardia il portiere, secondo lo storico Costantino Maes, autore romano dell'epoca. La Tour-Maubourg ottenne almeno che il privilegio rimanesse solo per ministri e cardinali.

Un fascicolo emanato dalla congregazione per i riti in accordo con la Segreteria di Stato stabiliva che i cardinali dovevano avere "una vettura decorosa a propria disposizione e non servirsi dei mezzi comuni e pubblici di locomozione". Il loro appartamento doveva comprendere una scala nobile e una di servizio, una sala d'ingresso, una sala d'aspetto, una sala delle congregazioni, una sala del trono, una sala di ricevimento, una cappella "e quel numero di stanze che sono necessarie per la vita privata del cardinale e dei suoi famigliari". Nell'Istruzione venivano forniti dettagli molto precisi circa le stoffe, le trine, le sete, gli stemmi, le porte, le guantiere, il ritratto a olio del papa, le predelle sotto le poltrone e così via. Indicava di quanto personale dovessero disporre fra camerieri, segretario, gentiluomini e caudatario, cioè il sacerdote incaricato di tenere la coda di quattro metri della loro cappa magna. Giovanni XXIII l'aveva poi ridotta di due metri e Paolo VI l'aveva eliminata nel 1969 insieme a tutto il vecchiume che strideva con i nuovi tempi del Concilio Vaticano II.

Le cerimonie erano così fastose da sembrare irreali e così lunghe da paralizzare le gambe. Una volta, appoggiato a una colonna della basilica, ebbi la malaugurata idea di soffiare su un cero tenuto da un prelato in corteo che mi sgocciolava sulle scarpe. Fui costretto a spegnerne un'infinità. I prelati che seguivano pensavano che fossi un incaricato spegni moccolo.

A catturare ogni sguardo era ovviamente il papa sulla sedia gestatoria, accompagnato dai flabelli di piume di struzzo, coperto dal baldacchino tenuto dai famigli e seguito da una corte pittoresca e sussiegosa. Guardie svizzere, gendarmi e palatini s'inginocchiavano al passaggio. Ne fece le spese una volta un collega che ricevette un'improvvisa taccata ferrata nelle parti più delicate dal robusto alabardiere dietro il quale ebbe la sfortuna di trovarsi. Allora chiunque avrebbe potuto sparare indisturbato sul capo della Chiesa perché gli uomini della sicurezza guardavano il pontefice e non certo la folla.

Lo spettacolo più affascinante lo fornivano i dodici elegantissimi sediari con il loro gonnellino plissettato rinascimentale sopra i larghi pantaloni alla zuava e con la loro marina nera decorata ai polsi dagli eleganti risvolti di pizzo bianco di Cantù. Dovevano infilare abilmente due aste ai lati della sedia gestatoria, quando il papa aveva finito di salutare quanti erano stati ammessi al baciamano. Il decano di sala, il commendator Tommaso Labella, in frac con sparato bianco, mantello nero a una ruota e collare d'oro, dava l'ordine e hop!, il papa veniva sollevato dritto in aria come dal gancio di una gru e trasportato con passo cammellato e grande struscio sincrono di mocassini da ballo fino all'ascensore della basilica.

Da lì raggiungeva il suo appartamento, salvo nelle cerimonie solenni quando era costretto con la sedia a salire e scendere per la scala regia con grandi manovre dei sediari costretti ad alzare o ad abbassare le aste fra spalle e avambracci, mentre i trombettieri delle Guardie nobili intonavano dal finestrone della basilica la marcia trionfale del Silveri. I cardinali, i patriarchi con arcivescovi e vescovi, gli abati mitrati con i penitenzieri, si appostavano per essere pronti al primo stop a baciare in segno di obbedienza, i primi l'anello, i secondi il ginocchio destro e i terzi il piede pantofolato.

La farmacia vaticana negli anni '30

Pio XII appariva come un'icona lontanissima quasi irreale. M'incuteva un timore che non sapevo come conciliare con la sua "angelica bontà", costantemente conclamata dalle pubblicazioni ufficiali ad uso delle folle dei pellegrini.

Fin da bambino andavo a scorrazzare nei giardini vaticani in attesa che mio padre finisse di battere a macchina nella Sala Stampa una dozzina di veline, la prima bucata dalla violenza dei tasti, l'ultima ridotta a una nebulosa nera.

I giardini divennero tabù quando un giorno, nel 1951, una devotissima pellegrina spagnola riuscì a nascondersi fra i rami di un piccolo albero vicino alla passeggiata coperta dove Pio XII si recava ogni pomeriggio. Gli cadde ai piedi gridando "Santità!" e provocando un grande spavento sia al papa che ai suoi accompagnatori troppo distanti. A partire da quel giorno, il semplice calpestare le aiuole era severamente redarguito come un peccato di lesa maestà, quasi meritevole di scomunica. E così i miei svaghi rimasero circoscritti fra la Sala Stampa e la via del Pellegrino. Le alternative erano qualche pedalata sulla gigantesca bicicletta Bianchi di servizio, la stampa a mano del bollettino su un ciclostile spennellato di denso inchiostro nero, una visita compensata da grossi grissini al forno del vecchio Magrini, rimasto con una sola mano per aver dimenticato l'altra sotto la saracinesca infuocata, o ai tipografi del giornale vaticano resi glabri dai fumi di piombo.

Vittorio Emanuele Mariani mi dava lezioni di disegno. Era l'usciere della Sala Stampa che ambiva all'incarico di medagliere pontificio al posto dello scultore ufficiale Aurelio Mistruzzi. Non ho mai avuto il coraggio di rivelargli che conoscevo benissimo il suo acerrimo rivale, lo scultore dagli occhi cilestrini e dai lunghi capelli bianchi che abitava in una villetta sul viale Carso e creava le sue medaglie in un luminoso atelier dagli odori densi di cera fusa, di legno intagliato, di oli e di tempere.

Quando andai a trovarlo con mio padre aveva appena terminato di coniare i punzoni per i primi *Agnus Dei* del pontificato di Pio XII con le effigi dei santi più recenti, fra i quali Giovanni Bosco e il povero Tommaso Moro al quale per essere canonizzato erano occorsi ben quattro secoli da quando aveva perso la testa nella Torre di Londra. Altro che le canonizzazioni-lampo di Giovanni Paolo II e la sua stessa fulminea beatificazione!

Papa Pacelli aveva voluto recuperare l'antica tradizione degli *Agnus Dei*, dei medaglioni di cera, tondi, ovali o quadrati, benedetti dal pontefice con immersione nell'acqua santa mescolata al sacro crisma e al balsamo, che i fedeli si mettevano in casa. Nei primi secoli della Chiesa gli *Agnus Dei* erano semplicemente delle schegge del cero pasquale dell'anno precedente frantumato il Sabato Santo. In virtù di questi medaglioni, secondo il rituale distribuito allora, "vengono fugate le tentazioni, la pietà si ravviva, la tiepidezza si dilegua, si evitano i pericoli della morte improvvisa, delle insidie nei viaggi, delle tempeste, dei fulmini, dei veleni, delle avversità del mare, del fuoco, e in essi le madri trovano un mezzo propiziatorio per condurre a buon fine la loro gravidanza". Insomma, c'era ancora molto Medioevo negli anni Quaranta in Vaticano e nella Chiesa.

Mariani si lamentava con me dell'ingratitudine del prossimo. Mi avrà raccontato decine di volte del tradimento dell'allora presidente del consiglio Alcide De Gasperi. Lo aveva aiutato durante la guerra, quando era un impiegato squattrinato della Biblioteca Vaticana, fornendogli pane e altri aiuti alimentari. Poi un giorno, mentre veniva rincorso dalla polizia sul sagrato di San Pietro perché arrotondava il suo stipendio vendendo ricordi ai turisti, vide il presidente De Gasperi che usciva dalla messa. Gli corse dietro, certo di un aiuto.

"Eccellenza, eccellenza, la polizia!..." Non ebbe il tempo di aggiungere altro.

"La polizia?" reagì furbescamente il capo del governo. "Fammi scappare!" e si dileguò seguito dalla scorta. Il povero Mariani riuscì a fare appena qualche passo. Aveva, come diceva lui, " le ginocchia di cioccolata" e i piedi irrimediabilmente deformati, nonostante l'aiuto del podologo Allegretti, calvo e glabro come un tallone, l'uomo che faceva camminare i cardinali con la dignità richiesta dal loro rango.

C'era un terzo personaggio che frequentava per i suoi servizi la Sala Stampa, il vecchio Pugliese, detto "Barberone", cliente storico dello stabilimento Gilda sul Tevere, sotto Castel Sant'Angelo, che si tuffava a capodanno nel fiume con uno spicchio di limone in bocca per proteggersi dalla leptospirosi.

Era pelato e miope, quasi cieco. Portava giornali e sigarette di contrabbando. Faceva sempre lo stesso percorso fino all'edicola di piazza San Silvestro dove si accampava a leggere i giornali seguendo le righe con il naso nero d'inchiostro. Per arrivarci lanciava dei suoni gutturali che gli servivano da eco come ai pipistrelli, rimbalzando contro i palazzi del centro storico.

Nella Sala Stampa passava il suo tempo a contare e ricontare manciate di monete che pescava nelle immense tasche dei suoi larghissimi pantaloni neri.

Lo zio Carl

Lo zio Carl faceva parte integrante della Grossbeerenstrasse. Era l'undicesimo dei tredici fratelli Mailänder, chiamato a Berlino dalla giovane Aurelie rimasta vedova. Avviato alla carriera bancaria, maternamente seguito dalla sorella, divenne il presidente di un'importante banca berlinese.

In famiglia era considerato un uomo importante. Piuttosto basso, un po' tarchiato e ben fornito di pancia, aveva una testa tonda che sembrava fissata direttamente sul corpo quasi senza collo. La muoveva soltanto accompagnandola con tutta la persona. Nel viso paffuto e roseo, brillavano due occhi azzurri, piccoli e stretti. A guardarlo, non si poteva fare a meno di pensare con tenerezza a un porcellino grasso, roseo e con occhi minuscoli. I capelli un po' radi, fini e lisci, erano rossicci come i baffi alla guglielmina che arrotolava verso le punte. Sempre calmo, sereno, di pochissime parole, con la sua aria bonaria poteva sembrare un pacioccone, se non fosse stato per i suoi occhi vivaci che tradivano un temperamento non privo di brio. Era un personaggio molto simpatico, certamente un originale.

Ai pranzi di oma Reli era sempre presente. Lo zio Carl rientrava puntualissimo dalla banca alle due e mezzo del pomeriggio.

Nell'attesa del "buon zio Carl", come lo chiamava la sorella, Mariechen e oma Reli rimanevano sedute a tavola. Un rumore di chiavi segnalava il suo arrivo e dava inizio al rituale del pranzo. Nell'appartamento al mezzanino, Carl aveva un ingresso personale che lo introduceva direttamente nella sua camera con una finestra sulla strada come la stanza attigua, la *gute Stube*, cioè il salotto buono, un ambiente quasi mai usato tanto che d'inverno non veniva neppure riscaldato con la *stube*. Attraverso il salotto lo zio raggiungeva la sala da pranzo.

La *garçonnière* si trovava nella parte nobile della casa. Nessuno poteva metterci il naso, neanche di nascosto, perché era sempre chiusa a chiave.

Il pranzo dei giorni feriali – la domenica lo zio Carl aveva un altro programma – era l'unico momento d'incontro tra fratello e sorella. Entrambi riservati e buongustai, a tavola regnava il silenzio.

La presenza della nipotina a questo rito che interrompeva i ritmi quotidiani e modificava l'atmosfera un po' austera della casa, faceva piacere non solo a oma Reli ma soprattutto allo zio Carl, per il quale rappresentava una gradita sorpresa.

Appena scorgeva Mariechen, le si avvicinava con il suo passo lento ma deciso, con il viso che da serio e pensoso si faceva immediatamente raggiante, e con gli occhi pieni di gioia la salutava con un tenero ganascino. Poi con un delicato gesto ironicamente cavalleresco la prendeva sotto braccio e la accompagnava solennemente al suo posto, alla sua destra, chiamandola la sua *Tischdame*, espressione usata per la vicina di tavola nei pranzi importanti. Era una cerimonia che si è ripetuta per anni sempre con le stesse regole.

Nonostante la presenza di Mariechen, la conversazione non era mai molto vivace. I ragazzi a quei tempi, nelle buone famiglie borghesi, potevano parlare solo se interrogati. Ma lo zio Carl ogni tanto strizzava l'occhio alla nipote per rinfrancarla e per assicurarle la sua simpatia e la sua solidarietà nel caso di qualche inopinata infrazione. Fra un boccone e l'altro, mentre nei piccoli occhi espressivi si accendeva un lampo di malizia, sorridendo sotto i baffi lanciava delle divertenti battute per prendere in giro bonariamente sia la nipote che la sorella.

Oma Reli sapeva stare allo scherzo e fare buon viso alle sottili frecciate del fratello come a quelle, del resto, degli altri fratelli, specialmente del maggiore Leonhard, considerato un fine umorista. Leonhard rideva in un suo modo sommesso che sembrava quasi un singhiozzo e che forse lo era perché talvolta si doveva asciugare le lacrime che gli scendevano lungo le gote.

Alla fine del pranzo tornava un profondo silenzio. Lo zio Carl, stanco del lavoro e appesantito dal pasto, cominciava a socchiudere gli occhi e a reclinare la testa, per poi riprendersi prima di cedere di nuovo alla sonnolenza. Dopo alcuni minuti di questo gioco, ne usciva improvvisamente vincitore. Si alzava quasi bruscamente e salutando con un cenno della mano la nipote e la sorella, rimaste ferme e zitte al loro posto, spariva lentamente dalla parte dalla quale era venuto. Passava un brevissimo tempo e si udiva di nuovo il rumore delle chiavi. Lo zio era uscito.

Oma Reli non faceva mai commenti sui ritmi di vita del fratello. Era evidente che lo zio Carl conduceva una sua vita personale con il tacito accordo della sorella che trattava con affettuoso, deferente riguardo. Lei lo contraccambiava circondandolo di premure, rispettandone esigenze e abitudini. Oltre che dall'amore fraterno la coppia era anche legata dalla lunga esperienza di vita in comune.

Solo dopo diversi anni Mariechen si rese conto della doppia vita, o meglio della vera vita dello zio Carl. Conobbe la signora Paula Levermann, la sua compagna, in occasione di una gita in automobile, un raro privilegio all'epoca che lo zio le aveva promesso.

Fu un giorno così emozionante per Mariechen che non dette molta importanza a quella signora che le chiese subito di chiamarla zia. A quei tempi nessun altro nella famiglia possedeva un'automobile.

Questa piccola signora, poco più alta del suo compagno, non più tanto giovane, era di temperamento allegro, estroverso e comunicativo e si vestiva in un modo a quell'epoca considerato stravagante.

Aveva una voce vibrante e melodica ma anche una leziosità e un'invadenza poco convincenti. A Mariechen sembrò che volesse catturare la sua simpatia ad ogni costo.

Era comunque evidente che lo zio Carl era molto felice in compagnia della sua Paula e che gradiva molto le sue manifestazioni di affetto.

Mariechen venne a sapere un giorno che Paula era un'attrice. Ne aveva viste al teatro, ma non ne aveva mai conosciute personalmente e cominciò quindi a guardarla con occhi diversi. Anche perché trovava sorprendente il fatto che due persone che si volevano così bene non fossero sposate. I ragazzi non affrontavano certi argomenti con gli adulti. Nel caso dello zio Carl era convinta che fosse stata proprio oma Reli ad aver impedito quell'unione alla quale non accennava mai. Forse perché era un'artista o magari perché era cristiana. Gli artisti non godevano fama di grande serietà morale. Nessun padre della buona borghesia avrebbe permesso alla propria figlia di fare l'attrice, la ballerina o la cantante.

Elli, una cugina di Mariechen, tutt'altro che tenera nei suoi giudizi su oma Reli, le confidò molti anni dopo che Aurelie e Paula non si potevano soffrire, ma che soprattutto la matriarca della Grossbeerenstrasse era in qualche modo gelosa del fratello. Lo zio Carl era probabilmente incapace di abbandonare l'ormai anziana sorella. D'altro canto né l'una né l'altra delle due donne si sarebbe mai piegata a una convivenza a tre. Ma il destino aveva in serbo per loro delle soluzioni inaspettate.

Ben presto le occasioni per Mariechen di essere la *Tischdame* dello zio Carl si ridussero per poi finire del tutto.

Marianne fuggì dalla Germania nel 1933. Pochi mesi dopo la sua partenza arrivarono da Marienbad, il tradizionale soggiorno estivo della matriarca in Cecoslovacchia, i primi segni di cambiamento nei rapporti con la "coppia illegale". Fu oma Reli, infatti, alla fine di giugno, a inviarle fra le altre notizie quella dell'arrivo nello stesso luogo di cura dello zio Carl e della zia Paula. Lo zio Carl era dovuto partire per Berlino e lei sarebbe rimasta ancora qualche giorno a Marienbad con la zia Paula per godere soprattutto dell'"aria buona", lasciando intendere che a Berlino l'"aria buona" non si respirava più.

Poi, con un semplice esclamativo che era un invito a stupirsi, confidò a Mariechen che lo zio Carl alla sua età non più tenera aveva intenzione di sposarsi.

Accennò brevemente e con molta dignità al dolore che provava nel dover rinunciare alla Grossbeerenstrasse. Era evidente il suo sforzo di non dare eccessivo peso a un avvenimento che pur avrebbe inciso così profondamente sulla sua vita in un quadro generale già così drammatico che si andava prospettando con l'avvento del nazionalsocialismo.

Le voci che circolavano sulle imminenti misure legislative per impedire sia i matrimoni che le relazioni extraconiugali fra ebrei e ariani avevano evidentemente costretto lo zio Carl a prendere rapidamente una decisione. In modo saggio e delicato aveva cercato di far avvicinare le sue due donne durante l'estate in un ambiente favorevole a rapporti sereni. Il problema non era solo la legittimazione della posizione della sua compagna, ma anche di far accettare sia a Paula che ad Aurelie una loro convivenza. D'altro canto non era immaginabile che oma Reli rimanesse sola nella Grossbeerenstrasse, né per l'onere che avrebbe comportato il mantenimento della vecchia casa né per la sua età avanzata. Aveva allora ottantatré anni.

Fu deciso il trasferimento in un appartamento più moderno e funzionale, certamente più economico. Non solo la Grossbeerenstrasse ma anche i servizi della Frau Fricke non furono più ritenuti adatti per la nuova convivenza a tre.

La matriarca dovette cambiare molte delle sue abitudini. Non era più lei la padrona di casa, uno shock per molti nella famiglia, anche se i problemi erano ormai altri e ben più drammatici.

Oma Reli e lo zio Carl

Il matrimonio fra Carl e Paula fu celebrato nell'ottobre del '33. La coppia partì per un brevissimo viaggio di nozze.

Agli inizi del '34 gli sposi avevano trovato casa a Barbarossaplatz, nel quartiere ovest di Berlino. Ad oma Reli sarebbero state riservate due stanze.

Ma la convivenza a tre a Barbarossaplatz non era certo idilliaca.

Nel giugno del '36, prima delle vacanze a Marienbad, arrivò dagli Stati Uniti la sorella di Paula con il figlio.

I "Carl", come oma Reli indicava la coppia, erano andati a prenderli allo sbarco ad Amburgo. Secondo lei la sorella di Paula non era del tutto normale. La sua presenza creava un gran trambusto a Barbarossaplatz. Compativa il fratello che doveva sopportare il peso economico di una situazione estremamente snervante. *"Ce que femme veut!"*, commentava ironicamente in una lettera alla nipote.

Poi da Marienbad tornò a insistere sul tema della *femme*, definendo lo zio Carl un "marito di stoppa" e facendo suo un commento dello zio Heinrich: "Nostro fratello si è lasciato abbindolare proprio bene."

Il grande rimpianto per i tempi sereni della Grossbeerenstrasse la rendeva ormai molto severa nei confronti della cognata la quale, dal canto suo, non poteva dimenticare che Aurelie era stata per decenni il principale ostacolo alla vita della coppia.

Nel '38 la zia Paula si ammalò gravemente di cuore. La matriarca ne dette notizia alla famiglia, sinceramente dispiaciuta per la cognata, ma soprattutto per il fratello dimagrito di dieci chili per le emozioni e le preoccupazioni. Quando gli specialisti consigliarono all'ammalata un soggiorno in sanatorio, lo zio Carl l'accompagnò.

Agli inizi del '39 la zia Paula se ne tirò fuori, ma fu lo zio Carl ad ammalarsi. E infatti morì il 25 settembre dell'anno successivo. Aveva settantasette anni. L'annuncio dato dalla vedova fu l'ultimo messaggio che Mariechen ricevette dalla zia Paula, dalla quale non ebbe più notizie dirette. In seguito oma Reli le scrisse una drammatica lettera nella quale le confidava quanto fosse per lei doloroso essere sopravvissuta al fratello. Lo considerava però fortunato di aver trovato la pace dopo tante sofferenze. Non si riferiva soltanto a quelle fisiche, ma anche a quelle psichiche e morali delle quali faceva carico in gran parte alla cognata. Ma soprattutto intendeva denunciare la mortificazione e l'angoscia nelle quali ormai vivevano da anni gli ebrei e il loro terrore per l'avvenire. Raccontò anche dell'infinita pazienza con la quale il fratello aveva sopportato il male, cercando di non preoccupare i suoi cari. Nel rievocare i suoi ultimi momenti, ne rivelò un particolare indimenticabile: quando la morte era ormai prossima, alla coraggiosa novantenne che gli era fedelmente accanto e che gli chiedeva come si sentisse, rispose: "Eccellente". Fu la sua ultima parola ed era la stessa che la sua piccola *Tischdame* gli aveva sentito pronunciare tante volte quando gli si chiedeva se gli piacesse il piatto che gli era stato preparato.

Tornata dall'America, la sorella di zia Paula si era ormai trasferita da loro. Le odiose scene fra le due donne erano all'ordine del giorno. Ma le preoccupazioni della vegliarda per i tanti suoi familiari ormai lontani e per i pochi rimasti vicini erano ormai talmente gravi che le divergenze in casa erano diventate di secondaria importanza.

Solo alla fine del novembre del '41 oma Reli, in una lunghissima lettera al figlio Fritz ormai fuggito con la moglie Hilde a Roma dalla figlia, li informò che il male di Paula si era riaffacciato in modo grave. La notizia della morte della zia giunse a Marianne in un momento di continue, angosciose e crescenti preoccupazioni che gli ebrei cominciavano a vivere anche in Italia. Si pentì molti anni più tardi di aver accolto la notizia così distrattamente.

I PIONIERI DELL'INFORMAZIONE VATICANA

Mio padre Giulio Argentino è stato il primo dei cronisti "vaticanisti", se si esclude un prelato che fu il pioniere negli anni Trenta di questo giornalismo di frontiera. Si può certamente parlare di frontiera, perché il Vaticano di allora era un mondo molto più sospettoso e diffidente di quanto non lo sia ancora oggi, trincerato dietro i confini delle mura leonine appena riconosciute da Mussolini con gli accordi del Laterano.

Il pioniere si chiamava monsignor Enrico Pucci, un officiale della Segreteria di Stato appassionato di giornalismo, accusato nel dopoguerra di manovre e di spionaggio a favore del regime. Secondo la documentazione ritrovata in seguito, monsignor Pucci risultò come il fiduciario "96" della polizia politica, ingaggiato personalmente dal capo della polizia Arturo Bocchini dietro un compenso mensile di lire tremila. Ci rimase paralizzato quando il «Giornale d'Italia» pubblicò il suo nome nella lista dei collaboratori dell'OVRA, l'Opera di vigilanza e repressione antifascista, l'organizzazione segreta di polizia politica del duce.

Andavamo a trovarlo nel suo villino di via Svetonio che si affacciava sul viale delle Medaglie d'Oro, là dove allora il tram faceva manovra sferragliando e se ne tornava indietro lasciando a terra quelli che "si attaccavano al 35", come si diceva a Roma, cioè l'autobus dei matti, quello che raggiungeva il manicomio di Santa Maria della Pietà.

Lo accudiva sulla sua sedia a rotelle la sora Cesira, una nana pia e arcigna, ormai alta come il suo veneratissimo don Enrico, tanto da sembrare quasi soddisfatta di averlo finalmente tranquillo, disponibile e a sua portata, immobile e quasi muto sulla sua sedia.

A quei tempi, ma forse anche oggi, una donna non consacrata e normale al servizio di un prelato non era pensabile. La sora Cesira era alta poco più di me, ma grande fra i grandi. Più che una "perpetua" si proponeva come una dama di corte. Nella foto dopo il battesimo dei miei nonni, scattata con un'attenta posa dal fotografo pontificio Giovanni Felici, la sora Cesira sembra il personaggio centrale.

La prima Sala Stampa vaticana

Giulio si chiamava Argentino perché era nato a Buenos Aires nel 1902, a Lavalle 2365, nella parrocchia di Nuestra Señora de Balvanera, dove suo padre Oreste era emigrato dieci anni prima con la moglie Giuseppina Antonucci di Subiaco, probabilmente a fare il sellaio, un mestiere di famiglia. I suoi nonni erano venuti dalle Marche a far selle, redini e corregge a piazza Margana, nella zona del vecchio ghetto, che fu poi rifilata dai piemontesi per dar spazio al monumento a Vittorio Emanuele II e al milite ignoto verso il teatro di Marcello. Oreste morì un bel giorno perché "l'alcol gli era arrivato ai polmoni", diceva una leggenda famigliare. Senza dubbio ucciso dall'*aguardiente*.

Peppina, sua coetanea, se ne dovette tornare con i cinque figli a Roma a trovare aiuto in famiglia. Ne trovò così tanto che il cognato Belisario divenne il suo compagno di lunario da sbarcare ma anche di letto. Allora non si guardava tanto per il sottile agli incroci nel quadro della solidarietà famigliare.

Si accamparono tutti in un basso a Tor de' Specchi, Belisario, Giulio, Alfredo, Salvatore, Assunta, Franco e poi Spartaco e poi Bettina e, come si dice, chi più ne ha più ne metta. Più aumentavano fratelli, figli e cugini, più diminuivano i cavalli, ormai più frequenti nelle macellerie equine che sotto gli arcioni prestigiosi degli amici di Gabriele d'Annunzio.

Così la selleria chiuse e chi poteva andò a fabbricare i primi paracadute, chi a guidare il trenino dei Castelli e chi come mio padre a imparare la stenografia e a usarla per l'agenzia Stefani, la futura Ansa, per la quale registrò lo storico annuncio della vittoria nella grande guerra del '18. Fu dalla Stefani che lo chiamò monsignor Pucci a dargli una mano a recuperare le improvvisazioni di Benedetto XV, riscrivendole con una monumentale Remington nera nella Sala Stampa. La prima Sala Stampa della Santa Sede non era altro che la saletta di guardia dei pompieri di turno, ben disposti a ospitare i primi giornalisti "vaticanisti" al cortile di San Damaso.

Poco a poco, con un certo Pietro Pasotti e un certo Mario Seraiter, due distinti e incravattatissimi giornalisti, rigidi nei loro alti colletti inamidati, nacque "la banda Pucci", ironicamente citata "al gran completo" nelle cronache dell'«Osservatore Romano» fra cardinali, principi assistenti al soglio, mazzieri e bussolanti.

Non aveva ancora vent'anni mio padre quando il 22 gennaio 1922 si trovò a dover dare l'annuncio della morte del suo primo papa, Benedetto XV. Era giovane anche lui, il pontefice che aveva condannato "l'inutile strage" della prima guerra mondiale. Aveva appena sessantotto anni quando un'infreddatura presa in San Pietro si trasformò in broncopolmonite. Rimase a letto parecchi giorni e lucido fino alla fine, tanto che prima di spirare ebbe il tempo di regalare una bella collana di perle a un nipote, destinata alla futura moglie ancora sconosciuta.

Il giovanissimo stenografo-giornalista era stato astutamente delegato da monsignor Pucci a inviare telegrammi con la notizia della morte del pontefice dall'ufficio postale vaticano, ancora molto approssimativo. Telegrammi che furono sistematicamente censurati fino a quando la morte del pontefice non fu costatata con il suo bravo martelletto d'argento dal cardinal decano. A quel punto i telegrammi raggiunsero i destinatari.

La notizia della morte di Pio XI, quel 10 febbraio del 1939, mio padre poté viceversa telefonarla ad agenzie e giornali, clienti della "banda Pucci", poco prima delle sette del mattino quando una guardia svizzera chiuse un battente del Portone di bronzo. Aveva trascorso una notte insonne e aveva vagato fin dall'alba fra la piazza San Pietro e l'ingresso di Sant'Anna.

L'allarme sulla salute di papa Ratti era scattato alla vigilia quando era stata cancellata l'udienza che l'11 febbraio Pio XI avrebbe dovuto dare ai parroci d'Italia nel decimo anniversario degli accordi del Laterano. Era atteso un discorso fulminante contro il fascismo. Non lo avrebbe mai fatto. Come non avrebbe mai pubblicato la sua enciclica di condanna già pronta.

CHI HA UCCISO PIO XI

Oggi si ritiene con buone ragioni che Mussolini non fece uccidere Pio XI dal dottor Francesco Petacci, padre di Claretta, come sosteneva il cardinale francese Eugène Tisserant. Quel venerdì 10 febbraio 1939, alle cinque e trentuno del mattino, papa Achille Ratti morì di morte naturale. Ne è più che convinto lo storico di «Civiltà Cattolica», padre Giovanni Sale, che ha consultato i documenti dell'Archivio Vaticano, aperti non solo fino a quella data ma indirettamente anche oltre, perché alcuni avvenimenti collegati alla morte sono stati riportati per estratto nelle "Positiones", cioè nei dossier precedenti consultabili.

È vero però, secondo padre Sale, che il livello di tensione raggiunto fra Pio XI e Mussolini potrebbe avere contribuito ad affrettarne la fine e che forse a questo intendesse alludere il cardinale. Documenti inediti rivelano una rottura insanabile fra i due firmatari del Concordato del 1929.

"Ho visto tutta la documentazione vaticana sugli ultimi giorni di Pio XI. L'affermazione del cardinale Tisserant mi sembra inverosimile" mi ha detto padre Sale. "Se ci fosse stata una voce così importante di questo tenore sarebbe stata riportata per estratto, come ho visto fare decine e decine di volte. Quando girò la voce di un possibile rapimento di Pio XII da parte di Hitler, una "Positio" registrò tutto: lettere, comunicazioni, inchieste della Segreteria di Stato. Se ci fosse stato qualcosa di dubbio sulla morte di Pio XI, sarebbe certamente risultato dalla documentazione, ma non ho trovato nulla.

È vero che Mussolini andava dicendo cose durissime nei confronti del pontefice. 'Il papa sta tirando troppo la corda sulla questione del razzismo' disse al re nel novembre precedente. Dalla documentazione inedita che ho potuto consultare, Mussolini incontrò due volte il nunzio in Italia, monsignor Borgongini Duca, fra gennaio e febbraio del 1939, poco tempo prima che il papa morisse, ma non chiese mai notizie della sua salute.

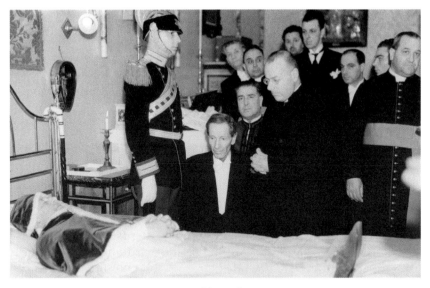

Pio XI sul letto di morte

È un fatto molto importante, perché era prassi che quando il papa, il capo del governo o il re stavano male, si mandassero perfino dei rappresentanti a chiedere notizie, come gesto di cortesia.

Monsignor Borgongini Duca nei suoi dispacci alla Segreteria di Stato ne concludeva che i rapporti tra la Santa Sede e il regime erano arrivati a un punto morto. È assolutamente vero, perché risulta dalla documentazione da me consultata – commenta il gesuita – che gli ultimi mesi del pontificato di Pio XI segnano una rottura assoluta con Mussolini, cosa che nella letteratura storica non viene mai rilevata. Solo con l'elezione di Pio XII i contatti vengono ristabiliti quando il 20 marzo 1940 Mussolini fa chiamare padre Tacchi Venturi a palazzo Venezia.

Il cardinale Tisserant parlava certamente per metafora. Il papa aveva degli scatti d'ira molto forti. Una volta ne ebbe una vera e propria crisi. 'Il papa è stato male per due giorni. Pensavo che ormai fosse alla fine, invece poi si è ripreso' notava il sostituto della Segreteria di Stato, monsignor Domenico Tardini, in un diario in cui descrive quasi ora per ora gli ultimi giorni di Pio XI.

Il papa rimase lucido fino agli ultimissimi giorni. Le sue crisi, direi, furono di natura nervosa. Ebbe dei veri e propri scatti d'ira anche nei confronti del cardinale segretario di Stato Pacelli e di monsignor Tardini, perché secondo lui le indicazioni che aveva loro dato negli ultimi tempi, soprattutto in materia razziale, non erano state perfettamente eseguite. In verità la Segreteria di Stato non poteva dare esecuzione immediata alle decisioni di un papa ammalato in quelle condizioni, perché ciò avrebbe creato degli incidenti diplomatici piuttosto gravi. Allora il cardinale Pacelli fece da filtro tra Pio XI e il regime, non travisando l'indirizzo politico religioso del pontefice, come qualcuno ha scritto, ma, da fine diplomatico qual era, per rendere la materia meno spigolosa.

E questo – sottolinea padre Sale – sia per quanto riguarda la questione razziale, sia anche per le celebrazioni per il decennale della Conciliazione. Come si sa, quando morì il discorso per l'occasione l'aveva già preparato, scritto proprio nei suoi ultimi giorni di vita.

Una cosa mi ha sorpreso molto nel cercare fra i documenti per vedere se trovavo traccia della famosa enciclica sul nazismo e sul razzismo preparata da padre Lafargue e arenatasi alla curia dei gesuiti perché prolissa e perché non rispondeva alle attese del papa. Negli ultimi due mesi di pontificato non se ne parla. Pio XI non ne fa cenno come se se la fosse dimenticata.

Dico questo, perché la letteratura storica ha sempre sostenuto che Pacelli, la curia e così via, hanno complottato contro la sua pubblicazione. Dai documenti risulta che in quei giorni il papa non s'interessava più a questo progetto. Secondo me perché in quei mesi erano sopravvenute, soprattutto in Italia, delle questioni nuove, come il vulnus al Concordato e la contrapposizione frontale fra Pio XI e Mussolini. Purtroppo si parla molto di queste cose, ma non ho poi visto gli studiosi fare la fila per venire a consultare i documenti!

D'altra parte Mussolini non avrebbe avuto nessun interesse... anche perché il pontefice, ottantaduenne e ammalato, era ormai alla fine. Oltretutto il duce si sarebbe fabbricato da solo un ricatto interno enorme, se appena avesse accennato a un progetto del genere. Dopo il delitto Matteotti, non so se potesse avere in animo d'imbarcarsi in una simile avventura. È proprio da escludere. Era un uomo troppo furbo. Avrebbe significato praticamente mettersi nelle mani della cricca dei suoi nemici all'interno di palazzo Venezia che ne era pieno, insieme a spie e controspie. Non si sarebbe mai fidato di prendere un'iniziativa così grave e rischiosa."

È comunque certo che il dottor Petacci fosse un medico del Vaticano, benché non facesse parte dell'équipe dei medici pontifici. Ma nel 1972, quando l'editore Laffont, su richiesta del Vaticano, si rifiutò di pubblicare le memorie di Tisserant, si disse che Petacci avrebbe potuto sostituire l'archiatra Aminta Milani giunto in ritardo quella notte.

"Tutto è possibile" ha osservato padre Sale. "Ma bisogna tener conto che il mondo dei grandi clinici allora era piccolo e molto elitario. Curavano sia il papa che i membri del governo. Che poi fossero legati a doppio filo con il fascismo mi sembra più che verosimile ma ciò non aggiunge nulla sulla morte di Pio XI."

Del dottor Petacci si sa ufficialmente solo che partecipò all'imbalsamazione dello scomparso pontefice.

Gli archivi del cardinale Tisserant avrebbero potuto aggiungere qualcosa sulla morte di Pio XI. Finiti a Tolosa, ci hanno frugato per una decina d'anni alcuni storici dell'Institut Catholique. Alla fine del 2011 i risultati delle loro ricerche sono stati raccolti in una voluminosa biografia da Etienne Fouilloux.

Lo storico francese scrive che molti amici e conoscenti del cardinale l'hanno udito affermare che "Pio XI era stato vittima del regime fascista". Ma l'unico documento rimasto è una lettera al vescovo di Strasburgo, monsignor Charles Ruch, nella quale avanza dubbi sulla fine inattesa di papa Ratti che aveva trovato appena cinque giorni prima in splendida forma, addirittura "ringiovanito". Tanto più che quando fu avvertito dalla Segreteria di Stato che il papa stava molto male, in realtà Pio XI "era morto da 50 minuti!"

Il vecchio cardinale, bibliotecario e archivista di Santa Romana Chiesa, prefetto della Biblioteca Apostolica che aveva contribuito ad arricchire andando a cavallo a caccia di manoscritti in Palestina dopo essere stato ufficiale dei lancieri, decano del Sacro Collegio, morto nel 1972 a Roma, non amava affatto Pio XII. Era stato viceversa un grande amico di Pio XI, anche lui topo di biblioteca, che lo aveva creato cardinale. Un papa filotedesco, come Eugenio Pacelli, ex nunzio a Berlino, non poteva piacere a un francese della Lorena storicamente sempre così minacciata dai tedeschi. E forse c'era qualcos'altro.

Lo ricordo bene questo porporato dal gran barbone, un onor del mento che la Chiesa cattolica consente solo agli orientali, ai missionari, ai frati e a chi in Oriente ci ha vissuto.

In Vaticano, dopo Tisserant, l'ultima barba altrettanto poderosa, scomparsa qualche tempo fa, apparteneva all'ultraottantenne generale medico paracadutista Ignazio Melandri, cavaliere dell'Ordine di Malta, incaricato di assistere con bicchierini di cordiale le signore "sturbate" dalle lunghe cerimonie pontificali.

La folla al cancello di Sant'Anna per l'annuncio della morte di Pio XI

Le barbe non sono frequenti nei palazzi apostolici dove vige ancora, ad esempio, la regola non scritta che impedisce alle guardie svizzere di imitare gli epici modelli di alabardieri che difesero i papi dai lanzichenecchi, immortalati da Michelangelo o da Luca Signorelli. La regola fu inventata dallo scomparso rigidissimo colonnello Robert Nunlist. La tecnica antipilifera consisteva nell'impedire il servizio d'onore accanto al papa a eventuali guardie barbute. Niente servizio d'onore, niente foto con il pontefice da incorniciare tra i cimeli di famiglia. E allora niente barba.

L'uso della barba nella Chiesa latina (tra gli orientali è normale consuetudine e Tisserant si considerava orientale d'adozione) non è stato sempre costante. Fin dai primi secoli, se l'ecclesiastico lasciava trapelare una qualche effeminatezza nel raderla, gli veniva immediatamente ingiunto di conservarla. Al contrario, se nella barba troppo maestosa s'intravvedeva ambizione e fasto, altrettanto rapidamente si fabbricava un canone o un decreto pontificio che restituiva il dovuto spazio ai barbieri. A partire dal secolo X del problema si sono occupati diversi concili, da quelli francesi di Berry e di Tolosa a quello in Spagna, per non parlare dei sinodi. Da quello bizantino del 1481 che pelò i chierici senza pietà a quello meno intransigente di Meldi che reclamò solo una frequente rasatura. *Non nutriant prolixam barbam, sed saepe rasi*: niente barbe abbondanti ma rasature frequenti, raccomandava il documento conciliare.

Ad orientare la moda più recente sono intervenuti ben due concili generali, il Lateranense e poi il Tridentino che proibirono solennemente le barbe dei preti. Quanto ai papi, sono stati almeno una cinquantina quelli con la barba. In alcuni casi, l'onore del mento pontificio fu esibito a ricordo di qualche iattura. La barba di Clemente VII esprimeva lutto e dolore per il sacco di Roma da parte dei luterani dell'esercito imperiale nel 1527.

Che i barbuti non fossero troppo apprezzati sulla cattedra di Pietro lo verificò personalmente il cardinale Bessarione che, alla morte di Niccolò V, nel 1455, sarebbe stato eletto papa se la sua barba, l'unica del sacro collegio, non lo avesse mostrato troppo greco agli occhi degli ecclesiastici.

L'ondata di entusiasmo pilifero che ha caratterizzato gli inizi del XX secolo ebbe a quei tempi qualche conseguenza anche nel mondo ecclesiastico. Ma intervenne la congregazione del clero a scoraggiare la moda fra i preti diocesani, con qualche tolleranza per i cappellani militari della prima guerra mondiale. Da allora sono solo i religiosi e i sacerdoti legati al mondo orientale a potersela consentire, soprattutto se appartenenti agli ordini missionari. In certi casi, come per i francescani, è una regola dell'ordine.

In altri, sono le esperienze di vita a imporla, come appunto nel caso di Tisserant, che aveva trascorso la sua giovinezza ecclesiastica a cavallo per il Medio Oriente alla ricerca di codici e manoscritti.

Il cardinale Tisserant incuteva timore con la sua burbera franchezza, sorretta dal grande prestigio di cui godeva. Non ha mai nascosto la sua convinzione che Pio XI fosse stato fatto assassinare da Mussolini. Il Vaticano ha cercato in tutti i modi di recuperare i suoi voluminosi archivi, ricchi di segreti – inviava e riceveva ogni giorno almeno dieci lettere – tanto che Paolo VI con la sua riforma del 1969 aveva stabilito che tutti i documenti dei cardinali defunti dovessero essere confiscati e sigillati alla loro morte da funzionari della Segreteria di Stato.

"Il Santo Padre ha preso questa misura di carattere apparentemente generale per mettere al passo un solo uomo: me" aveva commentato il cardinale Tisserant che già nel 1964, tornando da un viaggio in Brasile, si era trovato la cassaforte scassinata nella sua casa a Trastevere.

Ho conosciuto per caso una pronipote del cardinale. Era la sua preferita, mi disse, e aveva moltissimi ricordi di estati trascorse con il porporato sia a Roma che in Lorena. Non aveva esitazioni: "Più volte mi ha detto che Mussolini aveva fatto assassinare Pio XI e che nel suo archivio esistevano documenti che lo provavano. Anzi ho saputo che ha detto le stesse cose con molta chiarezza a un suo nipote e mio cugino sacerdote". Insomma, nonostante i documenti consultati da padre Sale sembrino chiudere definitivamente il caso, i sospetti rimarranno sempre.

LE LETTERE DI OMA RELI

Fu nell'aprile del 1933, prima della sua partenza per l'Italia, che per l'ultima volta Marianne andò alla Grossbeerenstrasse per dire addio alla sua oma. L'abbraccio denso di emozioni era una cosa insolita, come insolito era il momento. Abbracci ed effusioni non erano affatto la regola nella famiglia Mailänder. Quanti devono essere stati i pensieri della vecchia signora in quell'ora di un addio che forse, data l'età, considerava definitivo. Avrà pensato al dolore del figlio Fritz, privato di una presenza affettiva così importante per lui che nella figlia aveva riposto così tante speranze. Il futuro di Mariechen era in quei giorni veramente oscuro.

Chissà quante cose avrebbe voluto dirle, quanti consigli darle. Oma Reli piangeva in silenzio. Non ci furono parole. Anche la nipote dubitava di poterla riabbracciare. In realtà si videro ancora e per molti anni ci fu un intenso scambio di corrispondenza. Oma Reli le fu sempre vicina con la sua esperienza e con i suoi consigli, tenendola minuziosamente informata sulle vicende della famiglia e degli amici, compresi quelli che erano riusciti a fuggire dalla Germania.

Più di sessanta lettere e cartoline rimangono di quelle conversazioni a distanza. Tutte scritte con cura in un'elegante calligrafia gotica con vistose maiuscole decorate con grandi svolazzi, come ancora s'insegnava ai tempi delle elementari in Germania durante le lezioni di calligrafia, secondo una tradizione che stava per scomparire del resto anche in Italia.

La scrittura di oma Reli era minuta e fitta, caratteristiche che nelle ultime lettere divennero così forzate che per leggerle ci voleva una lente. Si serviva leziosamente di espressioni francesi, un vezzo superato nel mondo borghese già agli inizi del Novecento, ma mai di parole in yiddish, eppure così frequenti nelle conversazioni famigliari.

Le lettere più lunghe le arrivarono da Marienbad, dove fino al 1937 oma Reli poté ancora rifugiarsi per alcuni mesi ogni estate. Frequentava dal lontano 1900 questa cittadina termale cecoslovacca, da sola o in compagnia dei figli e di altri parenti. Le vecchie fotografie ricordano *Il giardino dei ciliegi* o le ville di legno sul Corno d'oro e sul mar di Marmara.

Fu da Marienbad che nel giugno del '33 fece avere a Marianne, ormai a Roma da due mesi, le prime notizie attendibili su quanto stava realmente accadendo in Germania dove era stata appena annunciata la censura della corrispondenza. In cima ai suoi pensieri c'era come sempre il figlio Fritz che subiva i primi duri colpi. Era stato costretto a licenziare i suoi impiegati, mentre i clienti nazionalsocialisti non si consideravano più tenuti a pagare i conti in sospeso.

Era molto preoccupata anche per Frederich, il fratello di Mariechen allora tredicenne, che veniva ingiuriato e malmenato a scuola, e per l'altro nipote, Franz, figlio di Wally, medico, sottosegretario al ministero della sanità, rimosso sui due piedi dal suo incarico governativo e costretto a lasciare precipitosamente la Germania.

Con il suo spirito acuto di osservazione e con la sua grande perspicacia, l'anziana donna si era resa conto perfettamente della gravità della situazione, forse più di molti altri che a quel tempo continuavano a sottovalutarla o a considerarla passeggera. Alla fine del suo soggiorno a Marienbad, nell'autunno del '33, scrisse alla nipote che se non avesse avuto i figli a Berlino, in Germania non sarebbe più voluta tornare.

Ai suoi pensieri già pesanti oma Reli aggiungeva l'inquietudine per la situazione di Mariechen. Subito dopo la sua partenza si era messa all'opera per trovarle amicizie a Roma.

All'inizio del '34 la matriarca ricevette dalla sua amica Ellen l'invito a passare qualche settimana con lei in un lussuoso albergo di Nizza.

Ellen faceva parte del suo entourage. L'aveva presentata alla nipote come Madame W. Lei stessa chiedeva di farsi chiamare così. Vedova ariana di un direttore di banca israelita, ex collega e grande amico dello zio Carl, Madame W. era una signora molto facoltosa. Amante del lusso e dei viaggi, dopo l'avvento di Hitler trovò il modo di vivere sempre all'estero, in paesi dove evidentemente possedeva grossi capitali.

A Roma poteva contare sempre sulla stessa suite all'hotel Excelsior in via Veneto. Era una bella donna, alta, molto formosa, affabile e allegra che ostentava oltre alle sue ricchezze una generosità grande come la sua mole.

Era difficile capire l'amicizia fra le due donne, l'austera oma Reli e l'esuberante Madame W., che dichiaratamente si ammiravano a vicenda.

Dopo l'incontro con l'amica a Nizza, l'ormai ottantaquattrenne matriarca decise di proseguire da sola per Roma per rivedere la piccola Mariechen. Tutti i parenti rimasero allibiti di fronte al coraggio e alla vitalità dell'anziana donna che in pieno inverno affrontò una simile avventura. A quei tempi, a settant'anni si era già considerati vecchi.

A Berlino oma Reli aveva ormai preso possesso del nuovo alloggio insieme agli sposi. Aveva sempre tenuto moltissimo al suo compleanno. Quando ancora regnava alla Grossbeerenstrasse dopo un gran viavai di parenti e amici, postini e fiorai nel corso della giornata, la sera una tavola luccicante di calici di Boemia e di piatti di porcellana dal bordo in oro zecchino era sempre imbandita per gli intimi. Ma la Grossbeerenstrasse ormai non esisteva più e molti di coloro che l'avevano frequentata erano lontani.

Oma Reli descrisse nei minimi particolari la giornata: aveva potuto riempire di fiori dodici vasi. A rileggere quella lettera si scopre che nel '35, grazie al prestigio e all'affetto di cui godeva in famiglia, la sua vita scorreva ancora relativamente serena in una discreta agiatezza, se non fosse stato per la convivenza non gradita con la neo-cognata e per le preoccupazioni per l'avvenire incerto dei suoi cari.

Nonostante l'età oma Reli venne a Roma per il matrimonio di Mariechen con Giulio il 29 settembre di quell'anno, anniversario anche delle nozze di Fritz e Hilde. Le vecchie foto un po' ingiallite la mostrano con il suo portamento fiero e distinto, con il suo bell'abito lungo di velluto grigio, vezzosamente accollato per nascondere le rughe, rischiarato da un delicato *jabot* di merletto bianco e da una preziosa spilla di perle. È l'ultima immagine che Mariechen conservò della nonna. Non la vide più.

Nel '36 oma Reli riuscì ancora a passare tre mesi nella sua amata Marienbad. Fu un soggiorno particolarmente felice perché poté trascorrere un lungo periodo in compagnia della cognata Frida e del fratello Heinrich, al quale era particolarmente affezionata. Andava spesso al cinema, una cosa che a Berlino non poteva più fare. I locali pubblici erano oramai tabù per gli ebrei. Era stata anche invitata da amici svizzeri a un grande ricevimento in occasione della loro festa nazionale. Si era messa il vestito di velluto del matrimonio di Mariechen. "Al Kursaal sembravo una regina" scrisse, ben consapevole della sua classe. La sua eleganza era inconfondibile come il suo stile di vita, raffinato, sobrio, un po' demodé, perfetto in ogni circostanza. Quando le rivolgevano dei complimenti li riceveva quasi come omaggi dovuti. Era un personaggio austero che aborriva il frivolo, ma non riusciva a impedirsi un pizzico di vanità. Una vanità ancora viva a ottantacinque anni.

Le sue lettere registravano tutte le notizie che riguardavano i familiari vicini e lontani da Berlino. Quanto alla situazione generale, nel 1936 c'era un momento di respiro. Era l'anno delle Olimpiadi ed erano state proibite tutte le manifestazioni più pesanti di antisemitismo. Nel settembre di quell'anno oma Reli, com'era sua abitudine, poté recarsi senza problemi al tempio per *Rosh Hashanah*, il capodanno ebraico. Era la prima volta che ne parlava in una lettera. Aggiungeva che aveva incluso anche la famiglia della nipote nella sua preghiera. Metteva sotto la protezione del Dio d'Israele la nipote appena battezzata. La sua fede e la sua fiducia nell'onnipotenza e nella generosità del Dio unico erano così grandi che era certa che avrebbe anche accettato la nipote "marrana". Ritornò ancora sul tema pochi giorni dopo, all'indomani di *Yom Kippur*, quando era andata di nuovo a pregare nel tempio. Oma Reli non parlava mai della sua fede, forse per quel riserbo che la caratterizzava e anche per discrezione e rispetto verso il figlio preferito del quale era ben noto l'agnosticismo. Tuttavia nei suoi accenni nelle lettere alle preghiere per i suoi cari, si avvertiva che non erano davvero frasi o parole vuote di significato.

A prescindere dalle convinzioni religiose, lasciava trapelare ogni tanto la sua fierezza giudaica al punto di manifestare una certa diffidenza nei confronti dei *goy*, gli "altri". Ai suoi correligionari, credenti o no, si sentiva unita da un'affinità spirituale. Attribuiva loro una sensibilità d'animo che difficilmente voleva riconoscere agli "altri."

Era anche fiera di essere una Mailänder, di appartenere ad una grande famiglia della quale era divenuta con gli anni la coscienza, il suo elemento di unione, la custode del suo patrimonio spirituale e sociale.

L'estate del '37 fu l'ultima che oma Reli riuscì a passare a Marienbad, anche se in un piccolo albergo e in condizioni di grande economia. Finite le Olimpiadi, la campagna antisemita era stata rilanciata più violenta che mai e già agli inizi del '38 la situazione per gli ebrei era diventata durissima, anche per le misure economiche e repressive nei loro confronti. La campagna culminò con l'introduzione di contrassegni per i documenti personali. L'anziana matriarca fu costretta a rinunciare al suo soggiorno estivo con molto rimpianto mentre si rallegrava, in una lettera, che Mariechen fosse riuscita a fuggire dalla Germania.

Le sarebbe piaciuto venire a Roma. Si sentiva, a ottantotto anni, ancora piena di energia. Ma per un viaggio in Italia le mancava la cosa indispensabile, come a migliaia di ebrei in Germania: un passaporto valido per l'espatrio.

Continuava a parlare di parenti e amici, anche di quelli rifugiati all'estero le cui notizie arrivavano per vie traverse e occasionali. Ormai le notizie dalla Germania erano sistematicamente cattive. Le sue lettere diventavano sempre più tristi e accorate. La sua costante preoccupazione era per il fratello di Mariechen, Frederich, che aveva raggiunto la sorella a Roma ma che i genitori avrebbero voluto sistemare in Inghilterra, visto come giravano le cose anche in Italia. Fu ancora una volta lei a prendere in mano la faccenda sollecitando l'intervento della ricca signora Dunkels, la sorella della zia Frida di Fürth. La zia Frida era la moglie di suo fratello Heinrich, arrestato con il figlio Willy e il nipote Fritz e spedito con loro nel campo di concentramento di Dachau.

Era evidente che oma Reli si angustiava soprattutto per suo figlio, che veniva a trovarla ogni sabato. L'ultimo e ormai unico collaboratore di Fritz Warschauer aveva lasciato lo studio e la Germania.

Parlava anche di parenti e amici "partiti" o in procinto di "partire". Dopo la "Notte dei cristalli", molti ebrei che fin a quel momento avevano creduto in una breve durata dell'onda antisemita si affrettarono a lasciare la Germania fra mille difficoltà economiche e burocratiche.

Avvertiva pesantemente il vuoto che si faceva attorno a lei. Terminava la lettera con l'amara profezia che non avrebbe più rivisto la nipote.

LE ORECCHIE DEL VATICANO

In Vaticano i muri hanno orecchie. I monsignori sussurrano discretamente i loro pensieri. In realtà la tradizione del sussurro in Vaticano non è molto antica. È databile. Non ha forse più di un secolo di vita. Probabilmente risale alla prima grande riforma moderna della curia romana voluta da Pio X nel 1908 per mettere riparo agli sconvolgimenti seguiti alla fine degli Stati pontifici.

La spiegazione è semplice: i grandi palazzi romani e forse non solo romani sono ricchi di ambienti spettacolari affrescati spesso da grandi maestri. Erano certamente gradevoli d'estate. Un po' meno d'inverno, quando dovevano essere riscaldati con i bracieri curati da un'abbondante servitù. In ogni caso, finiti i tempi delle grandi fortune, seguiti da criteri più razionali di abitazione, i giganteschi saloni si sono rivelati disastrosi per i loro inquilini. Un esempio tipico è palazzo Farnese dove l'ambasciatore di Francia è costretto ad abitare in ambienti divisi da pareti di legno.

Lo stesso è avvenuto nei palazzi apostolici dove la Segreteria di Stato, agli inizi del XX secolo, venne organizzata in ambienti divisi da fragili pannelli di compensato resi dignitosi da parati di damasco rosso.

Con sorpresa degli uscieri della Segreteria, dopo una lunga attesa nelle anticamere, i giornalisti e i diplomatici che avevano chiesto di essere ricevuti dal sostituto o dai suoi collaboratori rinunciavano spesso al colloquio. Il motivo non era la scarsa pazienza ma le sottili pareti di compensato che permettevano di ascoltare tutto quello che si diceva negli uffici. La cosa poco a poco si venne a sapere e i prelati si resero conto che quanto raccontavano dietro le loro scrivanie poteva essere ascoltato anche negli uffici vicini. Il sussurro divenne la regola.

Scoperta l'astuzia, un prelato, monsignor Giovanni Battista Montini, il futuro Paolo VI, figlio di un giornalista cattolico bresciano, spostò la Sala Stampa dal cortile di San Damaso in alcuni locali della periferia vaticana, vicini all'«Osservatore Romano». La motivazione ufficiale fu la creazione di un "servizio stampa" dipendente dal giornale vaticano e l'offerta di "uno spazio più confortevole per i giornalisti". Un nuovo regolamento rendeva più difficile il loro accesso al palazzo apostolico. Nello stesso spirito, molti anni dopo, proprio Montini, divenuto Paolo VI, deciderà di mandare fuori dal Vaticano i fastidiosi giornalisti, creando per loro un ambiente ancor più "confortevole" ma più lontano, nella Sala Stampa del Concilio in via della Conciliazione, dove si trova ancor oggi.

Come responsabile del Servizio Stampa dell'«Osservatore Romano» chiamò il professor Federico Alessandrini, vicedirettore del giornale vaticano, che aveva ben conosciuto alla Fuci, la Federazione degli universitari cattolici, quando era venuto giovane studente da Recanati a Roma. Federico Alessandrini fin dal 1933, con l'appoggio di Montini, aveva dato vita a un "ufficio giornali" in una stanza, che conservò anche in seguito e che ricordo sempre stracolma di giornali, all'ultimo piano della palazzina della Tipografia Poliglotta. Scriveva corrispondenze da tutto il mondo, firmandole "Cid" da Madrid, "Renano" da Berlino, "Danubiano" da Vienna, "Carlo Adami" da Roma, contribuendo a fornire un'informazione alternativa a quella del regime fascista insieme a Guido Gonnella, autore dei famosi "Acta Diurna" sull'«Osservatore Romano», le cui copie venivano strappate di mano agli strilloni malmenati dai fascisti per le vie di Roma.

Montini gli affidò come assistente Luciano Casimirri con il compito di gestire quotidianamente la Sala Stampa. Gonnella, che lavorava in stretto contatto con Alcide De Gasperi, il futuro presidente del consiglio, impiegato alla Biblioteca Vaticana, fu anche arrestato un giorno dalla polizia politica uscendo dal Vaticano. Fu liberato solo grazie ad un energico intervento di monsignor Montini.

Luciano Casimirri era venuto a Roma forse per entrare in seminario. Era un abruzzese di Sant'Egidio alla Vibrata dove la sua famiglia aveva una piccola azienda di confetti. Ne forniva in abbondanza al futuro cardinale segretario di Stato Domenico Tardini per i suoi "numerosi figli" di Villa Nazareth.

Aveva poi preferito sposarsi con Ermanzia Labella, la prima cittadina nata in Vaticano dopo il '29, figlia del capo dei sediari, il decano di sala Tommaso. Dei suoi tre figli, il primo, Alessio Casimirri, è finito fra le Brigate rosse ed è accusato di aver partecipato al rapimento di Aldo Moro. È l'unico brigatista di quel gruppo che sia riuscito a fuggire e a rifugiarsi in Nicaragua, dopo una tappa a Parigi.

Monsignor Montini aveva conosciuto Luciano Casimirri tramite Tommaso Labella, che frequentava incrociandolo ogni giorno nelle sale del palazzo apostolico. Fu lui a battezzare e poi a dare la prima comunione ai piccoli Casimirri. Molti indizi sembrano far credere che Alessio sia riuscito a fuggire proprio grazie a Paolo VI, ricco di conoscenze e contatti con il mondo francese, e grazie a un intervento della Legione Straniera. Sono voci che probabilmente non saranno mai confermate.

La sorella Silvia mi ha assicurato che la fuga di Alessio è stata organizzata esclusivamente dalla famiglia. Sarà...

A Federico Alessandrini e a Luciano Casimirri seguirà, come responsabile di una vera sala stampa della Santa Sede, sganciata dall'«Osservatore Romano» e spostata fuori le mura, l'arcivescovo Fausto Vallainc, portavoce del Concilio Vaticano II.

Monsignor Vallainc era un prelato piemontese buongustaio, con un bel naso rosso da mastro Ciliegia, premiato al termine delle sue fatiche con un primo vescovato a Colle Val d'Elsa, a due passi dal Chianti, e con un secondo fra i tartufi d'Alba. Ne celebrò il dolce trapasso il cardinale Pericle Felici, ex segretario del Concilio e suo diretto responsabile, passato alla storia del giornalismo leggero per un'improvvisazione nel suo splendido e colorito latino, davanti a duemila padri conciliari, sulle puttane romane che ai piedi di Castel Sant'Angelo minacciavano la virtù dei vescovi venuti da tutto il mondo per le assise ecumeniche.

Era anche un porporato dall'umiltà aggressiva. Invece di allontanare verso il basso la mano ornata di anello episcopale con il suo bravo topazio per rendere solo simbolico il bacio del fedele, la spostava verso l'alto, lasciando spesso sanguinosi ricordi sulle labbra oltre che l'indulgenza prevista dal bacio.

Finirono con il primo spostamento della Sala Stampa i tempi in cui i giornalisti potevano incontrare chi entrava e chi usciva dalla casa del papa. Il più informato era Carlo l'ascensorista che vendeva sigarette di contrabbando. Aveva più medaglie lasciategli dai capi di stato in visita ufficiale di un generale onusto di guerre. Era intoccabile perché aveva manovrato il precedente "anabatrum", un monumentale ascensore idraulico che veniva fatto salire pompando acqua a mano fino all'appartamento pontificio con il suo carico spesso regale. Il suo collega Nicola era stato viceversa mandato a riposo in anticipo perché era stato una spia del cardinale Canali e tutti lo sapevano. A Natale andavo con mio padre a portare un bel panettone a entrambi. A uno quando saliva, all'altro mentre scendeva.

Quando le porte del Vaticano si chiusero definitivamente ai giornalisti accreditati, continuai per diversi anni ad andare a prendere una busta anonima dal giornalaio di via di Porta Angelica dove qualcuno non aveva smesso di lasciare ogni giorno per mio padre ormai scomparso la lista delle udienze pontificie dell'indomani.

I successori di monsignor Vallainc sono stati nell'ordine lo stesso Alessandrini, padre Romeo Panciroli, il notissimo Joaquin Navarro-Valls dell'Opus Dei e infine padre Federico Lombardi. Il loro compito è sempre stato solo quello di trasmettere alla stampa quanto veniva loro comunicato dal "terzo piano", cioè dal loro referente della Segreteria di Stato. L'unico che è riuscito a divenire anche un consulente è stato Navarro-Valls, tramite il segretario personale di Giovanni Paolo II, monsignor Stanisław Dziwisz, divenuto poi cardinale, sempre molto attento all'immagine mediatica del pontefice. Navarro-Valls aveva per questo il diritto di essere citato come il "portavoce vaticano" ed era molto apprezzato dai corrispondenti americani per le sue spiegazioni *off/on the records* stile Casa Bianca su come stessero "veramente" le cose dietro la facciata. Non per nulla si era laureato all'università dell'Opus Dei della Navarra con una tesi sulle tecniche della disinformazione nella pubblicità.

Con Benedetto XVI si è tornati ai criteri precedenti: "Non sono un portavoce ma solo il direttore della Sala Stampa della Santa Sede" si è affrettato a precisare da subito padre Lombardi che cumula molti incarichi ma poco potere.

I momenti più difficili e delicati del Servizio Stampa e, ovviamente, della vita in Vaticano furono quelli del periodo bellico. Anche per evitare il contrabbando, gli ingressi erano severamente controllati da guardie svizzere armate non d'alabarde ma di moschetti e da una polizia segreta costituita in seno alla Gendarmeria Pontificia, incaricata anche di vigilare "sulla moralità e le abitudini di ogni cittadino, facendone espellere senza pietà tutti coloro che non rispettano le regole."

La polizia segreta perlustrava ventiquattro ore su ventiquattro le vie cittadine, invitando i passanti a non sostare in "inutili e talvolta dannosi colloqui", e intervenendo quando le disposizioni sull'oscuramento venivano dimenticate. Doveva anche sorvegliare uffici e abitazioni a rischio di furto nel buio totale. Le rare automobili dei cittadini vaticani dovevano rientrare non più tardi delle ventidue e non

uscire dal Vaticano prima delle sei. Ai trasgressori veniva tolta immediatamente la targa.

Alla sorveglianza collaborava anche la Guardia palatina. Disponeva di centocinquanta uomini, ma dopo l'8 settembre del 1943 ne
furono assunti ben millecinquecento, senza divisa, forniti di un basco
e di una fascia, un po' per proteggere molti ragazzi dal rischio di esser
deportati in Germania, un po' a difesa delle basiliche e delle proprietà
extraterritoriali dentro Roma.

La Sala Stampa rimaneva aperta solo da mezzogiorno alle tre del
pomeriggio. Gli uffici che i giornalisti potevano frequentare erano
quello del Maestro di Camera, per essere informati delle udienze del
papa, e la Segreteria di Stato per sapere se c'erano documenti pontifici. Oggi sarebbe una grande concessione, ma allora era una ridu-
zione dei movimenti rispetto al passato.

I redattori dell'«Osservatore Romano» furono invitati a non
lasciare la sede del quotidiano se non per ragioni d'ufficio. Come tutti
gli impiegati vaticani, potevano recarsi al bar oltreconfine, all'angolo
di borgo Pio, una sola volta tra le undici e le undici e trenta.

Derrate raccolte nei Musei vaticani

Il cortile di San Damaso, il "salotto buono" del Vaticano, la porta del palazzo apostolico, era ormai deserto, perlustrato costantemente da pattuglie di gendarmi.

Il viavai si concentrava alle porte dell'Annona. Le famiglie avevano diritto a trecento grammi di pane quotidiano a persona, trecento grammi di carne la settimana, quando c'era, al prezzo di seicento lire il chilo e ogni mese a tre chili di pasta e a due chili di riso, a mezzo chilo di zucchero e a un litro d'olio. La media degli stipendi era di venticinquemila lire il mese – un paio di scarpe ne costava duemila in Vaticano – integrate da sei pacchi alimentari e da sigarette a prezzi molto bassi. I cittadini e gli impiegati pagavano un affitto pari al cinque per cento dello stipendio, ottomila lire per il riscaldamento e cinquecento lire per l'energia elettrica, assicurato il primo dalla centrale termoelettrica, la seconda dalla centrale Alessandro Volta. Per il telefono il canone fisso per le sole comunicazioni interne era di trecento lire l'anno. Chi ancora possedeva un'automobile poteva acquistare non più di quindici litri di benzina al mese al prezzo di ventinove lire al litro.

Tutte le derrate che il Vaticano riusciva a farsi inviare venivano immagazzinate nei sotterranei sotto il grande palazzo del Governatorato. Ma quando arrivavano in abbondanza, ogni angolo era buono, compresa la piccola prigione e perfino sotto la Sistina.

Proprio sotto il pavimento della famosa cappella furono ammucchiati una volta centinaia di barili di baccalà salato offerto al papa da una "potenza estera" non meglio precisata. I visitatori ne uscivano convinti che il colore degli affreschi andasse deteriorandosi perché emanava un odore più che preoccupante.

In seguito allo scoppio della guerra, molti ambasciatori presso la Santa Sede, sia delle potenze belligeranti che di nazioni a loro legate, furono costretti a lasciare Roma e a trasferirsi in due palazzine accanto all'ospizio di Santa Marta.

Durante la prima guerra mondiale, in assenza di uno stato pontificio riconosciuto dall'Italia, i diplomatici accreditati presso il papa si erano trasferiti in blocco a Ginevra. Per questo Pio XI aveva inviato un suo rappresentante nella città, anche se allora e fino a non moltissimi anni fa la Svizzera non ne voleva sapere di rapporti diplomatici con i "cattolici romani" della Sede apostolica.

I primi a entrare in Vaticano furono l'ambasciatore di Francia Wladimir d'Ormesson (poi radiato dal governo di Vichy e sostituito da Leon Berard), accompagnato dal consigliere Jean Rivière, il ministro d'Inghilterra Francis d'Arcy Godolphin Osborne con una segretaria e il cuoco, l'ambasciatore di Polonia Casimir Papee, che preferì portarsi il consigliere ecclesiastico Valerian Meystovicz e suo padre, oltre all'addetto Witold Bronowski con la giovanissima moglie, l'ambasciatore del Belgio Adrien Nieuwenhuys, che preferì lasciare la famiglia in Italia. Furono alloggiati nell'ospizio di Santa Marta, trasformato poi da Giovanni Paolo II in un vero e proprio albergo dove sono stati ospitati i cardinali dell'ultimo conclave. I gendarmi sorvegliavano a turno la "giornata dei diplomatici".

Seguirono l'incaricato d'affari degli Stati Uniti Harold Tittmann e via via tutti gli altri, compresi gli ambasciatori di Cina e del Giappone che trovarono sistemazioni più o meno confortevoli nel palazzo dei tribunali. Erano quarantuno in quegli anni i paesi rappresentati presso la Santa Sede. I diplomatici rifugiati in Vaticano godevano di una libertà relativa. In caso di problemi di salute, potevano recarsi a farsi curare nelle cliniche romane. Anche dopo il 25 luglio del 1943, con la caduta del regime fascista, continuarono tranquillamente a usufruire del permesso di recarsi due volte alla settimana sulle spiagge di Fregene per mattinate al mare ma anche per scappatelle non sempre innocenti, protetti dalla neutralità vaticana. Più prudente, a partire da quella fatidica data, il cardinale segretario di Stato "per circa una settimana sospese la quotidiana passeggiata in automobile nei parchi romani, rimanendo quotidianamente al suo tavolo di lavoro in Segreteria di Stato fino alle ventitré."

Pio XII, da parte sua, dal 19 luglio, giorno del bombardamento aereo di Roma, aveva sospeso tutte le udienze, salvo quelle dei suoi collaboratori immediati.

La vita dei diplomatici oltre le mura non era certo allegra, ma ognuno cercava d'ingegnarsi. Il ministro inglese passava il suo tempo a scattare fotografie e a prendere il sole sui prati della collina, accompagnato dal suo cane, uno dei rarissimi autorizzati a risiedere in Vaticano. Ottenne anche il permesso di andarsene a pesca nei bacini delle fontane, allora non di rado abitati da anguille emigrate dal lago di Bracciano, le cui acque defluivano in Vaticano grazie all'acquedotto voluto dall'imperatore Traiano.

Nella Città del Vaticano ci sono ancora novantanove fontane, delle quali ventiquattro nel piccolo bosco – l'antichissima *silva vaticana* – che occupa due dei ventidue ettari dei giardini. Ci vivono capinere, picchi, usignoli, cinciallegre, upupe e scoiattoli. Ci si trovano i porcini e da poco ci hanno seminato spore da tartufi neri.

L'ambasciatore di Polonia, ex-professore all'università di Vilnius, passava viceversa il suo tempo fra la Biblioteca e l'Archivio, dove s'incrociava con l'ambasciatore Berard, accademico di Francia e critico d'arte. L'ambasciatore di Cina se ne andava per ore con le sue mazze e le sue palline a giocare a golf. Alcuni si erano portati delle biciclette, altri avevano trasformato uno spiazzo erboso in campo da tennis. Ogni giorno si scambiavano inviti per il tè e per partite di bridge, salvo Wladimir d'Ormesson che durante la sua breve permanenza in Vaticano non visitò e non ricevette nessuno. Del resto i rapporti con il rappresentante francese si erano guastati in seguito all'armistizio firmato con il regime nazista nel luglio 1940 dal maresciallo Pétain. Il venerdì e il sabato i diplomatici venivano ricevuti dal cardinale segretario di Stato.

Gli ambasciatori presso la Santa Sede rifugiati in Vaticano

LE ULTIME LETTERE

Nelle lettere che seguirono durante l'anno '39 sembrava che oma Reli fosse riuscita a vincere quello stato di profondo avvilimento per affrontare nuovamente con mente lucida ed equilibrata senza drammatizzare oltremisura le conseguenze di una situazione che sempre più si stava deteriorando e che sembrava un cappio che andava stringendosi attorno al collo di chi era colpevole di essere ebreo.

Alla fine di gennaio ancora una volta raccontava il giorno del suo compleanno. Non l'avevano scordata né i parenti né chi la amava. Era andata a passare la giornata dalla figlia Wally, anche se per lei era ormai un calvario prendere un tram. I parenti e gli amici che ancora vivevano a Berlino erano venuti tutti a trovarla. Per il caffè erano in dodici a tavola. Mancava lo zio Carl ammalato. Aveva ricevuto moltissimi doni perché in tanti avevano creduto che avesse raggiunto i novant'anni.

Da ogni parte del mondo erano arrivate, insieme agli auguri, notizie di parenti e amici, belle e brutte. L'affliggeva l'ormai prossima partenza di due fratelli, Heinrich riuscito a tornare da Dachau ed Emmy.

Quando Heinrich si recò a Berlino per accomiatarsi, la sorella non poteva certo immaginare che l'espatrio si sarebbe rivelato fatale per quell'uomo anziano ma allora ancora in ottima salute. Anche se si era rassegnata tristemente a un addio per sempre, fu per lei un colpo tremendo quando seppe che il fratello era morto appena un mese dopo il suo arrivo a Londra.

C'era una buona notizia. Riguardava il nipote Franz, la cui brillante carriera era stata bruscamente interrotta dalle leggi razziali. Dopo un doloroso peregrinare per l'Europa in cerca di una nuova sistemazione e la fine del suo sfortunato matrimonio nel '36, Franz aveva ottenuto la cattedra di medicina legale all'Harvard University negli Stati Uniti dove si era anche risposato.

"Almeno due miei nipoti si sono messi in salvo" commentava oma Reli, riferendosi a Franz e Mariechen, non immaginando allora che i

76

tedeschi un giorno sarebbero scesi in Italia per perfezionare l'opera di allineamento della politica antisemita del terzo Reich già iniziata dal regime fascista.

Il destino del nipote Frederich, il fratello di Mariechen, era allora molto incerto. Ormai si trovava in Inghilterra, dove la signora Dunkels si era fatta garante anche per lui. La morte della generosa signora nell'estate del '39 e soprattutto lo scoppio della seconda guerra mondiale erano pesanti motivi d'inquietudine. Oma Reli non entrava nei dettagli, anche perché aveva preso l'abitudine d'inviare cartoline postali aperte invece di lettere.

Se non riusciva a scrivere tutto quello che voleva ne spediva una seconda con la stessa data. La censura da occasionale era divenuta sistematica. Dall'inizio dell'anno '40 non partiva più posta dalla Germania che non portasse il visto del comando supremo delle forze armate. L'anziana donna, con il suo spirito acuto e prudente, aveva escogitato il modo per ridurre i rischi, soprattutto perché solo l'idea che gli addetti al servizio di censura avrebbero potuto censurare le sue lettere doveva esserle insopportabile.

Oma Reli usciva sempre di meno. Si limitava a qualche passeggiata nel quartiere, evitando di prendere i mezzi pubblici. Da tempo per gli ebrei non esistevano altre possibilità. Perciò anche dai figli non andava più che in qualche occasione eccezionale. Era riuscita a crearsi un suo spazio nella nuova casa. Passava il tempo a ricamare. Era fiera dei complimenti che riceveva per la sua bravura e la sua precisione, a dispetto degli anni e degli occhi ormai stanchi.

La preoccupazione per il controllo della corrispondenza divenne di lì a poco ancora più forte quando fu introdotto l'obbligo per gli ebrei di aggiungere al nome del mittente il nome ebraico Israel per gli uomini e Sara per le donne, come era previsto già dall'ottobre del '39 per i documenti di riconoscimento. Dal giugno del '40, infatti, le cartoline di oma Reli sono firmate "Uroma (bisnonna) Sara Reli".

A rivederle si capisce che a questa imposizione se ne aggiungeva un'altra ancor più brutalmente raffinata, l'obbligo di consegnare a mano agli uffici postali la corrispondenza, perché oltre al mittente si legge anche il nome e indirizzo completo del consegnatario, cioè nel suo caso quello del figlio. Sia il mittente che il consegnatario erano scritti di pugno da quest'ultimo, che probabilmente voleva risparmiare alla madre questa discriminazione umiliante. Dalle cronache di oma Reli si avvertivano le conseguenze evidenti della guerra sulla vita quotidiana della gente, ma soprattutto sulla vita degli ebrei, limitati nei loro spostamenti ed esclusi da qualsiasi generosità da parte dei commercianti "ariani". Ormai non c'erano più negozi gestiti da israeliti.

Fra i regali per il suo novantesimo compleanno, i più memorabili rimasero la cassetta di arance italiane ricevuta dalla sua Mariechen e un pacchetto di caffè inviato per vie traverse da amici rifugiati negli Stati Uniti. Erano tempi in cui anche il carbone per riscaldarsi era divenuto raro e prezioso, inaccessibile per gli ebrei. Era sorprendente quante cose riuscisse a dire in una cartolina e con quale abilità riuscisse a eludere l'esame del censore.

Nel marzo del '40 da Berlino giungevano notizie sempre più tristi e dall'estero notizie sempre più scarse. Oma Reli non si sentiva troppo bene e, brutto segno, non aveva neppure voglia di uscire di casa. Era preoccupata per la salute dello zio Carl e per la figlia Wally, ormai settantenne, caduta e costretta all'immobilità.

La nipote Fea, secondo lei da sempre viziata dalla madre e abituata a non far nulla, ora doveva occuparsi dei pensionanti che la madre si era ridotta per necessità a ospitare nella sua villa. Quando parlava della figlia Wally, oma Reli usava un tono di pietà e commiserazione. Quando nominava la nipote Fea, il tono si faceva subito gelido e distaccato, simile a quello usato per la cognata Paula o anche per l'altra cognata, "quella di Monaco". Oma Reli era trasparente nei suoi sentimenti, generosa nei suoi affetti, ma ostinata nelle sue antipatie.

La morte del fratello Carl nel settembre del '40 fu per lei un colpo dal quale non si riprese più del tutto. L'anziana donna, così gelosa dei suoi più intimi pensieri, manifestò con passione e senza veli il suo profondo dolore. Caratterialmente restìa a volgere lo sguardo al passato, ora si tratteneva a lungo sulla vita in comune con il fratello nella Grossbeerenstrasse.

Intuendo che questi ricordi rappresentavano forse in quel momento l'unica consolazione, Mariechen le rispondeva ricordando piccoli episodi dei pranzi con lo zio Carl. Oma Reli sembrava felice dello scambio di ricordi ma aggiungeva che ormai da qualche tempo non riusciva più né a ridere né a sorridere. Cercava di riempire le giornate con la metodicità di sempre, ma lo spirito era profondamente cambiato. Parlava delle sue notti insonni per il terrore del proprio futuro e per l'incertezza del destino delle persone più care.

Anche le notizie che giungevano dall'Italia furono motivo di nuove preoccupazioni. L'antisemitismo era ormai di casa. Pur così angustiata non dimenticava mai di mandare alla nipote le poche notizie che riuscivano a filtrare dall'estero anche per vie indirette sui parenti lontani e di seguire con attenzione le vicende della famiglia romana.

Quando quel triste 1940 stava per finire e si avvicinava il compleanno dell'ormai scomparso zio Carl, il dolore per la morte del fratello straripò più acuto che mai. Raccomandò alla nipote di non mandarle gli auguri per il suo compleanno. Per la prima volta in vita sua intendeva non ricordare quel giorno. Naturalmente tutti quelli che ne avevano la possibilità inviarono i loro auguri per i novantun anni della matriarca che ne provò certamente piacere. Descrisse come di consueto la giornata sottolineando che non aveva trovato la mattina il grande bouquet che puntualmente le offriva il caro Carl e che da "sola" – usò la parola italiana – aveva fatto la colazione nella sua camera. Più tardi l'antica, fedele cameriera, Frau Fricke, le aveva portato per regalo un paio di calze di lana nera che lei, non spettandole la tessera perché ebrea, non avrebbe potuto comprare. Faceva capire che si era quasi scusata per averle offerto delle calze al posto dei fiori. Si può immaginare l'imbarazzo fra le due donne.

Anche Fritz, Hilde e Wally erano naturalmente venuti a farle gli auguri. Nonostante la sua angoscia per il silenzio del figlio Frederich, internato e del quale non si sapeva più nulla, e malgrado i suoi pesanti impegni per l'"altra" occupazione, Hilde riusciva a mantenere il buon umore. "Altra" era sottolineata due volte perché si riferiva alle ore di servizio domestico che la nuora era costretta a prestare presso una famiglia ariana, secondo una disposizione sul lavoro obbligatorio imposto agli ebrei validi.

Benché fosse certamente destinata a raggiungere il traguardo del secolo, le sofferenze fisiche e morali ebbero un peso sulla salute dell'ormai stanca matriarca. Dovette rivolgersi per la prima volta al dottor Pfifferling, il vecchio medico ebreo della famiglia. I medici ariani allora non potevano più curare gli ebrei. Il dottor Pfifferling, con il suo buffo cognome che ricorda in tedesco fischi e soldi bucati, era evidentemente uno di quelli, come tanti altri della sua generazione, che non si erano decisi a lasciare la Germania. Chissà quale fu il suo destino.

Mariechen non si era affatto resa conto delle proporzioni della tragedia nella quale stavano precipitando gli ebrei in Germania.

Sia oma Reli che i genitori, quando non parlavano di cose stretta-
mente private, usavano necessariamente una grandissima prudenza e
le allusioni fra le righe non erano sempre trasparenti per chi seguiva
gli avvenimenti da lontano. Tanto è vero che Mariechen continuava a
riempire le sue lettere con i suoi piccoli problemi di casalinga, senza
capire i messaggi nascosti fra le righe.

Era il giugno del 1941. Oma Reli non sapeva ancora che anche
Fritz e Hilde avrebbero lasciato molto presto la Germania. Il figlio
Fritz aveva tardato nell'avviare le pratiche per l'espatrio per molti
motivi, uno dei quali era certamente il desiderio di non abbandonare
la vecchia madre alla quale era legato da sentimenti non meno
profondi di quelli che provava lei per il suo beniamino. Ed era probabilmente consapevole che alla sua età non avrebbe potuto trasci-
narla nell'avventura di un espatrio denso d'incognite. Mentre questa
dolorosa separazione andava avvicinandosi, rimandava giorno dopo
giorno il momento di annunciarle la sua partenza.

Fritz e Hilde partirono ai primi di settembre. Roma doveva essere
solo una tappa prima di emigrare negli Stati Uniti. Era veramente l'ultima ora. Il primo di settembre era stato introdotto l'obbligo della
stella gialla per gli ebrei. Nello stesso mese iniziò anche la loro deportazione su vasta scala.

L'ultima lettera di uroma Sara Reli è datata 20 novembre 1941 ed
è indirizzata proprio a loro. Era scritta su un foglio di carta velina piegato in due.

La povera donna era certamente rimasta sprovvista di cartoline
postali e probabilmente evitava ora anche di mostrarsi in pubblico.
Accennava a uno "strano avviso" ricevuto, che lesse come un prean-
nuncio della deportazione. Nella lettera spiegava di avere difficoltà
per l'impostazione, perché anche la figlia Wally veniva ormai molto di
rado. Si può immaginare che le sue coinquiline non volessero o non
potessero impostare la corrispondenza di un'ebrea. Le quattro pagine
erano riempite in ogni spazio con una calligrafia incredibilmente
minuta e fitta che quasi non si poteva più leggere neppure con una
lente. Dopo il suo arrivo a Roma, il figlio le scriveva una volta la settimana almeno una cartolina postale. Per rassicurarlo, la vegliarda ne
accusava ricevuta, precisando meticolosamente le date di partenza e
di arrivo.

Lo ringraziava particolarmente della lunga lettera che l'aveva un
po' compensata delle sue amarezze. Hilde vi aveva aggiunto alcune

righe. Oma Reli notava compiacendosene che la nuora aveva scritto con caratteri più piccoli del solito. Con la sua straboccante corposità, Hilde scriveva effettivamente con caratteri grandi, larghi e invadenti. Riusciva a riempire una pagina con poche frasi. Ringraziava del pacco di viveri spedito da Roma che aveva diviso con gli altri di casa, Paula, la sorella e l'amica di Paula. Seguivano frasi confuse e francamente deprimenti su questa divisione. Sembrava quasi che l'anziana donna avesse dovuto nascondere la propria parte per non essere derubata.

Aveva ricevuto notizie della sorella Louise da Amburgo. Le aveva comunicato con angoscia che tutte le sue amicizie erano "partite" e che per alleggerire le proprie sofferenze avrebbe voluto procurarsi del Veronal. In sostanza, di fronte alla spirale sconvolgente delle deportazioni avrebbe preferito il suicidio.

Una soluzione che cominciava a farsi strada anche nella sua mente. Precisò che il suo medico, il solito dottor Pfifferling, le avrebbe voluto prescrivere qualcosa per migliorare il suo precario stato di salute. Le avrebbe anche raccomandato di evitare le emozioni. Oma Reli su questo era d'accordo e usciva il meno possibile. Quanto ai farmaci, del resto ormai quasi introvabili, li aveva rifiutati. Non intendeva prendere nulla che potesse contribuire a mantenerla più a lungo in vita. Voleva lasciarsi morire con dignità.

I suoi messaggi erano sempre più confusi. Faceva capire di quante cose da molto tempo sentiva la mancanza, non solo di generi alimentari, ma anche di generi indispensabili per l'igiene personale. Per fortuna, l'ex segretaria di Hilde nello studio del marito e qualche vecchio amico ariano ogni tanto le procuravano quanto le era necessario. La preoccupazione per la disponibilità di denaro e per i bisogni materiali quotidiani cominciava a occupare un posto rilevante nei suoi pensieri. "Non c'è carbone, ho molto freddo!"

Chiudeva la lettera con un pensiero per i pronipoti esprimendo il desiderio che imparassero il tedesco per poter parlare con il nonno. Fritz le aveva probabilmente accennato a questa difficoltà di comunicare con i nipotini. La comprensibile raccomandazione di oma Reli non fu seguita da Marianne. "Era mio diritto e, direi, mio dovere – ha lasciato scritto – non insegnare ai miei figli la lingua di un popolo che ha ripudiato me e i miei simili" benché allora ancora non sapesse di quali atroci delitti si andava macchiando.

La matriarca novantaduenne fu presa nel settembre del 1942 e deportata a Theresienstadt insieme alla figlia settantunenne Wally che si autodenunciò per non abbandonarla, secondo una lettera della sorella Else a una nipote.

Quando la notizia giunse a Roma, Fritz sconvolto esclamò: "Partendo ero rassegnato a una separazione da mia madre che poteva essere un addio definitivo, data la sua età. Ma mai avrei immaginato che i tedeschi sarebbero arrivati alla crudeltà di trascinare via una donna di novantadue anni!"

Wally e Fea

Wally, la primogenita di oma Reli che concluse con un gesto così eroico la sua esistenza, era un personaggio del tutto secondario nella famiglia Mailänder. Se se ne parlava, era in genere con affettuosa commiserazione. Se era presente, passava più o meno inosservata.

Era nata nel 1871 ma pochi ricordavano il suo giorno natale perché anche il suo compleanno passava evidentemente inosservato. Si era sposata con un chimico, Felix Goldmann, che morì relativamente giovane, proprio come suo padre. Ebbero due figli, Fea, cioè Feodora in ricordo del nonno Feodor, e Franz. Felix Goldmann non lasciò grandissime fortune alla famiglia ma in ogni caso sufficienti all'epoca per una vita abbastanza agiata nella bella villa di loro proprietà in un elegante sobborgo alle porte di Berlino. Possedere una villa in città era cosa poco comune anche per la gente benestante. Fu la fortuna di Wally, forse una delle poche che abbia avuto nel corso della sua vita. Il piccolo capitale che le assicurava una rendita si svalutò con l'inflazione del 1923.

Wally era una donna molto alta, bruna, magrissima, anzi proprio pelle e ossa. Sembrava una canna che al primo soffio di vento si sarebbe potuta piegare se non addirittura spezzare. Invecchiata prima del tempo, la testa sorretta da un lungo collo esile, sempre inclinata da una parte, il viso scavato, le grosse borse sotto gli occhi scuri dallo sguardo smarrito, quasi spaurito, aveva l'aspetto della vittima predestinata a una vita tristissima. Timida, buona, remissiva, facile a un pianto silenzioso e probabilmente d'intelligenza limitata, era un personaggio piuttosto incolore privo di slanci e di entusiasmi. Era inevitabilmente succube della forte personalità della madre, legatissima al figlio Fritz, che adorava e idolatrava.

Oma Reli ne parlava sempre con molta tenerezza. La chiamava spesso il suo *Sorgenkind*, il figlio che dà pensieri.

Era comunque molto amata, forse più come un commovente animale domestico che come persona. Mariechen le era affezionata e non le mancava certo di rispetto, ma neppure lei le prestava molta attenzione. Infatti, non ricordava assolutamente nulla di quanto potesse averle detto o raccontato in occasione di qualche loro incontro. Ricordava solo una festa di bambine con una pioggia di caramelle nella sua villa berlinese. Una sbiadita foto della festa mostra le bambine vestite alla marinara, appollaiate sulla scala che dalla veranda della casa scendeva nel giardino.

A quell'epoca Mariechen fu ospite per qualche giorno della zia Wally durante le vacanze estive. Dormì nella stessa camera di sua figlia, la cugina Fea, una bella ragazza alta, slanciata, affascinante. Nel suo viso colpiva la grande bocca molto mobile che si contraeva spesso in una smorfia come d'insofferenza. Non aveva un lavoro, viveva in casa con la madre, cosa che a quei tempi non meravigliava nessuno, soprattutto in un ambiente borghese. Era giudicata pigra, viziata e perfino cattiva perché sembra che in casa non prestasse il minimo aiuto alla madre. Fea aveva circa una ventina di anni più di Mariechen ed era un personaggio apparentemente un po' strano. Chissà cosa spinse quella volta la cugina a confidarsi con una bambina. Le raccontò del suo fidanzato morto di tisi e le mostrò perfino un osso del defunto – così le disse – conservato gelosamente, raccomandandole di non rivelare questo suo segreto a nessuno. Per Mariechen fu come gettare uno sguardo timoroso in un mondo oscuro e di dolore che le era fino a quel momento sconosciuto. Non poteva rendersi conto di aver avuto forse in mano la chiave per comprendere una giovane donna colpita da una tragedia e che non aveva più saputo ritrovare la serenità. Fea si comportava come una ragazza nubile insoddisfatta, piena di problemi, in aperta e costante ribellione contro tutto e tutti, anche con se stessa, e forse molto infelice. La madre era il suo capro espiatorio. Il suo comportamento aggressivo e arrogante, che rasentava spesso l'insolenza, e la sua lingua tagliente l'avevano resa persona poco gradita a tutti i parenti che compiangevano la "povera Wally".

Con Marianne si era viceversa stabilita una certa corrente di simpatia. Forse la piccola cugina nutriva addirittura una punta di ammirazione per una ragazza così diversa, un po' stravagante, che trattava tutti i rispettabili parenti con tanta disinvoltura. Naturalmente era anche lusingata dal fatto che fosse disposta a conversare con lei quasi fosse una sua coetanea.

Dopo la fuga di Mariechen a Roma, la comunicazione si ridusse a qualche scambio di auguri. L'ultimo incontro avvenne nel 1935, in occasione della tappa a Berlino durante il viaggio di nozze di Mariechen. Fea si complimentò con lei dicendole che l'aveva sempre considerata intelligente ma che aveva superato se stessa quando aveva deciso, dopo l'avvento di Hitler, di espatriare immediatamente.

Negli anni che seguirono oma Reli citava ogni tanto nelle sue lettere la nipote Fea, ma sempre soltanto per biasimarla. Anche nella sua ultima lettera del '41 tornò su questo solito argomento. Alla povera, sfortunata e incompresa cugina si stava preparando una sorte atroce.

Secondo alcuni parenti il figlio di Wally, Franz, ormai sistemato oltre oceano, aveva iniziato le pratiche per farsi raggiungere dalla madre e dalla sorella che potevano forse avere ancora qualche chance di salvezza dell'ultimo momento. Non è impossibile che Wally abbia rifiutato a priori questa opportunità per non abbandonare la vecchia madre rassegnandosi al destino, concludendo un'esistenza grigia con un coraggioso gesto di pietà filiale.

Sulla scorta d'indizi raccolti dopo la guerra risulta che Fea, come ebrea abile, nel corso dell'operazione "soluzione finale" del problema ebraico nel 1942 fu deportata in Polonia e costretta ai lavori forzati. Anche in quella situazione non seppe o non volle controllare la sua natura ribelle rispondendo con sarcasmo a un comandante delle SS. Venne fucilata sul posto. Fea fu deportata quando la madre e la nonna erano ancora a Berlino. Wally non sapeva certo della sua tragica fine, quando nel settembre del '42 si offrì volontariamente di essere deportata con la madre a Theresienstadt.

Quella mattina oma Reli non fece in tempo a scrivere un'ultima lettera al figlio fuggito a Roma. Le SS arrivarono molto presto. Erano giorni che le aspettava, dopo aver ricevuto quella "strana" comunicazione ufficiale sull'opportunità di un suo "trasferimento". Da allora, si alzava all'alba e si vestiva a festa con il suo cappellino pronto sul *guéridon* all'ingresso accanto ad una borsa con le poche cose che le erano rimaste. Wally la raggiungeva con la sua valigetta, un oggetto che dava l'avvio a polemiche e pianti.

"Ho novantadue anni. Ho vissuto la mia vita. Il passato è stato generoso con me. Il presente duro. La mia, la nostra famiglia è esplosa se non decimata, la nostra Germania è nelle mani di un pazzo e dei suoi diabolici accoliti. Posso morire, anzi sto già morendo. Tu non sei certo più giovane, ma forse riuscirai a vedere ancora i tuoi figli e i tuoi futuri nipoti" diceva oma Reli con grande pacatezza alla figlia in lacrime.

"E Fea? La mia Fea, che ho sempre trattato così male, che non ho mai cercato di capire. Non c'è più. Sento che è morta là dove l'hanno portata. Non m'importa più nulla di nulla. È forse una vita questa? Per me ci sei rimasta solo tu. Non ho altri al mondo. Cosa farei da sola?" le rispondeva Wally singhiozzando.

Frau Fricke era stata spesso testimone commossa di quei momenti che si ripetevano quasi quotidianamente. La non meno anziana *gnädige Frau* cercava di dare una mano all'antica padrona venendola a trovare senza dare troppo nell'occhio e sempre con qualche mela da offrirle.

Veniva chiamata in causa da madre e figlia a sostegno delle rispettive ragioni. Rispondeva con il silenzio cercando di alleviare il groppo alla gola con lunghi sospiri che gonfiavano il suo seno possente.

Poi vennero le SS. La lunga scampanellata non lasciava dubbi. Oma Reli fu molto ferma. Costrinse Frau Fricke a chiudersi nella minuscola cucina con Wally paralizzata dal terrore. Aprì la porta.

Indossava il suo lungo abito grigio ingentilito dal suo jabot di merletto bianco. Al posto della preziosa spilla di perle che mostrava al matrimonio di Mariechen, ormai venduta per pochi marchi, esibiva con orgoglio sul petto la medaglia d'argento al valor militare del figlio.

Le due SS rimasero come paralizzate sul vano della porta con il foglio che indica il suo nome bloccato fra le mani.

"Andiamo!" disse oma Reli perentoria, avviandosi con la sua canna di ebano sollevata quasi a indicare la direzione. Davanti al portone c'era un autobus carico di persone silenziose. Le SS erano imbarazzate. Non avevano quasi il coraggio di toccare l'anziana signora che da sola non sarebbe mai riuscita ad arrampicarsi sulla scaletta dell'automezzo.

"Eccomi!" gridò Wally uscendo dal portone e precipitandosi verso la madre che aprì la bocca come se boccheggiasse. Fu l'ultima immagine che rimase negli occhi di Frau Fricke appoggiata con la fronte sul vetro della finestra.

Arrivarono in pochi minuti alla Berlin Anhalter Banhof, la stazione ferroviaria Porta del sud, da dove oma Reli era partita per Roma. Ma ora la destinazione era misteriosa. Le SS non rispondevano alle domande. Furono tutti costretti a salire su un carro postale.

C'era scritto "Dresda/Terezin". Il campo di concentramento di Theresienstadt, che la Gestapo cercò di far passare alla Croce Rossa come una gradevole residenza per gli ebrei, era uno dei lager più allucinanti per condizioni di vita. Un quarto dei quasi centocinquantamila ebrei che vi furono deportati morì di fame, di malattie e di tifo. Oma Reli resistette due settimane. Di Wally non restano tracce.

1944: LA DIPLOMAZIA BALBETTA

L'11 luglio 1944 gli ambasciatori presso la Santa Sede furono raggiunti dall'ambasciatore tedesco, il barone Ernst von Weizsäcker, accompagnato dal non meno aristocratico consigliere Albert von Kessel. Non si era potuto trasferire in Vaticano fin dal 4 giugno, quando il generale Clark arrivò a Roma con le truppe alleate, perché, registrò mio padre, "il suo alloggio al terzo piano del palazzo del tribunale non era pronto."

Il suo ultimo incontro con papa Pacelli ebbe luogo il 1° marzo 1945, meno di due mesi prima del suicidio di Hitler. Aveva avuto due lunghi colloqui la settimana precedente con il sostituto monsignor Domenico Tardini per riassumergli un messaggio di dieci pagine ricevuto da Berlino che aveva richiesto, precisò, ben trentotto ore per la decifrazione da parte dei suoi segretari. Si trattava di un'ultima proposta di pace con gli alleati. "Farraginosa, paradossale e pazzesca" la liquidò monsignor Tardini.

"È vero che l'Europa corre un grave pericolo di fronte al trionfo del dilagante comunismo" commentava il prelato nelle sue note. "La Santa Sede ha sempre ritenuto che il pericolo era doppio: nazismo e comunismo, che a me son sembrati sempre due facce dello stesso errore materialista [l'ambasciatore fa cenno di assenso]. Ma a me sembra impossibile che Churchill e Roosevelt possano scendere comunque a trattative col nazismo."

Due anni prima, viceversa, Pio XII aveva creduto alla possibilità di una "pace onorevole" fra gli alleati e l'Italia. E si era proposto come mediatore il 12 maggio del 1943 a Mussolini e il 17 giugno al re. Da entrambi aveva ricevuto risposte negative, rivelano gli Archivi Segreti vaticani. Dal primo perché non voleva, dal secondo perché non poteva. Il 31 maggio, tramite il delegato monsignor Amleto Cicognani, venne da Washington al Vaticano la proposta di raccomandare all'Italia la cessazione delle ostilità e un negoziato con un nuovo governo.

Il commento di monsignor Tardini in margine al dispaccio e a uso del papa è pittoresco: "Ma come si fa a dire a Mussolini di 'andarsene'? E visto che gli alleati hanno messo Mussolini fra i 'criminali', come si fa a dire a Mussolini: 'va' a mori' ammazzato (sit venia verbo) per mano degli alleati'? Qui è il punto scottante e bruciante. Che si fa? Si parla soltanto al re? Ma il re lo farà sapere lui stesso al duce, o vorrà che la Santa Sede stessa ne informi Mussolini. (Tra le due vie preferirei la seconda: è più chiara e sincera). E allora come dirlo a Mussolini? Potrà Ciano fargli inghiottire quest'amarissimo boccone senza che reagisca e si getti contro la Santa Sede? Forse non sarebbe male combinare questa parte con lo stesso Ciano. E se si prospettasse la difficoltà così com'è all'ambasciatore (degli Stati Uniti) Myron Taylor? Ma in tale ipotesi sembrerebbe che la Santa Sede voglia salvare ad ogni costo Mussolini. Il che potrebbe assai comprometterla. Insomma le difficoltà spuntano da tutte le parti."

Sono considerazioni particolarmente interessanti a meno di due mesi dalla riunione del Gran Consiglio quando fu approvata la mozione Grandi-Ciano che mise fine alla dittatura di Mussolini.

Monsignor Tardini era ben noto per le sue battutacce romanesche, il suo pragmatismo, il suo senso dell'umorismo più vicino al sarcasmo che all'ironia. Con la sua fronte bassa, i suoi capelli crespi, i suoi spessi occhiali da miope, i suoi modi bruschi e spicci, mi sembrava più un oste o un piccolo impiegato che un cardinale, dignità alla quale era arrivato tardi, dopo averla a lungo rifiutata. Era esattamente l'opposto dell'aristocratico Montini, con il quale aveva formato a lungo il tandem di governo di Pio XII, accanto al segretario di Stato Maglione.

Tardini aveva la coda di paglia, quando fu eletto papa Giovanni XXIII. Gli chiese subito di non riconfermarlo nel suo incarico. I "Libri bianchi" della Santa Sede hanno rivelato i brucianti commenti di Tardini in margine ai dispacci del delegato apostolico in Turchia Roncalli. Orientato dall'ex cancelliere del Reich Franz von Papen, spedito come ambasciatore ad Ankara dove si trovava anche lui come delegato apostolico, il futuro pontefice garantiva che il terzo Reich avrebbe vinto la guerra in tempi brevi. Il 21 giugno del 1940 scriveva da Istanbul alla famiglia: "C'è veramente una Provvidenza e bisogna ringraziare Mussolini che ne è stato lo strumento. Ha tenuto prima l'Italia fuori del conflitto [...] e poi, una volta entrata in guerra, dopo dieci giorni siamo già all'armistizio."

Tardini lo definiva un ingenuo "pacioccone". E questo lo sapevano tutti in Vaticano, anche prima della pubblicazione dei documenti del-

L'ambasciatore USA Harold Tittman
con due paracadutisti americani rifugiati in Vaticano

l'Archivio Segreto. Papa Roncalli fece finta di nulla e lo nominò suo
segretario di Stato.

Negli stessi giorni in cui mandava in Vaticano la proposta di pace
americana per l'Italia, monsignor Cicognani chiedeva lumi per eventuali interventi a favore del trasferimento degli ebrei in Palestina,

come caldeggiava Washington. Facendosi interprete del pensiero del papa, il cardinale Maglione lo invitava a tener presente che i cattolici "non potrebbero non vedersi feriti nel loro sentimento religioso qualora la Palestina fosse data e affidata in preponderanza agli ebrei." Insomma il progetto "male corrisponderebbe alle caritatevoli sollecitudini che la Santa Sede ha avuto e continua ad avere per i non ariani."

Da Istanbul monsignor Roncalli, che si stava adoperando moltissimo in favore degli ebrei, andava però ancora più lontano: "Confesso che questo convogliare, proprio la Santa Sede, gli ebrei verso la Palestina, quasi alla ricostruzione del regno ebraico, cominciando con il farli uscire dall'Italia, mi suscita qualche incertezza nello spirito. Tutto questo però non è forse che uno scrupolo mio personale che basta aver confessato perché sia disperso. Tanto e tanto è ben certo che la ricostruzione del regno di Giuda e d'Israele non è che un'utopia."

Insomma la Segreteria di Stato e i diplomatici del papa non sempre ci azzeccavano. Se Tardini avesse potuto leggere proprio in quei mesi il dispaccio riservato trasmesso a Berlino il 28 ottobre 1943 dall'ambasciatore Weizsäcker, condannato poi a quindici anni come criminale di guerra, forse le sue riserve sul diplomatico sarebbero state più pesanti di quanto non lo fossero allora.

"Benché sollecitato da ogni parte – scriveva Weizsäcker al ministero degli esteri – il papa non si è lasciato convincere a esprimere alcuna ufficiale riprovazione in merito alla deportazione degli ebrei di Roma. Benché egli debba attendersi che questa sua attitudine sarà riprovata dai nostri nemici e sfruttata dagli ambienti protestanti dei paesi anglosassoni nella loro propaganda contro il cattolicesimo, egli ha ugualmente fatto, in questa delicata questione, tutto quanto gli era possibile per non mettere alla prova i rapporti con il governo tedesco e con l'ambiente tedesco a Roma. Dato che, senza dubbio, non vi saranno ulteriori azioni in Roma contro gli ebrei (sic!) – non ha potuto fare a meno di commentare il gesuita che ha recuperato il documento – si può considerare che questa spiacevole questione che poteva turbare i rapporti fra la Germania e il Vaticano sia definita. In ogni modo, qualche segno di questo particolare stato di cose si rileva nell'attitudine del Vaticano. L'«Osservatore Romano», infatti, ha pubblicato in evidenza nel numero del 25/26 ottobre un comunicato ufficioso sull'attività caritativa del papa. Questo comunicato, redatto nello stile proprio del Vaticano, vale a dire uno stile contorto e nebuloso, dice che il papa fa beneficiare tutti gli uomini, senza distinzione di nazionalità, di razza e di religione, della sua paterna sollecitudine. La molteplice e continua attività del papa Pio XII si è ancora fatta più viva in questi ultimi tempi di fronte alle sofferenze più gravi di tanti infelici. Non vi è da obbiettare sul testo di questo messaggio, di cui allego traduzione, dato che soltanto un ristretto numero di persone vi rilevano una particolare allusione alla questione ebraica. Firmato Weizsäcker."

Né si può dire che la Segreteria di Stato non sapesse allora che fine facessero gli ebrei. Un memorandum della stessa Segreteria notava il 5 maggio del 1943: "Ebrei. Situazione orrenda. In Polonia stavano, prima della guerra, circa quattro milioni e cinquecento mila ebrei; si calcola ora che non ne rimangano (con tutto che ne vennero dagli altri paesi occupati dai tedeschi) neppure cento mila. A Varsavia era stato creato un ghetto che ne conteneva circa seicento cinquanta mila; ora ce ne saranno venti, venticinque mila. Naturalmente, parecchi ebrei sono sfuggiti al controllo; ma non è da dubitare che la maggior parte sia stata soppressa. Dopo mesi e mesi di trasporti di migliaia e migliaia di persone, queste non hanno più fatto sapere nulla; cosa che non si spiega altrimenti che con la morte, atteso soprattutto il carattere intraprendente dell'ebreo che in qualche modo, se vive, si fa vivo. Speciali campi di morte vicino a Lublino (Treblinka) e presso Brest-Litowski. Si racconta che vengono chiusi a parecchie centinaia alla volta in cameroni dove finirebbero sotto l'azione di gas. Trasportati in carri bestiame, ermeticamente chiusi, con pavimenti di calce viva."

E solo poche settimane prima della deportazione degli ebrei di Roma il sostituto della Segreteria di Stato, monsignor Giovanni Battista Montini, notava in seguito ad un colloquio con un esponente dell'Iri, il conte Malvezzi: "I massacri degli ebrei hanno raggiunto proporzioni e forme esecrande spaventose."

Rifugiandosi in Vaticano, l'ambasciatore tedesco affidò alla Svizzera la sede della sua ambasciata a Roma. Era la splendida Villa Bonaparte in via Piave, oggi sede dell'ambasciata di Francia presso la Santa Sede. In realtà si chiamava Villa Paolina, dal nome della sorella di Napoleone che ci abitò, perché in famiglia non veniva considerata sufficientemente fastosa per portare il cognome dell'imperatore.

Nonostante le proteste dell'ambasciatore elvetico che vi si era trasferito, agenti alleati ne perquisirono i locali. L'operazione fu "vivamente deplorata" dal Vaticano.

Naturalmente i rapporti dei diplomatici residenti nella città leonina con il nuovo ospite tedesco non furono dei migliori. Del resto avevano mantenuto rapporti piuttosto freddi anche con la piccola comunità di ecclesiastici tedeschi del collegio del Campo Santo Teutonico che ospitava dei rifugiati, forse anche qualche ebreo, e che confinava pericolosamente con l'ospizio di Santa Marta.

Il Campo Santo Teutonico è un fazzoletto di terra esente per diritto millenario dalla sovranità sia vaticana che italiana, direttamente dipendente dalla Germania, che fosse il Reich di allora o che sia la Repubblica Federale tedesca di oggi. Il Trattato del Laterano ha sancito questo privilegio. I nazisti avrebbero potuto farvi irruzione in qualsiasi momento senza per questo commettere una violazione del territorio vaticano. Si sparse la voce un giorno di questa minaccia, segnalata questa volta proprio dall'ambasciatore Weizsäcker, per cui gli ospiti irregolari furono rapidamente trasferiti all'interno del Vaticano.

Sotto il pontificato di Giovanni Paolo II il Campo Santo Teutonico è stato inglobato con un'operazione di espansionismo non ben chiarita entro i confini del piccolo Stato. Il segretario generale del Governatorato, monsignor Renato Boccardo, mi ha spiegato che i confini sono stati spostati con un cancello ai limiti della zona extraterritoriale, ma non mi ha spiegato come i pellegrini tedeschi potrebbero liberamente raggiungere il loro antico camposanto. L'operazione espansionistica, condotta anche per creare tra il 1965 e il 1969 la grande aula delle udienze di Pier Luigi Nervi, una costruzione di diecimila metri quadrati realizzata abbattendo l'ex museo Petriano, l'Oratorio di San Pietro, un convento di domenicani e parti del Sant'Offizio, ha prodotto una situazione curiosa. Quando riceve i pellegrini, il papa con il suo trono è seduto in Vaticano, mentre i fedeli sono "all'estero", anche se in una zona extraterritoriale.

I privilegi del Campo Santo Teutonico risalgono al 799 quando Carlo Magno l'acquistò prima di farsi proclamare imperatore del Sacro Romano Impero nella basilica vaticana. Secondo una leggenda, quando Sant'Elena, madre di Costantino, tornò da Gerusalemme, portò con sé non solo le reliquie della Passione venerate nella basilica ma anche una grande quantità della terra del Calvario. La fece scaricare dietro la costruenda basilica per un veneratissimo cimitero nel quale, si disse poi, i cadaveri non andavano in putrefazione ma si riducevano in ventiquattro ore in candidi scheletri.

È un luogo caro ai tedeschi, ma anche ad altri cattolici del nord Europa perché vi sono sepolti vari personaggi illustri e meno illustri. Le tombe più antiche di mercanti olandesi e fornai tedeschi risalgono al XVI secolo. I nomi sulle pietre tombali sono quelli dei Roesler, dei Wagner, di Carlotta Federica di Mecklemburgo Schwerin, regina madre di Danimarca, di una Caroline de Wittgenstein, di un cardinale von Hohenlohe, del vescovo de Merode.

Le uniche occasioni in cui i diplomatici rifugiati in Vaticano s'incrociavano con gli ecclesiastici del Teutonico erano quando, come tutti, dovevano precipitarsi nei rifugi antiaerei allertati dalla sirena in cima alla collina. Era collegata alle sirene romane ma poteva scattare anche autonomamente. Era stato sistemato un piccolo osservatorio sopra la cupola di San Pietro.

Due volte il Vaticano fu colpito da bombe ma con danni relativamente modesti. Il bombardamento più devastante fu quello del 5 novembre del 1943. Era un sabato sera, esattamente alle venti e dodici, quando cinque bombe caddero su un Vaticano semideserto e silenzioso, per fortuna alla periferia della città leonina. Una colpì la galleria degli smalti dello Studio del Mosaico, la seconda cadde fra lo Studio e la palazzina del cardinale Nicola Canali, la terza accanto al palazzo del governatorato e due sulle scarpate accanto alla palazzina della Radio Vaticana, in cima alla collina. Tutta una serie di mosaici già pronti furono distrutti, i vetri del palazzo dei tribunali dove risiedevano gli ambasciatori andarono in frantumi insieme a quelli di alcuni finestroni della basilica, rimasta miracolosamente indenne. Qualche danno a lampadari e quadri fu prodotto all'interno dei palazzi da diverse schegge. Si registrarono due soli feriti lievi: una guardia palatina caduta per terra e contusa alla testa per lo spostamento d'aria e un gendarme ferito a una mano da una scheggia.

Il colpevole, a quanto si apprese in seguito, era stato un pilota americano che aveva "perso la rotta". Così almeno si giustificò il generale W.B. Smith, capo di stato maggiore di Eisenhower, scusandosi con il papa.

Dopo quell'episodio, i capolavori marmorei dei musei vaticani vennero protetti da piramidi di mattoni che oggi farebbero sorridere. I documenti più importanti della Biblioteca furono spostati nei locali sotterranei considerati più sicuri. In realtà l'unica speranza era riposta nei ripetuti appelli di Pio XII a rispettare la città sacra, cosa che avvenne, a parte il disastroso bombardamento del 19 luglio di quello stesso anno che rase al suolo l'intero quartiere di San Lorenzo.

Un rifugio era stato ricavato sotto il Torrione di Alessandro VI, dove oggi si trova lo IOR, la Banca vaticana, protetto da mura di sei metri di spessore e da un piano di cemento per le camere corazzate dell'Amministrazione dei beni della Santa Sede. Un altro era stato creato sotto la canonica della basilica vaticana, tutta in mattoni e travertino durissimo. Per il papa ne era stato realizzato uno in un vano sopra il cortiletto del Sant'Uffizio, raggiungibile con il suo ascensore privato.

La prudenza era la regola a quei tempi. Le spie erano ovunque. Il povero ambasciatore Osborne non si rese conto che il maggiordomo assunto nel 1943 glielo aveva rifilato il SIM, il Servizio Informazioni Militari italiano.

"Secondo le istruzioni ricevute, questi, un italiano, rubò dal suo nascondiglio tutto il materiale attinente al cifrario in possesso del diplomatico, mentre il suo padrone era uscito per portare a spasso il cane. Poi lo consegnò a un agente del SIM che ne fotografò i contenuti. Resosi conto che i suoi messaggi indirizzati a Londra non erano 'sicuri', Osborne rese la pariglia agli avversari, inserendo nei suoi dispacci al ministero degli affari esteri affermazioni false e fuorvianti, sapendo che sarebbero stati letti dagli italiani. Questi telegrammi volutamente menzogneri sono ancora conservati nel Public Record Office e rappresentano una trappola per gli storici alle prime armi". Me l'ha raccontato padre Robert Graham, un minuto gesuita americano, figlio di un allenatore di una squadra di baseball, che ha messo il naso in tutti gli archivi del mondo, compreso quello segreto vaticano per scrivere i famosi "Libri bianchi" della Santa Sede sulla seconda guerra mondiale, insieme a tre altri storici figli di Sant'Ignazio. Padre Graham, scomparso alcuni anni fa, era per tutti lo 007 del papa.

Il più ingenuo degli ambasciatori rifugiati in Vaticano fu probabilmente il giapponese Ken Harada. Se ne andava tranquillo a giocare a golf con l'ambasciatore di Cina dietro la basilica, senza sapere che il suo codice era stato da tempo decifrato dagli americani. Quasi tutti i suoi dispacci inviati e ricevuti furono intercettati. Padre Graham ha potuto leggerli nella sezione Magic dell'Archivio Nazionale di Washington.

L'ambasciatore tedesco Weizsäcker, fintanto che rimase a Roma, era ovviamente abbastanza protetto, benché il controspionaggio britannico fosse già in possesso dei segnali di chiamata dell'ambasciata, frutto d'intercettazioni del trasmettitore del ministero degli esteri di

L'ambasciatore cinese Cheaou Kangsié gioca a golf nei giardini vaticani

Berlino. Quando dovette rifugiarsi in Vaticano dopo l'occupazione alleata di Roma nel giugno 1944, le cose cambiarono. Le forze britanniche installarono un posto d'ascolto proprio di fronte alla sua abitazione. La loro posizione, a pochi metri di distanza sulla via Aurelia, rendeva il compito d'intercettazione molto semplice. L'assurdo piano di pace che il ministro degli esteri von Ribbentrop gli aveva chiesto di presentare al Vaticano, era stato captato prima ancora che l'ambasciatore potesse parlarne con il cardinale segretario di Stato.

La migliore rete di agenti a Roma l'aveva messa in piedi al servizio di Himmler il colonnello Herbert Kappler, il responsabile delle Fosse Ardeatine che aveva tra l'altro fatto installare una potente stazione di ascolto sul Monte Cavo, sopra Castel Gandolfo. Padre Graham mi ha assicurato che ne era invidioso perfino von Ribbentrop.

Il controllo attorno a papa Pacelli era così stretto che per parlare in tutta sicurezza con il generale Simon, poi trucidato alle Ardeatine, staccò perfino la cornetta del suo telefono bianco, come rivelò la figlia del generale. Che il cifrario vaticano fosse ormai conosciuto, monsignor Montini ne era perfettamente consapevole. Il 25 luglio 1943 annotava che nel caso di trattative, queste non dovevano essere condotte per cifra: "I tedeschi captano tutte le onde e conoscono tutte le cifre; si dovrebbe mandare una persona, con un aeroplano."

Ne era in possesso anche il SIM. Secondo Carlo De Risio, autore di uno studio su generali, servizi segreti e fascismo, l'agente che riuscì a entrare in possesso del codice cifrante del Vaticano "restò interdetto nel leggere sul frontespizio di un dispaccio la sanzione di scomunica comminata contro chi anche soltanto detenesse il documento senza autorizzazione."

A far sapere al papa che i dispacci vaticani potevano essere ormai letti in chiaro fu lo stesso ammiraglio Canaris, capo dell'Abwehr, lo spionaggio militare tedesco. L'ha rivelato ancora una volta padre Graham.

"Vivamente preoccupato del fatto che in un cifrato vaticano ormai compromesso si sarebbe potuta fare inavvertitamente menzione della resistenza militare tedesca in seno alla sua organizzazione, Canaris inviò uno dei suoi aiutanti, Hans-Bernard Gisevius, a mettere in guardia il papa. Quando Pio XII, avvisato dal suo confessore, il gesuita tedesco padre Robert Leiber, manifestò il dubbio sulla possibilità che a Berlino potesse essere letto come un libro aperto un cifrario tanto perfetto e inattaccabile come quello vaticano, gli furono esibiti alcuni esempi di messaggi del Papa intercettati e decifrati. Pio XII fu allora sicuro che qualcuno avesse reso noto quell'importante documento, e ne chiese conferma ai tedeschi; quest'informazione forse gli fu data dallo stesso capo dell'Abwehr, il quale attribuì la fuga di notizie a un dipendente del Vaticano, mai identificato."

Nel 1942 si scoprì che perfino il capo dei servizi di sicurezza del Vaticano, Giovanni Fazio, in codice Tassara, genero del colonnello della Gendarmeria Pontificia Arcangelo De Mandato, era un informatore dell'OVRA. Fu subito rimosso perdendo anche la cittadinanza vaticana. C'erano poi organizzazioni integraliste che, di fatto, affiancavano i servizi italiani. Una di queste era il Sodalitium pianum o Lega di San Pio V che si premurava di segnalare gli ecclesiastici in "odore di modernismo" e che era stata creata da monsignor Umberto Benigni, inizialmente con l'accordo di Pio XII. La sua segretaria, Bianca D'Ambrosio, aveva il nome Didone nella lista dell'OVRA.

Dopo la guerra si apprese che anche uno dei vicedirettori del giornale vaticano, Cesidio Lolli, era sospettato di doppio gioco. Da parte sua l'assistente ecclesiastico del giornale, monsignor Mario Boehm, veniva allegramente controllato dal suo segretario Carlo Bronzini, alias "Calò n. 303".

Monsignor Boehm era in ogni caso colpevole di aver introdotto in Vaticano un certo Virgilio Scattolini, un troppo brillante giornalista che poi si rivelò essere un agente dell'OVRA e uno "spacciatore impareggiabile di notizie false o inventate sul Vaticano", come l'ha definito padre Graham. I dispacci riservati di Scattolini non solo sono stati utilizzati dai più grandi media mondiali, dall'Associated Press al «New York Times» all'agenzia Havas, ma finirono anche sulle scrivanie di Churchill, di Roosevelt e di Stalin. Ricordo benissimo Aldo Forte dell'United Press, un simpatico e rotondo collega che finì per perdere il posto perché aveva dato troppo credito a Scattolini.

Una cosa era certa, all'epoca: i telefoni erano controllati sia dall'esterno che all'interno. Mio padre annunciò una volta a Max Bergerre che il giorno dopo sarebbe "scoppiata la bomba", in sostanza che Pio XII avrebbe pronunciato un attesissimo discorso.

All'uscita dal cancello di Sant'Anna, oltre il confine vaticano, fu preso sotto le ascelle da due agenti come Pinocchio e portato in questura. Per farlo rilasciare dovette intervenire Bergerre a spiegare il vero senso della telefonata.

*I danni del bombardamento del '43 nell'ufficio
di monsignor Domenico Tardini in Segreteria di Stato*

All'interno ci pensava il potentissimo cardinale Nicola Canali che affidava i controlli alle suore della centrale telefonica collegata a quel tempo a sole 699 linee. Accompagnavo mio padre alla sede del centralino per i puntuali e generosi regali di Pasqua e Natale. Ho il ricordo di prelati che fintanto che rimase in vita il cardinale Canali dopo la guerra sibilavano al microfono orribili sconcezze prima di parlare con me in attesa di un clic delle imbarazzatissime suore.

Sepolto nella basilica vaticana, i sampietrini assicuravano che il porporato defunto trascinava le catene nelle grotte per la vergogna dei suoi misfatti.

Quanto al vecchio Cesidio Lolli, è difficile stabilire i confini fra lo spionaggio e la collaborazione con media sospetti. Per molti anni nel dopoguerra fu pagato dall'agenzia americana United Press ed era certamente in grado di avere in anticipo i discorsi dei papi o i documenti destinati a essere pubblicati dall'«Osservatore Romano».

Ai tempi di Pio XII era incaricato di andare a prendere materialmente i testi dei suoi discorsi dalle mani del papa che poi lo chiamava al telefono per le ultime correzioni. Si diceva che ricevesse in ginocchio le correzioni dettate dal pontefice. Non l'ho mai visto così benché lo frequentassi con mio padre abbastanza regolarmente. Ma non era una leggenda. C'era chi lo aveva visto inchinato davanti alla scrivania con la cornetta in mano. Come non era una leggenda il fatto che una volta papa Pacelli lo avesse chiamato per bloccare un discorso. Cesidio Lolli non ebbe il tempo di mettersi in ginocchio ma solo di esclamare "Niente discorso?", al che mio padre, presente, senza sapere chi fosse l'interlocutore, replicò con una delle sue sonore pernacchie delle quali era maestro indiscusso.

Si scava nella residenza di Castel Gandolfo dopo un bombardamento

Sopralluogo del cardinale segretario di Stato Maglione nei giardini vaticani dopo il bombardamento del '43

Un camion vaticano mitragliato da un aereo alleato

SPORCO EBREO

Il figlio di Felix e Wally Goldmann, Franz, era già un medico molto affermato quando sua cugina Marianne era ancora una bambina.

Era un giovane altissimo, magrissimo, certo non bello, biondo cenere, con occhi celesti molto miopi che lo costringevano a non rinunciare mai agli occhiali. Quando talvolta se li toglieva, si scorgevano i profondi segni rossi che la montatura di metallo aveva lasciato sul suo magrissimo naso di falco. Aveva l'aria di un giovane intellettuale, ma con l'espressione di un bambino cresciuto un po' troppo in fretta.

La nonna era molto orgogliosa di questo nipote destinato a una brillante carriera. Franz frequentava poco i parenti, sempre preso dal lavoro e dai suoi interessi scientifici. Era lui che manteneva la madre e la sorella. Il suo hobby era la vela. Era socio di un club di medici che aveva sede al Müggelsee, un lago nelle vicinanze di Berlino. Ci teneva la sua barca e ci passava i giorni festivi e le vacanze. Lì conobbe Ali, una collega più anziana di lui, ariana, una "russa bianca" come si chiamavano i russi rifugiati in Europa occidentale in seguito alla Rivoluzione d'ottobre.

Mariechen conobbe per puro caso questa dottoressa amica del cugino. Andava a trovare oma Reli e, mentre aspettava davanti alla porta, vide uscire una persona sconosciuta. Le sembrò una signora non più tanto giovane, di una bellezza un po' sfiorita e piuttosto truccata. L'ospite salutò sua nonna con ambigua e affettata confidenza, almeno questa fu la sua impressione.

In seguito venne a sapere dai genitori che la dottoressa Ali, Alessandra o Alice, si era presentata dalla nonna per chiedere il suo autorevole intervento. Aspettava un bambino da Franz il quale non sembrava disposto a volerla sposare. Si disse poi che era stata una commedia recitata dalla donna non più giovane per raggiungere il suo scopo. Si sposarono poco dopo ma senza festeggiamenti in famiglia.

Franz continuò a vivere la sua vita di alto funzionario, Ali a esercitare la sua professione.

Mariechen aveva lasciato da pochi mesi la Germania nel 1933, quando la nonna le comunicò che Franz e la moglie si erano ridotti a vivere a Parigi in una cameretta in periferia e senza lavoro. A causa della sua posizione in seno al governo, nel quale era sottosegretario al ministero della sanità, il cugino era stato colpito fra i primi dal cosiddetto *Arierparagraph* che autorizzava il regime nazista a escludere sistematicamente gli ebrei dal pubblico impiego.

All'indomani della pubblicazione delle leggi di Norimberga, la dottoressa Ali si dette immediatamente da fare per ottenere il divorzio dal marito ebreo. Non era affatto obbligata a compiere questo passo dal momento che la legge proibiva solo i nuovi matrimoni misti.

Sempre nello spirito di questa legge, erano previste procedure rapide per l'annullamento delle unioni con i non ariani. Agli inizi del '36 oma Reli annunciò alla nipote che il divorzio era avvenuto. Senza altri particolari, ma con una punta d'ironia si limitò a confermare la fine di un "grande amore" iniziato sette anni prima del matrimonio. Furono i genitori che le fecero un racconto da brividi sul comportamento dell'ex signora Goldmann davanti alle autorità competenti. Aveva calunniato il marito in maniera piuttosto oscena definendolo brutalmente uno "sporco ebreo".

Franz era riuscito intanto ad ottenere un incarico nel Liechtenstein dove l'estate successiva si fece raggiungere per un mese dalla madre che così finalmente si poté rimettere un po' nel fisico, ma soprattutto nello spirito.

Fu l'occasione per raccontarle la storia della sua vita di coppia, una lunga storia di entusiasmi sessuali, di serate con gli amici, di affinità professionali e anche di affetto e forse di amore. Almeno fino al matrimonio, accettato per debolezza e timore.

"Perché timore?" le chiese sorpresa Wally.

"Non c'era nessuna gravidanza. Come puoi ben immaginare sono abbastanza competente per diagnosticarla. Ma fummo d'accordo nel considerarla la giustificazione che doveva circolare in famiglia. Per questo Ali andò a cercare l'appoggio di oma Reli."

"Non riesco a capire... Se non volevi sposarla e se non c'era di mezzo un bambino..."

"È semplice! Scusa, è semplice per me. Era tempo che mi rendevo conto che Ali aveva molte conoscenze politiche. Lo attribuivo al fatto che frequentava il mio mondo di alti funzionari. In qualche modo l'amavo e la temevo. Poi quando la mia poltrona ha cominciato a vacillare ho aperto gli occhi."

"E che c'entrava Ali?"

"Mi diceva: 'Non ti preoccupare, stai tranquillo, ci penso io'. Agli inizi ho sospettato che avesse una relazione con qualcuno che contava. Ne ho sofferto. Ci sono stati litigi e pacificazioni fino a quando, come sai, mi hanno buttato fuori dal ministero da un giorno all'altro perché ero ebreo. L'unica cosa che mi consolava era che la relazione di Ali con una personalità politica non era che un mio sospetto, visto come ero stato trattato. Per di più lei accettò di seguirmi a Parigi. Una vera e propria avventura. Un collega francese mi aveva offerto un posto molto precario di assistente in un ospedale parigino. È stato difficile. Ali non sopportava la nostra vita da bohémiens. Telefonava spesso a Berlino. Troppo spesso…"

"Cosa significa troppo spesso? – lo interruppe Wally dimostrando una perspicacia che sorprese il figlio, abituato alla semplicità intellettuale della madre.

Scusa, mamma, ma forse i miei erano i dubbi di un uomo geloso. Posso solo dirti che Ali faceva molte, troppe domande sulla nostra famiglia, soprattutto su zio Fritz e le sue amicizie. Insomma un bel giorno se n'è andata senza neppure lasciarmi un biglietto. Poi mi è arrivata una busta. L'unica cosa scritta da lei era l'indirizzo. Il resto era la comunicazione ufficiale del divorzio."

Fu oma Reli in seguito a riferire indignata ai parenti che Ali aveva avuto la sfacciataggine di chiamarla per dirle che amava ancora Franz e che desiderava rivederlo.

Fritz e Hilde

Fritz era il terzo e ultimogenito di Fëdor Warschauer e di Aurelie Mailänder. Aveva solo quattro anni quando morì suo padre.

Un'ingiallita foto lo mostra bambino serio e pacioso, seduto su una poltrona, vestito alla marinara, con un arco tra le mani mollemente appoggiate sulle ginocchia. Un insolito taglio degli occhi scuri con la coda leggermente scesa rendeva il suo sguardo infantile come velato da una sottile melanconia. Il giovane Fritz scelse gli studi classici. All'epoca in Germania il cosiddetto ginnasio umanistico statale seguiva un piano di studi molto impegnativo. Oltre al latino, al greco e al tedesco uno spazio importante era riservato alle discipline scientifiche. Gli esami erano severissimi.

Fritz acquistò una base culturale molto solida. La letteratura e la filosofia, in particolare quella greco-romana, erano la sua passione. Amava citare gli autori classici per illustrare un suo pensiero o per dargli maggiore rilievo. *Quod licet Jovi, non licet bovi* era una massima che, più o meno scherzando, soleva ripetere alla figlia quando gliene dava l'occasione.

Mariechen tentò di rilanciare sui figli lo stesso ammonimento. Il risultato era sempre una fragorosa risata perché continuava a pronunciare la "c" di *licet* come una zeta, alla tedesca insomma.

Fritz provava anche un grande piacere a recitare a memoria lunghi brani dei drammi di Schiller, dell'*Odissea* e di altri capolavori nella loro lingua originale. A quei tempi nelle scuole la memoria veniva esercitata con cura, come del resto si faceva nell'antichità: San Paolo conosceva a memoria la Bibbia in greco e in ebraico. Chi viaggiava in modo avventuroso ai tempi apostolici non poteva certo portare con sé pesanti biblioteche fatte di rotoli. Le biblioteche erano nella memoria.

Sembra quasi strano che un giovane così interessato alla letteratura abbia poi scelto di laurearsi in chimica. Probabilmente fu consigliato dal giovane cognato, il marito della sorella Wally, dottore in chi-

Fritz e Hilde

mica, una scienza in pieno sviluppo che apriva molti orizzonti. Frequentò le università di Berlino, di Losanna e di Ginevra.

La permanenza in Svizzera gli aveva offerto la possibilità di lunghe escursioni sulle Alpi. Era un eccellente camminatore e soprattutto un appassionato della montagna. Durante una vacanza aveva deciso di attraversare le Alpi per scendere in Italia. Accadde che dopo una lunga ascensione, già vicino alla vetta, fosse investito da una tempesta di neve. Forse già stanco, cadde e perse conoscenza. Fu trovato dai cani sanbernardo e accolto nella foresteria dei monaci dell'ospizio del Gran San Bernardo che si presero cura di lui.

Rimase per molti giorni ospite dei frati. Si sentiva profondamente attratto dalla vita nel monastero. Dal canto loro i monaci fecero di tutto per trattenerlo.

Il giovane Fritz, per quanto amante della quiete e della solitudine, preferì ritornare "nel mondo", dove del resto non si trovava affatto male.

Nella Germania imperiale gli studenti universitari facevano una vita molto piacevole e spensierata. La patria tedesca era diventata una potenza politica, militare ed economica e i giovani figli delle classi privilegiate passavano le serate nei locali bevendo birra e cantando le tradizionali canzoni goliardiche. Non mancavano le risse che il più delle volte finivano in duelli alla sciabola. Uno studente che si rispettava doveva aver riportato almeno uno sfregio, possibilmente sul viso. Si potevano all'epoca incontrare molti maturi professionisti con la faccia deturpata da queste vecchie cicatrici, simbolo di un glorioso passato e del loro prestigio di *Akademiker*, di accademici, come usavano chiamarsi i laureati tedeschi.

Quando mia madre era bambina, in occasione dei brindisi suo padre provava a canticchiare qualche ritornello dei vecchi canti studenteschi come *"Trink, trink, bruederlein trink..."*, "bevi, bevi, fratellino bevi" o anche *"und wir ziehen mit Skandal in ein andres Lokal"*, che all'incirca significa "e sempre dando scandalo ci trasferiamo in un altro locale."

Hilde abbandonava inorridita la tavola per chiudersi nell'ultima stanza dell'appartamento e riapparire solo quando era tornato il silenzio. Aveva studiato musica ed era un'ottima violinista dilettante. Non aveva probabilmente tutti i torti: suo marito e sua figlia erano terribilmente stonati, anche se amavano cantare.

Era una "tara ereditaria" che colpiva i Mailänder, un difetto palesemente duro da eliminare perfino con gli incroci con famiglie più dotate di orecchio musicale, come appunto quella di Hilde, i Dorn, che erano imparentati con i Mendelssohn-Bartholdy.

Fritz Warschauer teneva molto al suo titolo di accademico, del quale curiosamente in Germania anche la moglie beneficiava, in quanto le spettava il titolo di "Frau Doktor".

I titolari di un diploma accademico erano la nuova aristocrazia dell'intellighenzia. La stima e il prestigio che ne derivavano dovevano avere una particolare importanza per gli ebrei, dai quali la nobiltà tedesca aveva da sempre mantenuto un'attenta distanza, anche se poi all'occasione non ne disprezzava i capitali.

Der schönen Fritz, il bel Fritz dedicava molta attenzione al gentil sesso e teneva molto all'eleganza. In una fotografia, presa forse a venticinque anni quando già era un professionista, appare vestito con ricercata raffinatezza: pantaloni chiari attillati di morbido panno, gilet a fiori dal quale spunta il colletto bianco della camicia chiusa da un largo fiocco. Delicati polsini di merletto sporgono dalle maniche del soprabito scuro aperto e guarnito di un colletto di velluto. Il raffinato abbigliamento è completato da un impeccabile cilindro.

Hilde Dorn

Il giovane Fritz si laureò nel 1905. Fu il primo laureato nella famiglia Mailänder. Dopo la laurea, trovò subito lavoro nell'industria chimica in piena espansione.

A trentuno anni decise di specializzarsi come *Patentanwalt* – *patent* brevetto e *anwalt* avvocato – ossia un legale competente in materia di brevetti. In Italia non esiste un'analoga figura di professionista. L'esercizio di questa professione fu disciplinato in Germania con una legge del 1900. L'esplosivo sviluppo della tecnica e dello sfruttamento industriale di una vasta gamma d'invenzioni aveva creato questa esigenza.

Fritz fu attratto da questo iter professionale un po' particolare forse anche per la sua condizione di ebreo. L'antisemitismo non era affatto scomparso nell'era guglielmina. Per questo molti ebrei preferivano attività autonome che li esponessero meno a eventuali umiliazioni. In un momento difficile molti anni dopo Fritz confidò alla figlia: "In fondo mi sono sempre sentito un cittadino di seconda classe". Erano gli anni '34-35, ma si riferiva a tempi pre-hitleriani.

Nell'inverno del 1911 il giovane professionista conobbe a un ballo in costume Hilde Dorn, "spina di rosa", una ragazza berlinese di quindici anni più giovane di lui, figlia unica di un notaio della capitale, l'e-

Fritz, Hilde e oma Reli al matrimonio di Marianne

breo Joseph Dorn oriundo dalla Pomerania, e di Linda Hellmann, ebrea bavarese figlia di un grande proprietario terriero. La giovane indossava un costume di ragazza italiana del sud con un gran cesto di mandarini fra le mani.

Hilde, una brunetta minuscola, era certamente graziosa con un carattere molto vivace e un temperamento incontenibile. Dopo aver frequentato le scuole femminili, aveva studiato violino al Conservatorio di Berlino e come molte ragazze della buona società all'epoca, si era diplomata come crocerossina.

Ben presto Fritz salì al terzo piano della Zimmerstrasse 94, una traversa della Friedrichstrasse, nel vecchio centro di Berlino, per chiedere la mano della figlia al notaio Dorn.

Si sposarono il 29 settembre del 1912, con rito civile per ferma decisione dello sposo, libero pensatore come il nonno materno. La decisione fu approvata dai genitori della sposa, un po' meno dalla figlia della pia Jeannette Mailänder. I coniugi Warschauer si stabilirono in un appartamento nell'Urbanstrasse 169, poco lontana dalla storica Grossbeerenstrasse.

Una domenica di luglio del 1913, il giorno tredici, nacque Marianne in una clinica di Tiergarten, uno dei quartieri più eleganti della Berlino del primo Novecento. Mariechen corse il rischio di nascere per strada perché quando Fritz accompagnò la moglie in clinica con una carrozza il cavallo bianco che la tirava s'imbizzarrì paurosamente.

Fu registrata al comune di Berlino con i nomi di Adele, Carola, Marianne. Non fu iscritta nei registri della comunità israelitica. I genitori l'avrebbero fatto se fosse stata un maschio, come si erano augurati. Tanto è vero che il padre aveva già preparato per la culla una grande chiave, simbolo ebraico del diritto alle chiavi di casa e al suo governo in futuro, anche se non era più membro della comunità da quando aveva lasciato la casa materna.

Quando il primo agosto del '14 scoppiò la Grande Guerra, Fritz fu richiamato sotto le armi. Dopo un certo periodo in prima linea fu trasferito all'ospedale militare per malattie contagiose di Spandau come chimico nel laboratorio di analisi. Vi rimase fino alla fine del conflitto. La cittadina di Spandau, molto vicina a Berlino, permetteva incontri frequenti.

Fritz non aveva condiviso l'entusiasmo per la guerra con i suoi allora giovanissimi cugini Mailänder. Era un antimilitarista convinto.

Odiava le uniformi. Per di più aveva dovuto abbandonare un'attività professionale ormai ben avviata e lasciare sola la giovane moglie con una bambina piccola. Ma come i suoi cugini e tutti gli altri Mailänder amava la Germania. Con una motivazione che non volle mai confidare, ricevette una medaglia di bronzo al valor militare. Non volle mai parlare delle esperienze che ne avevano logorato il fisico sotto le armi rendendolo un invalido di guerra.

Quando Hitler e il nazionalismo arrivarono al potere, la sua condizione di decorato e d'invalido alimentò per troppo tempo le sue illusioni che purtroppo gli furono fatali.

Mentre Fritz Warschauer serviva la patria, per salvare la sua attività professionale aveva chiesto a un suo collega, un certo ingegner Meier, esente dall'obbligo militare, di sostituirlo nello studio della Gitschinerstrasse. La presenza di questo estraneo in casa per molte ore della giornata fa parte dei primissimi ricordi d'infanzia di Mariechen.

Durante le ore d'ufficio Mariechen veniva esiliata nella sua piccola camera, sia di mattina che di pomeriggio, con l'ordine molto severo di non muoversi per non disturbare il severo ingegner Meier. Quando il padre tornò a casa aveva cinque anni. Finì così l'incubo della sua lunga clausura. Non poteva allora capire cosa significasse perdere una guerra e quali sarebbero state le conseguenze per il paese.

Gli storici avvenimenti del novembre del '18, le vicende del Kaiser Guglielmo II e la proclamazione della Repubblica, passarono sopra la sua testa. I moti rivoluzionari, che nell'inverno del '18-19 fecero della capitale un teatro di gravissimi disordini, furono causa di disagi e di grandi paure.

Abitavano nel centro più attivo di Berlino, vicinissimi al quartiere dei giornali, meta preferita di dimostranti e scioperanti. Lo stabile dove aveva la sede il «Vorwärts», un quotidiano di estrema sinistra, si trovava proprio accanto, sulla Belle Allina platz. Vi si erano rifugiati i capi rivoluzionari, Karl Liebknecht e Rosa Luxemburg, di origine ebrea.

Il «Vorwärts» fu preso d'assalto dalle forze dell'ordine e preso di mira anche da cannoni piazzati agli ingressi secondari del poco distante Ufficio Brevetti. Sempre nelle vicinanze, nella Friedrichstrasse, si trovava un'altra tipografia rossa, la «Büchsenstein», dove ci furono violenti scontri.

I colpi di armi da fuoco risuonavano particolarmente sinistri la notte e facevano tremare la casa. I Warschauer si rifugiavano nella cucina che, all'interno, offriva maggiore protezione ed era anche l'unico ambiente dove avevano ancora una vecchia illuminazione a gas. L'elettricità mancava spesso a causa degli scioperi. Del resto era imprudente far filtrare la luce all'esterno.

Suo padre rimaneva sempre calmissimo e riusciva a tranquillizzare anche la moglie. La piccola Mariechen non si rendeva neanche ben conto del pericolo. E poi si stava così bene tutti insieme, un po' stretti nel caldo della cucina con la luce fioca e tremolante del gas che suo padre abbassava per farla addormentare su un lettino di fortuna.

Durante l'insurrezione degli spartachisti nel gennaio del '19, repressa brutalmente dall'esercito, la città per una settimana fu in preda al terrore. Una notte, apparentemente tranquilla, mentre già dormivano, suo padre, che aveva un sonno leggerissimo, avvertì dei rumori dalla strada che andavano via via crescendo. Insospettito, svegliò la moglie e cautamente si affacciò con lei dalla finestra. Videro davanti al portone un gruppo di persone illuminate dal vicino lampione a gas. Una donna con un collo di pelliccia bianca, molto agitata, sembrava che puntasse l'indice verso il primo piano dove abitavano i Warschauer. Tutti guardavano in alto lanciando grida d'indignazione. Mentre i Warschauer osservavano la scena, non riuscivano a credere che quella gente ce l'avesse veramente con loro. Il rumoreggiare di quell'insolito raduno aveva richiamato non solo l'attenzione di altri passanti, ma anche quella di una pattuglia di soldati addetta al servizio notturno di sorveglianza del quartiere in quei giorni tumultuosi. Dopo pochi minuti erano alla porta.

La spiegazione del tumulto era banale se non ridicola. L'appartamento della Gitschinerstrasse aveva un balcone, l'unico di tutto l'edificio. Hilde ci teneva un vaso con una piantina di pomodori della quale era molto fiera. La pianta era cresciuta e l'aveva quindi legata a un robusto bastone che superava la ringhiera. La signora con il colletto di pelliccia bianca, una delle passeggiatrici che frequentavano i portici dell'Hallesches Tor, l'antica Porta di Berlino a pochi passi dall'angolo della Gitschinerstrasse, aveva udito degli spari e aveva scorto il bastone del pomodoro scambiandolo per un fucile.

Non valsero a nulla le proteste d'innocenza dei coniugi Warschauer né il sopralluogo sul balcone. La casa doveva essere perquisita. Mariechen dormiva profondamente e si svegliò di soprassalto quando fu accesa la luce. Vide i soldati che con i fucili puntati perlustravano la stanza e che si avvicinavano paurosamente. Si misero perfino a frugare sotto il suo letto. La scena durò pochi secondi. Quando la luce fu

Marianne "Mariechen" Warschauer

spenta, sentì ancora il rumore di passi pesanti che si allontanavano, i pianti della madre, la voce tranquillizzante del padre. Poi più niente. Il mattino dopo pensò dapprima di aver sognato, ma il disordine in casa la sconcertò. Mariechen rimase così impressionata dal racconto della scena con la signora dal collo di pelliccia bianca che in seguito la ricordò come se l'avesse vissuta lei stessa.

Nel gennaio del '19, sempre a pochi passi dalla casa della Gitschinerstrasse, furono uccisi Karl Liebknecht e Rosa Luxemburg, i protagonisti della sollevazione spartachista. Non ci furono commenti da parte di Fritz il quale del resto non parlava mai delle sue idee politiche. L'unico indizio era il giornale che leggeva, il «Vossische Zeitung», il quotidiano della borghesia liberale. Sua moglie non mostrava alcun interesse per gli eventi della vita pubblica, salvo quando questi in qualche modo toccavano la sua sfera privata. Fritz diceva agli amici sogghignando che Hilde aveva considerato la prima guerra mondiale come un'offesa personale.

Poco a poco la vita del dopoguerra a Berlino tornò a ritrovare una certa tranquillità. Anche quella della famiglia Warschauer riprese un ritmo normale.

Fritz era molto impegnato con il suo lavoro. All'alba era già seduto alla sua scrivania con un plaid sulle gambe. Anche se faceva freddo, alla Gitschinerstrasse non si accendeva la grande *stube* di maiolica.

Il suo metodo di lavoro e la sua eccezionale competenza gli procurarono ben presto una grande notorietà. La sua opera era richiesta non solo da molti inventori, spesso personaggi ancora anonimi, ma soprattutto dalle grandi industrie che gli affidavano la rappresentanza per tutte le questioni relative a brevetti o a eventuali controversie legali. Grazie alle sue molte pubblicazioni scientifiche e specializzate, in pochi anni la sua fama superò i confini tedeschi.

Il 24 agosto del 1920 nacque un secondo figlio. Gli fu dato il nome di Frederich – Franz, ma venne chiamato Fritz, anzi con il diminutivo Fritzchen che lo distinse nel grande clan famigliare dal padre e dagli altri due Fritz.

Mariechen aveva desiderato moltissimo un fratellino e per mesi aveva lasciato una zolletta di zucchero sul davanzale della finestra per la cicogna, sostituendola ogni tanto con una zolletta più fresca e invogliante. Quando finalmente una bella mattina non trovò più la zolletta, cantò vittoria: la cicogna al più presto avrebbe esaudito il suo desiderio depositando un bimbo vicino alla mamma non senza avergli morso prima la gamba, come voleva la buona regola. In quel periodo entrò a far parte dell'ufficio una stagista di appena quattordici anni, Marie P. che in breve tempo, grazie alle sue brillanti capacità, diventò la segretaria personale di Fritz. Si trasformò in una bella ragazza, piuttosto appariscente con molto sex appeal, di temperamento gaio e di modi affabili. Le malelingue dicevano che avesse una vita privata molto movimentata. Secondo alcune voci Hilde nutriva una grande gelosia per Marie, confermata anche da qualche litigio con il marito. Fritz rimase sordo alle insinuazioni e alle proteste della moglie.

Mariechen la rivide quasi sessant'anni dopo a Berlino dopo una visita ai parenti sopravvissuti. Aveva avuto paura del primo ritorno nella sua città, allora ancora divisa, così cambiata dagli eventi bellici e postbellici, e dove non aveva quasi più né parenti né amici. Per anni aveva immaginato che tornando a Berlino in una crisi di melanconia si sarebbe gettata nel canale dal ponte vicino alla vecchia casa nella Gitschinerstrasse. Non sapeva che era crollato durante un bombardamento. Il ponte godeva a suo tempo della triste fama di ponte dei suicidi. Quante volte aveva visto folle curiose accalcarsi per assistere al macabro lavoro dei pompieri che recuperavano un suicida.

Ritrovò una Marie sempre di aspetto piacevole e di spirito vivace. L'aveva chiamata per un semplice gesto di cortesia. Fu lei che si propose di offrirle la sua compagnia e il suo sostegno in quel melanconico pellegrinaggio nel passato.

La sua straordinaria memoria le permise di ricostruire l'immagine della Berlino dove agli inizi degli anni Venti si poteva ancora comprare del latte appena munto in una stalla vicino casa.

Con il suo aiuto poté anche rinfrescare e completare certi suoi ricordi un po' sbiaditi sull'attività del padre.

Di lui Marie parlava con ammirazione e gratitudine. Ricordava con grande simpatia anche Hilde, nonostante la sua gelosia. Mentre discorrevano dei tempi passati, Marie ricordava quanto era successo dopo l'avvento di Hitler al governo. La fedele segretaria dell'ebreo Warschauer cercava di rassicurare la figlia che non tutti i tedeschi, e chiaramente nessuno della sua famiglia, avevano approvato le persecuzioni degli ebrei e, soprattutto, che i più erano rimasti all'oscuro degli orrori commessi dai nazisti.

Ripercorsero insieme quel lungo periodo, dal 1921 al 1936, quando aveva lavorato nello studio Warschauer, rimasto al secondo piano della Gitschinerstrasse almeno fino agli anni della spaventosa inflazione del '22-23. In quegli anni Mariechen andava a fare la spesa con la sporta piena di pacchi di banconote, milioni, bilioni, trilioni. Nell'ottobre del '23 un dollaro valeva quattro milioni di marchi e *ein pfund kartoffeln*, mezzo chilo di patate, costava cinquanta miliardi di marchi.

Quando il padre riceveva l'onorario da qualche cliente, scendeva di corsa al primo piano, dove Hilde immediatamente s'infilava il cappotto e, sempre di corsa anche lei, andava a spendere tutto il denaro appena guadagnato. L'indomani, o solo poche ore più tardi, il valore di quei soldi si sarebbe dimezzato.

Lo sviluppo dello studio trasferito nel 1924 nella Koeniggraetzerstrasse, oggi Stresemannstrasse, impose l'assunzione di nuovi collaboratori. Tra questi un giovane chimico ebreo dall'aspetto quasi insignificante, ma con ricche doti d'intelligenza. Lasciò lo studio nel 1932 per aprirne uno suo. La sua avventura professionale ebbe breve durata. Negli anni che seguirono il dottor S. fu costretto a fuggire e a rifugiarsi con la moglie in Olanda dove, dopo l'invasione dei tedeschi, vissero per un certo tempo nascosti. Furono scoperti e fucilati dai nazisti.

Fu più fortunato l'altro collaboratore, un ingegnere ebreo molto impegnato. A Fritz non interessavano le convinzioni politiche o religiose dei suoi assistenti. Le sue capacità professionali ne fecero un prezioso aiuto per lo studio che lasciò agli inizi del '33, quando per ovvie ragioni ritenne opportuno emigrare con la famiglia. Dopo un primo periodo trascorso a Parigi riuscì a trasferirsi in Palestina.

Considerata la crescente mole di lavoro, Fritz assunse anche un nuovo praticante. Di comune accordo, i coniugi Warschauer avevano deciso di fare questa volta una scelta molto oculata, ossia di assumere un giovane che avesse anche i requisiti per diventare eventualmente un giorno il marito della figlia. Intendevano in questo modo assicurare la successione nello studio. Una donna sola avrebbe incontrato delle difficoltà. Non c'erano allora donne specializzate nel settore. La buona intenzione si tradusse alla fine in un imbarazzante chiarimento tra Marianne e il candidato prescelto.

Il candidato era il dottor J., un chimico di ventisette anni, che entrò a far parte dello studio Warschauer alla fine del giugno del '29. Proveniva da una famiglia israelita tedesca emigrata in Inghilterra nell'Ottocento. Conservava la cittadinanza inglese, ma era nato e cresciuto a Berlino. La sua origine israelita gli era indifferente come poteva esserlo allo stesso Fritz. All'epoca della sua assunzione era completamente digiuno in materia di brevetti. Aveva accettato questo impiego unicamente perché non aveva trovato un posto nell'industria. La Germania stava attraversando una nuova fase di recessione economica dopo la relativa stabilizzazione degli anni precedenti. I disoccupati ammontavano a quasi tre milioni. Lo studio Warschauer era sempre più ricercato grazie al continuo e rapido progresso della scienza e della tecnica.

Una nuova e più prestigiosa sede fu trovata nel tratto centrale del Kurfuerstendamm, allora l'arteria più famosa della capitale e ancor oggi la più nota di Berlino.

La vita privata della coppia Warschauer si svolgeva quasi esclusivamente fra le mura di casa. Fritz non amava mostrarsi se non completamente vestito. Hilde era l'opposto. Era una fanatica dell'igiene. Ogni giorno passava molto tempo nella sua vasca da bagno da dove affrontava con grande naturalezza le questioni del giorno con la figlia o con la domestica. Hilde aveva raggiunto molto presto una notevole corpulenza e non era certo uno spettacolo straordinario. Ormai avanti negli anni, conservò le stesse abitudini. Completamente nuda anche d'inverno, alla finestra della sua camera al livello della strada in via Carlo Ederle a Roma, preparava per i nipotini zabaioni densissimi non solo per la grande quantità di zucchero ma anche per l'altrettanto grande energia che impiegava nell'operazione, muovendo al ritmo non solo il corpo, ma perfino la lingua. Il marito allora era già stato preso dai nazisti.

Mentre Fritz nutriva sempre una certa diffidenza nei confronti del prossimo, Hilde amava il contatto con la gente, anzi sentiva proprio il bisogno di aver sempre qualcuno attorno a sé.

Organizzava splendide e rumorose serate che si concludevano nel grande salotto, accanto alla *Herrenzimmer*, un ambiente lindo e pulito ma freddo e triste.

Al centro regnava uno splendido Bechstein, un pianoforte a mezza coda, dono dei bisnonni materni scrupolosamente protetto da uno scialle di seta azzurro decorato di rose ricamate. Il vero gioiello era un preziosissimo Amati, il violino di Hilde, custodito in un astuccio sempre aperto. Era un esemplare molto raro, un "trequarti" per violinisti dalle braccia corte, com'era il suo caso. Hilde si esibiva saltuariamente fino a quando alla fine degli anni '20 questo straordinario strumento non fu rubato da ladri evidentemente esperti.

Hilde decise che la figlia doveva studiare musica per continuare la tradizione di una famiglia di musicisti come la sua. Una sorella di suo padre era stata concertista a corte. Un'altra aveva sposato un Mendelsson-Bartholdy e un loro figlio, Felix Robert, era un noto violoncellista. Un'altra sorella, Agnes, era insegnante di pianoforte; i suoi due figli ancora giovanissimi, dopo la prima guerra mondiale, erano andati negli Stati Uniti dove uno diventò poi un famoso direttore d'orchestra, l'altra il primo violino di un complesso di Hollywood. Lo stesso nonno materno notaio e suo fratello medico dedicavano il loro tempo libero alla musica. Per un paio di anni la zia Agnes fece il disperato tentativo di mettere l'"orecchio Mailänder" e le dita della nipotina a contatto con il mondo dei suoni. La zia si rovinò letteralmente il fegato con un'allieva che con il pianoforte non riusciva a stabilire un rapporto d'amicizia.

A parte le ingloriose parentesi delle lezioni di piano, il salotto era utilizzato in poche occasioni. Una di queste era la vigilia di Natale che si festeggiava a casa Warschauer secondo l'uso tedesco, anche se paradossalmente senza alcun riferimento al suo carattere cristiano. In quei giorni Mariechen ha ricamato i suoi più bei ricordi. Con molto anticipo in un angolo della stanza veniva sistemato un grande albero di Natale. Qualche giorno prima arrivava Linda, la nonna materna, che si chiudeva nel salotto con una scala per allestire l'albero con cordicelle d'argento, lunghe candele bianche, angeli di cera e altri ornamenti creati dalle abili mani della cugina Relly Mailänder. La stanza veniva chiusa a chiave fino alla sera della vigilia. La serata si svolgeva secondo un cerimoniale che ogni anno si ripeteva sempre ugualmente solenne. Quando si spegneva la luce nella sala da pranzo dove erano tutti in attesa, la famiglia Warschauer e i parenti più stretti, oma Reli, i nonni Dorn e la zia Wally, si udivano le dolci note di *Stille Nacht, heilige Nacht*. Era il nonno che si metteva al piano, dopo aver sistemato un bel secchio d'acqua vicino all'albero contro i rischi d'incendio. Si apriva la porta del salotto inondato dalle luci delle candele e seguiva sempre qualche minuto di profondo silenzio. Un silenzio prodotto dallo splendore mistico e pagano allo stesso tempo del grande abete e dalle dolci note del canto natalizio, unico accenno in casa Warschauer alla ricorrenza religiosa che non aveva un vero significato per nessuno.

Babbo Natale portava soprattutto dei libri. Quando lasciò la Germania a vent'anni Marianne possedeva una biblioteca ricca e varia. Oggi tutti quei libri, nelle loro vesti un po' sbiadite di un'eleganza di altri tempi, ammuffiscono tristemente in una cantina. Nessuno dei figli di Mariechen conosce il tedesco. Fu una sua precisa decisione, come ho già ricordato. Non intendeva contribuire "neanche con un mattone" alla rinascita della Germania. Una volta ammise che forse aveva avuto torto, ricordando che tutti i suoi parenti erano il prodotto della grande cultura tedesca, che suo padre ne fu un appassionato esponente e che lei stessa non poteva negare di essersi formata nel periodo culturalmente così rigoglioso della Repubblica di Weimar.

Fra i libri di Mariechen c'era una Bibbia per bambini, un libro che l'aveva appassionata. La considerava piena di favole. Hilde proveniva da una famiglia di ebrei praticanti, ma sua madre Linda, figlia di un ricco proprietario terriero israelita, era stata educata in un convento come avveniva spesso allora per le giovani del suo rango sociale nella cattolica Baviera dove vivevano. Il nonno materno era Gran Maestro di una loggia massonica che accoglieva appartenenti a tutte le fedi nell'idea di una fratellanza universale.

Nel 1926 Marianne fu ammessa in un liceo comunale d'avanguardia a Eichkamp, una zona verde coperta di boschi alla periferia della città. Era diretto da una donna che aveva fama di grande pedagoga, ben nota nel mondo della militanza socialdemocratica.

Gli studi erano seguiti da un'équipe di professori di eccezionale levatura. Ne facevano parte molti di origine ebraica. Dopo la guerra, nel riprendere i contatti con le vecchie amicizie, Mariechen venne a conoscenza di molte tristi storie di alcuni di questi personaggi che avevano reso così ricchi i suoi anni liceali. L'anziana professoressa di latino come la sua collega di biologia si erano suicidate all'avvento del nazionalsocialismo. Quella di greco visse per anni in grande miseria e infine fu deportata. Il giovane insegnante d'inglese trovò asilo negli Stati Uniti come pure il professore di tedesco che divenne uno stimato studioso e autore di libri sulle origini e gli sviluppi dell'antisemitismo in Germania.

Nella primavera del '29 Mariechen andò a conoscere la Bergbräu e tutti i Mailänder di Fürth. Ne rimase entusiasta, come entusiastici erano i suoi ricordi della Berlino di quegli anni.

La Berlino della Repubblica di Weimar era diventata il centro culturale d'Europa e una delle metropoli più interessanti del mondo. Nessun'altra città aveva tanti teatri, tante sale da concerto, tanti musei e gallerie d'arte, tanti cinema e cabaret. Come una calamita aveva attirato scienziati, scrittori, musicisti, pittori, scultori e registi da ogni paese. Nessun'altra città contava tanti premi Nobel, a partire da Albert Einstein, tanti medici famosi e una schiera così numerosa di artisti di grande successo. L'incidenza dell'elemento ebraico era rilevante in ogni campo. Il grosso pubblico lo ignorava, ma anche a saperlo non lo avrebbe interessato affatto. Anche oltre i confini della Germania, fino alle prime epurazioni del 1933, poco si sapeva del grande contributo dato dagli ebrei tedeschi allo sviluppo del paese non solo nel commercio e nell'industria, ma anche nelle scienze e nell'arte e per dare lustro e fama alla sua capitale.

Le loro opere e i loro successi erano attribuiti senza distinzione all'ingegno tedesco o comunque al mondo culturale tedesco. Neppure la piccola Warschauer, a dispetto del suo cognome, si chiedeva quali fossero la fede o le origini etniche di un autore o di un artista che ammirava. La parola "razza" ancora non faceva parte del linguaggio comune.

Erano gli anni di Hermann Hesse, di Alfred Döblin e di Erich Maria Remarque. I ragazzi facevano a gara a chi per primo riusciva a entrare in possesso di qualche novità letteraria.

Mariechen si appassionò al nuovo teatro, liberato dai lacci elitari dell'epoca guglielmina grazie ad autori come il giovanissimo Bertold Brecht, a registi geniali come Leopold Jessner, il rinnovatore del teatro di Stato, come l'eclettico ebreo Max Reinhard, il mago delle scene che inventò il palcoscenico girevole, o come Erwin Piscator "il rosso", ideatore del teatro proletario.

Berlino aveva due grandi teatri di varietà: la Scala, aperta nel dopoguerra con 2.500 posti, e il Wintergarten con 3.500 posti che contava già su molti decenni di attività.

L'avvocato Warschauer includeva nei programmi dei suoi clienti di passaggio a Berlino una serata al Wintergarten, alla quale invitava a volte anche la figlia. Erano teatri straordinari, famosi in tutto il mondo, fantasticamente illuminati da soffitti simili a cieli con miriadi di stelle.

Era anche il momento d'oro del cinema. Le sale cinematografiche si trovavano a ogni angolo della città. Nel 1927 ce n'erano già più di trecentocinquanta nella sola Berlino, frequentate da una media di novantamila spettatori ogni giorno. A Berlino c'erano quasi duecentocinquanta case di produzione. Il cinema, come il teatro, aveva i suoi grandi registi, Fritz Lang, Ernest Lubitsch, un berlinese autentico, Robert Wien che fu il regista de *Il gabinetto del dottor Caligari,* con il quale nel 1919 ebbe inizio la grande stagione del cinema tedesco e che descrisse nel suo film delitti atroci, consumati poi nella tragica realtà dal regime nazista.

Sarebbe stato possibile produrre in Germania già allora dei *Tonfilms*, cioè dei film sonori. Un ingegnere berlinese di nome Vogt e i suoi amici Engl e Masolle avevano inventato un procedimento capace di "fotografare" il suono sui margini della pellicola. Gli inventori si erano rivolti per il brevetto a Fritz Warschauer che riconobbe immediatamente l'eccezionalità del progetto, tanto che volle far conoscere a sua figlia gli inventori. L'industria cinematografica di Berlino non seppe valutare l'importanza dell'invenzione e così i tre geniali amici vendettero il brevetto a una società statunitense. Verso la fine degli anni Venti i tedeschi si misero al passo nella produzione di film sonori.

Il primo grande successo fu ottenuto nel '30 con *Der blau Engel*, *L'angelo azzurro*, del regista austriaco Josef von Sternberg, grazie al fascino di Marlene Dietrich. Tutte le ragazze canticchiavano allora *"Ich bin von Kopf bis Fuss auf Liebe eingestellt, und das ist meine Welt"*, cercando di imitare la voce rauca e profonda di Marlene.

La capitale tedesca degli anni Venti era proprio una città dei superlativi in ogni campo. Secondo Thomas Mann, il centro culturale d'Europa si era trasferito da Parigi a Berlino, dove la vita notturna sulle rive della Sprea faceva impallidire quella sulle rive della Senna. Si ballava dappertutto, sulle piste da ballo dei caffè-concerto o degli alberghi. Non c'era sosta. Di giorno i berlinesi lavoravano a ritmo frenetico, passavano poi la notte in allegria. Perfino le feste a casa Warschauer duravano fino all'alba. Hilde preparava cene sontuose, ma anche lo spuntino per le quattro del mattino e il caffè con i toast per gli ospiti che partivano per ultimi.

I primi segnali della grande crisi mondiale del 1929 si manifestarono con una disastrosa disoccupazione che gettò nella miseria migliaia di famiglie. La disoccupazione colpì pesantemente negli anni successivi gli intellettuali. Ci furono disordini e si moltiplicarono gli scioperi. Le tensioni favorirono i partiti più radicali di sinistra e di destra. Il '29 registrò l'immagine di una metropoli oscurata da sanguinosi scontri tra comunisti e nazionalsocialisti. Questi ultimi guadagnavano rapidamente consenso e riaccesero la fiaccola dell'antisemitismo mai del tutto spenta, attribuendo all'ebraismo mondiale la responsabilità della crisi. Ancora una volta gli ebrei divenivano il capro espiatorio.

La grande vittoria elettorale del partito nazionalsocialista nel 1930 ebbe conseguenze sulla vita scolastica della giovane Mariechen. La direttrice dell'istituto di Eichkamp fu destituita. Le sue idee d'avanguardia al ministero non erano più gradite. L'esperimento del liceo all'aperto fu chiuso e la scuola trasferita all'est di Berlino in un tetro edificio della Frankfuerterallee, divenuta poi Stalinallee ai tempi della Repubblica Democratica Tedesca.

L'équipe dei professori rimase quasi invariata. Ma il nuovo direttore, insegnante di tedesco nelle classi superiori, si adoperò per dare un carattere nazionalista ai suoi insegnamenti, provocando più di una volta le reazioni polemiche di Mariechen e conseguenti punizioni.

Gli anni Trenta si aprirono con un importante cambiamento per la famiglia Warschauer. Al trasferimento dello studio al Kurfuerstendamm seguì il trasloco dalla Gitschinerstrasse, nel rumoroso quartiere pulsante di vita autenticamente berlinese, a Grunewald, il bosco verde, un elegante quartiere residenziale alla periferia della città.

La crisi non aveva ancora avuto conseguenze sull'attività di Fritz Warschauer. Quanto all'onda antisemita che stava dilagando, non le fu attribuita molta importanza, nemmeno negli ambienti che ne potevano venire direttamente investiti.

Dopo essere stati colpiti da una febbre tifoidea padre e figlia partirono per Wiesbaden, in una casa di cura specializzata in malattie tropicali.

Le cure non erano pesanti e più che di una clinica erano ospiti di un convalescenziario stile *La montagna incantata*. Furono settimane indimenticabili fra lunghe passeggiate e piacevoli chiacchierate. Mariechen adorava la montagna.

Alla cura a Wiesbaden seguì un giro fra il Reno e la Mosella a bordo dei vaporetti. Era un autunno fantastico. Visitavano le piccole località ovunque il vaporetto si fermasse, e nelle località più pittoresche rimanevano la notte.

Furono gli ultimi giorni felici e spensierati trascorsi insieme da Fritz e da sua figlia Marianne prima della bufera.

QUIRINO PAGANUZZI

Le mattinate esplorative trotterellando da bambino dietro mio padre erano delle vere piccole avventure. Prima tappa la Reverenda Fabbrica di San Pietro per una chiacchierata con l'ingegner Francesco Vacchini. Un lungo giro attorno all'intera mole della basilica allora era possibile. Non avevano ancora impietosamente distrutto le antiche mole ad acqua che alimentavano le seghe per tagliare il marmo ai tempi di Michelangelo e del Maderno. Si raggiungeva il palazzo apostolico dal cortile di San Damaso, perdendo tempo con qualche baffuto gendarme di guardia al cortiletto della sentinella all'angolo con il grottone del Belvedere. Seguiva un passaggio all'ufficio del Maestro di Camera, da monsignor Mario Nasalli Rocca di Corneliano, e infine una visita a qualche prelato al corrente dei documenti pontifici in preparazione, soprattutto il latinista e futuro cardinale Antonio Bacci, che abitava in un appartamento sopra al museo lapidario.

Ci fu un periodo tra la fine del 1943 e i primi mesi del 1944, in cui mio padre sembrava avesse privilegiato nei suoi contatti un prelato, monsignor Quirino Paganuzzi, cameriere segreto partecipante dell'Anticamera pontificia. Seppi solo vari anni dopo che monsignor Paganuzzi era considerato una creatura di suor Pasqualina, al punto che circolavano nella corte non poche insinuazioni, delle quali la potentissima segretaria di Pio XII era perfettamente consapevole quanto indifferente. Era un uomo bruno, occhialuto, paffuto e belloccio, dai capelli corti e lanosi, estremamente cortese. Pio XII se ne servì in varie occasioni per missioni segrete presso gli episcopati europei per far conoscere in modo riservato il suo pensiero sui temi più delicati.

Era il tramite sicuro per far giungere dei messaggi al papa scavalcando la burocrazia cortigiana, grazie a suor Pasqualina. E mio padre in quei giorni aveva un drammatico bisogno di chiedere l'aiuto di Pio XII per cercare di salvare Fritz Warschauer.

COME SI DIVENTA MARRANI

Mio nonno divenne un "marrano" insieme a mia nonna Hilde nella speranza di salvarsi. Avevano seguito l'esempio di mia madre Marianne che per potersi sposare con mio padre si era fatta battezzare dal cardinale Eugenio Pacelli.

I *marranos* erano i musulmani e gli ebrei sefarditi spagnoli costretti a dichiararsi pubblicamente cristiani pur continuando in segreto a praticare la loro fede. Un marrano è ebreo e cristiano o anche né ebreo né cristiano, oppure cristiano al quale si rimprovera l'ascendenza ebraica, oppure ebreo che torna infine alla fede dei padri. Per estensione il termine fu collegato in seguito a tutti i cristiani cripto-ebrei. L'etimologia non molto chiara ricorda in arabo e in spagnolo antico i vocaboli "proibito" e "porco", che per musulmani ed ebrei sono poi la stessa cosa. Ovviamente divenne un insulto, oggi quasi desueto. La mia amica Tullia Zevi, l'ex presidente dell'Unione delle comunità ebraiche ormai scomparsa, mi disse una volta che suo padre, quando frequentava le elementari nelle scuole milanesi, veniva bersagliato da questo insulto dai compagni di scuola che gli agitavano sotto gli occhi una cocca dei loro fazzoletti stretta come fosse un orecchio di maiale.

I miei nonni e mia madre erano veri "marrani" se si prescinde dall'identificazione storica spagnola dell'insulto. Si fecero battezzare ma so con certezza che fu per necessità. Fui battezzato anch'io per la stessa necessità e non certo per mia scelta. Posso quindi recuperare con orgoglio il nobile titolo di marrano. Un titolo che ha assunto un ben diverso significato, anticipato nel corso dei secoli da marrani laici come Spinoza o come Cervantes.

Gli inquisitori spagnoli consideravano il marranesimo come una fonte di scetticismo e di razionalismo. I marrani sono stati spesso dei campioni di laicità. Ne sono stati un esempio i "rinnegati" di Shabbatai Sebi che a Istanbul hanno formato Mustafà Kemal, padre della Turchia moderna.

Il battesimo di Fritz e Hilde a San Pietro

Nel fare l'elogio del marrano c'è chi ne ha sottolineato il sentimento dello sradicamento, il desiderio di universalismo, l'assenza di certezze. È con occhi marrani che ho sempre guardato al Vaticano per oltre cinquant'anni.

Insomma siamo una famiglia di marrani. Ho voluto far coincidere con il 7 luglio 1944 il giorno della mia integrazione in questa sospetta categoria.

Quel venerdì 7 luglio, voglio credere al tramonto, quando il sabato era ormai iniziato, mio nonno Fritz è morto nel blocco 19 di Auschwitz di "morte naturale", come scrisse pietosamente a mia nonna Hilde il 18 giugno del 1947 Tadeusz Pawlak, prigioniero politico polacco nello stesso "campo della morte". I meticolosissimi necrofori tedeschi dovettero quel giorno sorprendentemente cancellare due nomi per la stessa persona, se persona si poteva allora chiamare qualcuno in un lager, sia da vivo che da morto.

Fritz Warschauer era stato preso anche come Friedrich Kohler e aveva due numeri di matricola, cosa che neppure al Museo dell'Olocausto di Gerusalemme hanno saputo spiegarmi.

Una possibile spiegazione me l'ha data il docente ebreo Marcello Pezzetti. Gli è capitato un solo caso analogo, quello di un ebreo triestino che era riuscito a far valere la sua identità di "politico". Se temevano possibili complicazioni dovute a proteste da parte di eventuali autorità, i nazisti burocraticamente si cautelavano.

Ai tedeschi giunsero certamente messaggi di ricerca di Fritz Warschauer da parte del Vaticano, messaggi che lo avrebbero reso così un "privilegiato". Tant'è che morì di stenti e d'infezioni nel cosiddetto campo-ospedale di Auschwitz, dopo essersi fatto identificare come cattolico e prigioniero politico, e non fu immediatamente eliminato in una camera a gas, benché ormai sessantasettenne, malato e probabilmente non più in grado di lavorare.

"Leggendo la nostra rivista sindacale «Wolni Ludzie» (Uomini liberi)" scriveva il suo amico e compagno di sventure Tadeusz Pawlak "ho trovato nella rubrica 'Ricerche' l'avviso seguente: 'Si cercano notizie di Fritz Warschauer, nato il 9 febbraio 1877 a Berlino. Arrestato nel 1943 a Roma, detenuto nel campo di Modena e di Oswiecim'.

Dopo il battesimo l'udienza del papa

Ho incontrato la persona soprannominata nel 1944, nel mese di febbraio. Si trovava nel blocco 19 prima di essere trasferito nel cosiddetto *krankenbau*, ossia l'ospedale. Il signor Warschauer era in condizioni fisiche pessime a causa del clima e della drammatica mancanza di cibo. La sua anima sottile non è riuscita a sopravvivere all'immensità delle crudeltà umane. Molte volte appariva profondamente depresso. Nel mese di maggio il dottor Augustyn gli riscontrò una pleurite. Fece il possibile ma non avendo mezzi non riuscì ad aiutarlo. Il signor Warschauer è morto di morte naturale il 7 luglio 1944 a Oswiecim. Le porgo le mie più sincere condoglianze. Spirò tranquillamente. Il suo corpo fu bruciato nel crematoio a Brzezinki.

Ho parlato a lungo con il signor Warschauer. Ci siamo chiesti spesso come sarebbero stati trattati i tedeschi dal mondo dopo essere stati vinti. Mi diceva che dopo la sconfitta la Germania non sarebbe mai più stata politicamente indipendente.

È morto come un eroe sull'altare della giustizia storica. Requiescat in pace. Vi prego di accettare i sensi della mia profondissima partecipazione e del mio cordoglio per il lutto che ha colpito la vostra famiglia. Tadeusz Pawlak, ex prigioniero 15231, Bydgoszcz, 16, m.4.Polonia."

Insomma lo sfortunato Fritz Warschauer dovette fuggire da Berlino perché ebreo, si dovette nascondere a Roma perché ebreo, trovò un rifugio perché cattolico ma fu preso come "politico" e morì ad Auschwitz bollato due volte con il duplice marchio di ebreo e di *politisch schutzhäftling*.

Tadeusz Pawlak ha dedicato a nonno Fritz uno dei primi libri-documento su Auschwitz, pubblicato nel 1948, introducendolo con una poesia visionaria alla William Blake, scritta in memoria del suo amico.

Questa l'approssimativa traduzione dal polacco di *Pietre vive*:
"Siamo come pietre vive / solidi incrollabili massi. / La fiamma non ci consuma, / non può intaccarci il fuoco. / Siamo come pietre vive, / solitarie rocce disperse / scolpite da freddi torrenti, da ardenti calure estive. / Siamo come pietre vive / sotto piramidi sataniche. / Nel grembo seme prezioso / nascondiamo grande potenza. / Siamo come pietre vive / gettate in abissi infiniti / dove arde il sogno / di fiammeggianti montagne. / Su di noi come su rocce / sorgerà il magnifico edificio / eterno monumento di gloria."

Quel 7 luglio del 1944, dunque, sono tornato a essere un ebreo, anche se marrano come mio nonno. Recuperare l'identità ebraica mi è sembrato un piccolo contributo di riparazione ideale all'intreccio di violenze e d'ingiustizie delle quali mio nonno è stato vittima, compresa la mortificazione di farsi battezzare, spinto dal ricatto di una possibile sopravvivenza.

Un'anima sottile

Poeta, filosofo, giurista, chimico, divenuto specialista in brevetti, lo stesso mestiere di Albert Einstein che allora incrociava per le vie del suo quartiere o negli autobus della grande Berlino cosmopolita con il suo violino sotto il braccio, nonno Fritz era un laico libero pensatore convinto e aperto.

Aveva conosciuto in quegli anni il grande matematico suo coetaneo ed ex collega a Berna. Albert Einstein viveva un periodo di vero furore musicale. Aveva una sala della musica nel suo appartamento, ma andava volentieri a suonare dagli amici, soprattutto con il grande violinista Boris Schwarz e con suo padre Joseph, un ottimo pianista. Era affascinato dall'Amati di Hilde Warschauer che si metteva al suo Bechstein per accompagnarlo in una sonata del suo amato Mozart.

Mariechen non ha mai dimenticato quei momenti magici, mentre le sfuggivano, anzi l'annoiavano, le lunghe conversazioni tra l'ospite e Fritz Warschauer.

Non mi ha quindi lasciato alcuna testimonianza, ma solo sospetti che il tempo e la fantasia hanno moltiplicato lungo il percorso della mia ricerca. Proprio in quei giorni nel laboratorio Cavendish di Cambridge, del quale era direttore il premio Nobel Ernest Rutherford, il padre della fisica nucleare, fu verificata per la prima volta la formula di Einstein, seguita poco dopo da una verifica ancor più decisiva con una conversione totale della massa in energia. I due non potevano non parlare dell'esattezza dell'intuizione di Einstein sulla massa come un enorme serbatoio di energia con tutte le fantastiche ma anche sconvolgenti conseguenze che ne potevano derivare, soprattutto in tempi che si annunciavano bui.

Continuo a chiedermi oggi se certi segnali che accompagnarono la fine di mio nonno non siano collegati a questa amicizia con Albert Einstein, cosa ben nota nella famiglia allargata, in particolare alla zia Ali, moglie dell'ancora per poco sottosegretario al ministero della sanità,

Franz Goldmann, ormai persona sospetta per le sue origini ebree. Vari indizi mi fanno pensare che Ali Goldmann fosse stata agganciata dai "Servizi" a sorvegliare l'ignaro Franz e probabilmente Fritz Warschauer, noto per la sua competenza nel mondo dei brevetti, non esclusi quelli d'interesse strategico e militare. Chiunque frequentasse Albert Einstein in quegli anni era considerato un "sorvegliato speciale".

Einstein era un personaggio di riferimento per gli intellettuali ebrei tedeschi soprattutto nella capitale.

Mia madre prese la decisione di partire da Berlino per l'Italia subito dopo che il grande scienziato annunciò da Pasadena la sua intenzione di non tornare mai più in Germania. Prima di partire per gli Stati Uniti si era rifugiato a Le Coq-sur-mer, sotto la protezione dei sovrani belgi suoi amici e suoi compagni di serate musicali. Fece i passi necessari per rinunciare alla cittadinanza tedesca. Subito dopo i nazisti si accorsero dell'occasione perduta e si affrettarono ad assicurarsi l'immortale distinzione di privare loro stessi Albert Einstein della cittadinanza. Era il 28 marzo del 1933.

Mio nonno, evidentemente, non poteva muoversi con la stessa facilità. In quei giorni era stato costretto ad abbandonarlo anche Rico, Richard Jonas, il suo principale collaboratore al quale aveva dovuto affidare la gestione del suo studio. La sua unica speranza era legata ormai all'attesa risposta di un suo nipote, cittadino americano, che si era impegnato a garantirne la sopravvivenza economica negli Stati Uniti, come volevano le leggi del paese. Il progetto era di partire con una nave da Napoli dopo una tappa a Roma.

Ma era ormai troppo tardi. Avrebbe dovuto capire l'antifona e partire subito quando nel 1938 proprio a Roma gli furono chiuse le porte di un congresso al quale era stato invitato. Le leggi razziali fasciste erano ormai pronte.

Con molta disinvoltura il quotidiano «L'Avvenire» si limitò a registrare in prima pagina che "sui brevetti per i medicinali avrebbe dovuto parlare, con la competenza da tutti riconosciutagli, l'espertissimo dottor Fritz Warschauer di Berlino, il quale, nell'impossibilità di partecipare al congresso per cause di forza maggiore, ha inviato un'interessante comunicazione."

Avrebbe dovuto dare ascolto alla figlia che fuggiva a Roma e che gli aveva detto quanto fosse rimasta turbata da una visita alla famiglia a Fürth, dopo aver attraversato la Monaco infestata dai nazisti della prima ora.

Anche la liberale Fürth, ricordava mia madre, era stata travolta rapidamente dall'onda dell'odio razzista.

Non lontana da Monaco, città di adozione di Hitler, già quartiere generale delle Camicie Brune, la piccola cittadina dove tutti si conoscevano si trasformò. Il clima e le relazioni umane fra i suoi abitanti in poche settimane subirono un mutamento così radicale che non l'avrebbe ritenuto mai possibile se non l'avesse potuto costatare con i suoi occhi.

Fu il 23 marzo del 1933, di ritorno da una vacanza sugli sci con un gruppo di amici. Doveva poi andare a Fürth in famiglia passando per Monaco. Era completamente ignara degli ultimi avvenimenti. In montagna con gli amici non aveva letto i giornali, né c'erano allora radioline o altri modi per essere informati. Nell'attesa del treno per Fürth, uscì con un amico fuori dalla stazione. Si trovò di fronte ad uno spettacolo mai visto, un mare di enormi bandiere con la croce uncinata ricopriva case e cose. La città era irriconoscibile. Rimase stordita da un rumore assordante. Veniva da una folla che inneggiava e giubilava per le strade come impazzita. In tanta confusione cominciò a distinguere un serpente bruno che avanzava verso di lei con il fragore metallico dei passi cadenzati dei giovani nazisti in geometrico assetto militare.

Ancora sconvolta dall'impressione subita dallo spettacolo di Monaco, giunse a Fürth. Nonostante l'apparente tranquillità della cittadina, fu sufficiente una passeggiata al braccio di un anziano prozio, un banchiere molto conosciuto, per rendersi conto delle nefaste conseguenze di questa esplosione di fanatismo, perfino nei contatti quotidiani di semplice cortesia fra concittadini le cui famiglie, cristiane o ebree che fossero, avevano stabilito da generazioni rapporti di serena convivenza nel rispetto reciproco. Fu colpita dalla mancanza dei consueti saluti o sorrisi della gente. Si accorse al contrario dell'evidente intenzione di evitare l'incontro. Vecchi conoscenti e amici cambiavano improvvisamente il marciapiede quando li incrociavano.

Ripensò a suo padre che già da tempo aveva intravisto all'orizzonte i segni della tempesta. Ne fa fede un certo Pierre Poitier in una corrispondenza da Berlino apparsa sulla prima pagina della «Nation Belge» del 3 agosto 1931, quando Hitler con sei milioni di voti aveva appena mandato in parlamento centosette deputati nazionalsocialisti. Nel suo articolo Poitier si felicitava con Fritz Warschauer per la sua straordinaria biblioteca e per il suo ufficio di documentazione sulla proprietà industriale mondiale, "una meraviglia d'iniziativa privata".

"Ahimè, – si chiedeva nonno Fritz – data la situazione attuale che fine farà tutto questo?" Fu buon profeta, purtroppo. Della sua opera non rimane più nulla.

Prima dell'avvento del nazismo mio nonno quasi non si ricordava di essere di origini ebraiche, cosa che comunque gli era del tutto indifferente. Insomma tutto deponeva a favore della sua dignità di eminente cittadino tedesco.

Progressivamente e drammaticamente si è visto trasformare prima in un cittadino di seconda classe, poi in un paria, privato del lavoro, dei beni e dei diritti, e infine in un transfuga.

Nonno Fritz morì di fame e di stenti in un lager, proprio pochi mesi dopo aver ricevuto il battesimo. Non ho elementi – il silenzio di mia madre con noi figli è stato pesante – per stabilire quale fosse l'animo di Fritz Warschauer quando con sua moglie Hilde andò in Vaticano a farsi battezzare da un prelato che gli chiedeva di rinunciare a Satana.

"Sforzatevi di credere nel Cristo redentore senza riflettere: la fede verrà in seguito, con l'abitudine..." dicevano non pochi sacerdoti a chi

Dopo un'incursione tedesca nel monastero di San Paolo

si trovava nelle condizioni di mio nonno, come ha ricordato lo scrittore ebreo Saul Israel.

Faccio miei tutti i suoi sentimenti di allora e rivendico la continuità morale con quest'uomo costretto a farsi marrano, ucciso solo perché "geneticamente" ebreo da un dittatore che ha sconvolto il mondo in appena dieci anni di potere, la metà del ventennio mussoliniano, ma anche la metà del regno di Pio XII e ben meno della metà di quello di Giovanni Paolo II, tanto per trovare parametri di confronto indicativi.

Una continuità che simbolicamente verifico ogni giorno in una foto in bianco e nero di mio nonno che mi tiene per mano. Siamo sul marciapiede di via Marcello Prestinari, a Roma, nel sonnacchioso quartiere Prati, un quartiere verdeggiante nato per ospitare professionisti e agiati commercianti. È la fine dell'inverno a cavallo tra il '42 e il '43. Due anni dopo dal balcone di casa, in braccio a mia madre, nello scorcio di via Carlo Ederle tra le mura del Convitto Nazionale e la via Prestinari, lungo i giardinetti di mortella, di alloro e di oleandri, avrei intravisto arrancare in disordine le armate tedesche in fuga da Roma. Ho un ricordo confuso ma indelebile di carrette, carri armati, cavalli o forse addirittura asini e vacche, seguiti da soldati stracciati che si sorreggono a vicenda. Tanto più sorprendenti le immagini perché di transumanze così dense, all'epoca, avevo visto solo quelle delle greggi di pecore che ancora attraversavano la città per andare a trovare pascoli invernali più a sud.

Poche ore dopo sarei andato a cercare chewing-gum, caramelle con il buco life-savers e cioccolate, fra le jeep dei militari americani incolonnate sui bordi degli stessi giardinetti, annunciate da odori misti di benzina, pneumatici, sudore, menta, zenzero e chiodi di garofano.

Sono ricordi indelebili anche le lente passeggiate con mio nonno, una mano nella sua, l'altra a trascinare il mio cavalluccio di legno con il suo campanellino tintinnante, sui marciapiedi del silenzioso quartiere. Lo sentivo ridere di cuore quando si fermava davanti a misteriose vetrine. Rideva, mi disse poi mia madre, perché si divertiva a leggere i fantasiosi menu di guerra dei ristoranti borghesi.

In una vecchia fotografia, scattata probabilmente da sua figlia, il 26 marzo del 1943, il giorno del mio compleanno, un'infinita tristezza si scorge negli occhi di mio nonno sotto la tesa del cappello che sembra abbassata per volerli nascondere, insieme ai suoi timori per un catastrofico futuro ormai incombente. Aveva lasciato sua madre Aurelie, l'anima delle famiglie Mailänder, Dorn, Busse, Warschauer, Büchenbacher, Guttstadt, Goldmann, Boehm, confinata in una piccola camera a Berlino, senza cucina e senz'acqua, a invocare la fine.

Oma Reli aveva registrato puntualmente nel suo libro di preghiere le "partenze" di figli, cugini, nipoti, parenti e amici verso i campi della morte, informandone senza cenni di commozione, che avrebbero insospettito la censura, tutte le sue famiglie, fuggite ovunque si aprisse una porta nel mondo, con pochi spiccioli in tasca dopo aver pagato i visti con tutti i risparmi di lunghe vite operose.

Alla fine, nel luglio del 1942, era "partita" anche lei, per il campo di Theresienstadt, accompagnata dalla figlia settantenne Wally, sempre piagnucolosa, ma che non aveva voluto abbandonarla. Secondo un documento recuperato dal Servizio internazionale di ricerche (ITS) di Bad Arolsen, Aurelia Mailänder, registrata con il numero 47-4866 e con il cognome alla russa di Warschauerova, è morta il 12 ottobre di quell'anno. Aveva appena compiuto novantadue anni. Non si sa se e quanto le sopravvisse la figlia Wally.

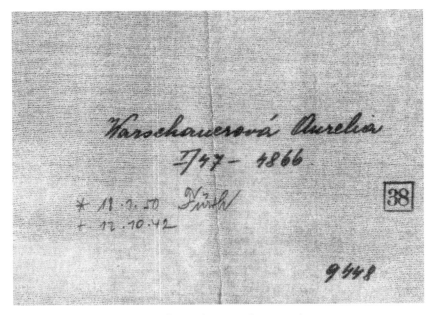

Il certificato di morte di oma Reli

Nonno Fritz e nonna Hilde avevano lasciato con dolore "oma Reli", divenuta nel frattempo bisnonna, "uroma Reli", ma divenuta anche J 146 e cioè *Juden 146* per la burocrazia nazista.

Erano andati a salutarla baciandole le mani e la fronte e portando nel cuore il ricordo del suo volto bianco e liscio che non aveva mai conosciuto l'acqua calda. Luccicavano appena i suoi occhi trasparenti come acque marine che riuscivano ancora a leggere lettere senza occhiali e sentimenti senza domande. Con la sua minuscola spilla di strass appuntata sul nastro nero, sembrava che ancora regnasse come ai tempi di Barbarossaplatz o di Grossbeerenstrasse, dove riceveva fiori e omaggi degni di una regina da fratelli, figli e nipoti.

Fritz, il figlio prediletto, le portò questa volta solo tre ormai rari e preziosissimi garofani rossi. Sapeva nel salutarla che forse non l'avrebbe mai più rivista, ma non poteva immaginare che i nazisti avrebbero avuto il coraggio di mettere in un vagone blindato un'ultranovantenne ridotta a sopravvivere con arance e biscotti, precariamente spediti dall'Italia. Forse, quando lo venne a sapere, nonno Fritz capì che i giorni anche per lui e i suoi cari erano ormai contati. Il tempo stringeva. Nonna Hilde trovò un rifugio a Trastevere, non so bene dove e da chi. So solo che chi l'ospitò si chiamava Eleonora, come mia figlia. Nonno Fritz lo trovò al Pontificio Istituto Orientale, accanto alla basilica di Santa Maria Maggiore, dopo aver abbandonato in fretta e furia la casa della famiglia Zaini in via Monte Zebio e poi piazza del Fante dove viveva praticamente in un pollaio.

Non so neppure come e quando mio nonno riuscì a rifugiarsi all'Orientale che, insieme all'istituto Russicum e al collegio Lombardo, ospitava numerosi ebrei e uomini politici della Resistenza. In ogni caso fu certamente dopo il 4 dicembre, il giorno in cui mia madre aveva scritto una lettera a Pio XII. Un appello disperato, dallo stile retorico e umiliante, come si usava allora alla corte pontificia, formulato con l'aiuto di un consulente ecclesiastico, probabilmente monsignor Enrico Pucci.

La lettera è un altro esempio di quel meccanismo ricattatorio al quale gli ebrei furono sottoposti. Mia madre, che per potersi sposare si era fatta battezzare dal cardinale Eugenio Pacelli, s'impegnò a educare i figli nella religione cattolica, impegno che mantenne con meticolosità teutonica, rispettando anche la memoria del marito con messe annuali di suffragio dopo la morte. Ma laica e socialista fin dagli anni del liceo, grande ammiratrice di Rosa Luxemburg, lasciò poi scritto che non voleva per sé funerali religiosi. Non sapendo più a quale santo votarsi per proteggere dal rischio della deportazione i suoi genitori – lei e noi suoi figli eravamo difesi da un passaporto argentino che avrebbe dovuto permetterci un'emigrazione in extremis – scrisse il 4 dicembre del 1943 questa petizione a papa Pacelli della quale soffro ancor oggi per lei: "Beatissimo Padre, per ragioni gravi che non posso esporre in iscritto, ma che mi è della massima urgenza notificare a voce alla Santità Vostra, oso pregare di essere ricevuta in udienza privata. Spero che quest'udienza mi sarà al più presto concessa dalla bontà Vostra e appoggio questa mia speranza sull'onore e sulla gioia che ebbi il 28 dicembre 1934 di essere accolta in grembo alla Chiesa Cattolica nel Collegio Santa Maria ricevendo il Battesimo e la Cresima dalle Mani Auguste di Vostra Santità. So di chiedere una grazia straordinaria, ma eccezionali sono anche le circostanze che me ne danno il coraggio filiale. In attesa e col più profondo ringraziamento, mi prostro ai piedi della Santità Vostra invocando l'Apostolica Benedizione."

Marianne all'epoca parlava appena l'italiano e di maiuscole maiestatis ne capiva ben poco.

L'ultimo scambio di messaggi tra mio nonno e sua figlia, tramite la curia dei gesuiti ai quali era affidato l'Istituto Orientale, risale a due settimane dopo. Era il 19 dicembre, una domenica, un giorno che giustificava più facilmente gli spostamenti dei padri-postini fra le varie sedi dell'ordine.

Mio nonno parlava delle sue notti insonni, si chiedeva cosa avrebbe riservato loro l'avvenire. Si diceva contento di poter vedere Mariechen il martedì o il mercoledì successivo. L'alternativa delle due possibilità non si rivelò così indifferente. Una fredda pioggia, quasi un nevischio, scoraggiava quel martedì la non facile avventura di raggiungere il lontano Istituto Orientale. Ci si arrivava dal quartiere Prati prima con la circolare rossa, il tram che attraversava tutta Roma, e poi con un filobus diretto alla stazione Termini. Un tragitto che richiedeva molto tempismo per non perdere poi al ritorno gli ultimi mezzi prima del coprifuoco che scattava inesorabile alle cinque e mezzo del pomeriggio.

I tempi di mia madre erano stretti. Non poteva trascurare Maria Luisa, l'ultima nata dei suoi cinque figli, di appena due mesi, e che doveva allattare. Agli altri avrebbero potuto pensarci le due domestiche che allora lavoravano per un salario di guerra accampate in una minuscola cameretta: Vera, che poi si sposerà con un gigantesco soldato tedesco, alto quasi due volte più di lei, tornato dopo la guerra con un dito di meno, ma non meno abile a far giocattoli di legno con una seghetta a traforo, e Teresa che dopo la liberazione mi avrebbe portato a tirar palle di neve contro le jeep dei soldati americani e che faceva finta di non vedermi quando andavo sulla terrazza a rubare le castagne ammucchiate per terra, così dure ma così dolci sotto i denti.

Marianne decise di rinviare la visita al mercoledì: forse il sole sarebbe tornato e avrebbe potuto portare con sé almeno uno o due dei figli più grandi. In fondo aveva fatto bene, si disse la mattina dopo, quando i giornali segnalarono che il giorno prima il traffico era stato interrotto sul lungotevere perché un toro imbizzarrito aveva lasciato la mandria che risaliva gli argini del Tevere verso i pascoli della Salaria. Era finito come una furia a piazza San Pietro ed era stato abbattuto da un agente alle porte del Vaticano.

Così Marianne non vide mai più suo padre. Il martedì sera nonno Fritz era stato già preso dagli sbirri della "Banda Koch".

Questa è la relazione del rettore, il gesuita tedesco Emil Herman, trasmessa il giorno dopo l'incursione al cardinale segretario di Stato Maglione, come la riportano i "Libri bianchi" della Santa Sede sulla seconda guerra mondiale. I "Libri bianchi" furono voluti da Paolo VI per rispondere alle accuse di "silenzi" sull'olocausto rivolte a Pio XII dal drammaturgo protestante tedesco Rolf Hochhuth nel suo *Vicario* del 1963, ma ben prima di lui nel 1951 dallo scrittore cattolico francese François Mauriac.

"Verso le undici della sera suonò il campanello della Casa. Aprii in presenza di un'altra persona la porta, dopo che il tardo visitatore aveva affermato di portare un telegramma" scriveva padre Herman.

"Subito tre o quattro persone si gettarono sopra di me, mentre io gridai ad alta voce: 'Aiuto! Ladri!' Nello stesso tempo l'altra persona suonò il campanello, segno convenuto tra noi in caso di pericolo. Dopo essersi fermati un po' con me, tre o quattro persone salirono al primo e al secondo piano. Nel frattempo i padri e i fratelli uscirono dalle camere provvisoriamente vestiti; gli ospiti in grandissima parte si portarono verso il Collegio Russo, dove potevano sperare di trovare un rifugio [il Collegio Russo di via Cattaneo, anch'esso affidato ai gesuiti, era collegato all'Orientale da un passaggio interno]. Nella fretta un signore di razza non ariana cadde e gli altri, due fratelli e un nipote, sopra di lui. Colpito da un attacco cardiaco morì dopo pochi istanti. I padri spinsero gli altri verso il nascondiglio benché il dolore dei parenti fosse straziante.

Un giovane studente di medicina dedicò le ultime cure al moribondo. Per questo fu poi preso dagli agenti. Questi incominciarono la loro perquisizione.

Dopo una o due ore, durante le quali si videro sempre nuove facce, giunse il capo della spedizione. Avevano già telefonato al Comando tedesco per avere possibilmente aiuto. Gli agenti difatti non avevano preso in considerazione i documenti da cui risultava che la casa era protetta contro ogni perquisizione. Essi dichiararono che nuove disposizioni erano state emanate negli ultimi tempi."

"La perquisizione si fece sotto l'ordine del Supremo Comando delle S.S., via Tasso 151 (vicino all'ambasciata tedesca di Villa Wolkonsky). Gli italiani erano in evidenza: vi erano forse una decina di carabinieri in uniforme scura armati di fucili. Tre erano tedeschi; c'era anche un'altra decina di agenti italiani. Il capo di tutti era un italiano che godeva di una forte autorità.

[...] Fui confinato con due o tre altri padri nella scala che conduce dall'ingresso al primo piano. Cominciò una nuova sistematica perquisizione di tutta la casa che durò fino alle sette e mezzo. Furono trovati infine due tedeschi non ariani. Poi fu fermato il giovane studente di medicina. Infine fu arrestato un nostro famigliare. Se ho capito bene, gli si rimproverava il possesso di manifestini comunisti. Ora è stato liberato. Nel Collegio Lombardo furono arrestati monsignor Rettore, il portinaio e dodici persone, tutte ricoverate.

Nel Collegio Russo furono fermate tre persone. La proprietà dei padri e della Casa non fu toccata, ma in una camera furono portati via della biancheria di seta e due buoni del tesoro per un valore totale di centomila lire". In una nota conservata fra gli Atti della Santa Sede fra le "carte del Sostituto" sono indicati i nomi di cinquantasei ebrei, sei ebrei convertiti e trentanove rifugiati politici.

Il capo della pattuglia mi disse infine che con l'arresto di tre persone aveva soddisfatto al suo obbligo e che non avrebbe ricercato altri. Sottolineò che nella camera di monsignor Rettore del Collegio Lombardo era stato nascosto il capo di una cellula comunista (Giovanni Roveda) e che un altro comunista sarebbe stato trovato nella nostra casa. Un ufficiale nel Russicum avrebbe portato la veste talare. Su di lui fu trovata una rivoltella. Anche in altre perquisizioni la Santa Sede sarebbe stata gravemente compromessa. Avrebbero un vasto materiale alla loro disposizione per dimostrare che il Vaticano aiuta a nascondersi ebrei, ufficiali, ecc.

Prego V. Eminenza di scusare la cattiva scrittura con la fretta con cui ho dovuto fare questa relazione."

Questa la nota d'ufficio della Segreteria di Stato sulla relazione di padre Herman trasmessa a Pio XII: "Non sembra conveniente ospitare coloro che hanno obblighi militari. Si dovrebbe avvertire quelli che si trovano in edifici extraterritoriali che non sono del tutto al sicuro. Quelli poi che si trovano in altri edifici ecclesiastici dovrebbero essere esortati a cambiare alloggio."

Una nota del 26 successivo segnala che "L'E. mo cardinale Maglione ha parlato al generale Kyrieleison, Commissario [?] del ministero della difesa circa la perquisizione e gli arresti operati al Collegio Lombardo e Russicum. Il generale ne parlerà al Maresciallo Graziani [allora ministro della guerra]."

Un certo colonnello L. invia in Vaticano un'informativa "sulla perquisizione effettuata al Collegio Lombardo a Roma e sull'arresto di alcuni rifugiati. Nei giorni scorsi due operai del gas si sono introdotti nel Seminario Lombardo dicendo di dover controllare delle fughe di gas, in realtà invece per informarsi circa le persone rifugiate nel Seminario stesso.

Venuti a conoscenza della presenza di Roveda [Giovanni Roveda, militante comunista, incaricato delle questioni sindacali dal governo Badoglio nell'agosto del '43], capo dei comunisti e organizzatore degli atti terroristici avvenuti a Roma, le SS prepararono una perquisizione.

Non volendo forzare la porta finsero di inviare un fattorino dei telegrafi che, riuscito a farsi aprire per consegnare un telegramma urgente, diede modo agli agenti nascosti di entrare nel Seminario.

L'azione era guidata dal Commissario del Vicinale, dal sig. Müller, tenente delle SS, dal ten. Chiani dei Metropolitani [vecchio gerarca] e da altri quattro Ufficiali dei Metropolitani.

È stato tratto in arresto, oltre a Roveda che era in possesso di opuscoli di propaganda e volantini, un colonnello di Stato Maggiore, un capitano, due avieri e altre persone (ebree) fino a raggiungere il numero di quindici complessivamente.

Un ebreo si sarebbe rifugiato nella camera mortuaria e messo sul cataletto tra quattro ceri fingendo di essere morto, ma gli agenti lo fecero... tornare in vita". Non si sa se il sarcasmo sia dovuto al prelato autore della nota o al non identificato colonnello L.

"Non sono state rinvenute armi.

All'esterno dell'edificio vi era un'iscrizione che indicava l'extrater-ritorialità del luogo (la tabella è stata sequestrata).

Il ten. col. Kappler, Capo delle SS in Roma, avrebbe detto ieri: 'Questo è il primo colpo, ne faremo degli altri; del resto ora nessuno può più protestare, abbiamo in mano il corpo del reato!'"

"Vi portiamo in paradiso" disse qualcuno sghignazzando alle persone catturate. Il paradiso era Regina Coeli, lo storico carcere romano che si affaccia sul Tevere, a un tiro di schioppo dal Vaticano.

Il paradiso con le grate

Nel "paradiso" romano dove finì Fritz Warschauer non ci si stava per niente bene. I "politici" e i "non ariani" sapevano perfettamente che se non trovavano qualche santo fuori da quel "paradiso" la prospettiva sarebbe stata un trasferimento verso un "nord" freddo e minaccioso di cui non si conosceva l'ubicazione precisa.

Regina Coeli, un ex convento del XVII secolo, era un carcere sovraffollato di persone perbene gestito da collaborazionisti di fiducia delle SS. Tra i servi degli aguzzini nazisti c'era anche un nipote di mio padre che si propose come intermediario ma che in realtà imbrogliò tutti, compresi i compagni di cella di mio nonno. Non ne voglio ricordare il nome. Minacciò perfino di denunciare mia madre e noi stessi come ebrei. Dopo la guerra i partigiani vennero a cercarlo a viale del Re, oggi viale Trastevere, dove abitava, ma non lo trovarono perché era fuggito a Napoli. E allora uccisero suo padre Belisario fra le urla di sua moglie Assunta che ricordava che urlando aveva salvato decine di partigiani dai camion tedeschi. Forse fu proprio lei che ispirò il personaggio di Anna Magnani in *Roma città aperta* di Roberto Rossellini.

Era inevitabile che nei giorni del "paradiso" i miei, disperati, lo avessero cercato come uno dei tramiti possibili per aiutare mio nonno che mandava appelli drammatici nel tentativo di essere almeno curato dai suoi non pochi problemi di salute. Dopo otto settimane in "paradiso" aveva le mani quasi congelate e non riusciva neppure più a vestirsi.

Mi rimangono una sua lettera scritta a matita con caratteri ancora più piccoli di quelli usati da sua madre pochi mesi prima e un appunto di mia madre, scritto sul dorso di uno stampato dell'Ufficio Informazioni della Segreteria di Stato che cercava di stabilire contatti fra le famiglie e i prigionieri di guerra.

L'appunto era una traduzione sintetica dal tedesco della lettera del padre: "Il primo febb. ha ricevuto i saluti dal C. Nella notte dal primo al due, trentatré non colleghi furono trasportati in Altitalia.

Tre colleghi – l'eufemismo 'colleghi' sta certamente per 'ebrei' – stanno adesso in infermeria, un compagno dell'Istituto Orientale, un vecchio avvocato di Livorno e suo figlio di sedici anni. Quattro colleghi di Roma che erano venuti tre mesi prima sono stati portati al braccio tedesco. Altri due colleghi di Padova presi in un albergo sono stati portati con altri trenta in Altitalia. L'altra settimana sono venuti altri trenta-quaranta colleghi, nove di San Paolo, ventiquattro furono messi l'8 febbraio nel braccio tedesco, due vecchi furono fatti uscire. Si dice che Sonnino sia stato in infermeria e dopo aver dato il suo intero patrimonio sia stato liberato.

Secondo notizie di qua si deve contare da un giorno all'altro il trasporto degli ebrei nei campi di concentramento. Vorrebbe sapere se ci sono speranze per via Vaticano in generale, o per i battezzati o almeno per azione particolare. Un collega di cella sposato ariana ventidue anni senza bambini vorrebbe sapere situazione per questi casi. Zanardo Rossi."

I "si dice" a Regina Coeli arrivavano allora dalla balconata del faro del Gianicolo, che dista solo qualche decina di metri dalle celle d'angolo. Ed era consuetudine tollerata fino a tempi recenti che i familiari dei detenuti vi si riunissero per inviare messaggi cantati da voci stentoree i cui proprietari si prestavano a turno gratuitamente per il servizio. I messaggi, compresi quelli in codice per i politici, arrivavano in una sola cella da dove poi venivano smistati.

Dal suo rifugio a Trastevere anche mia nonna mandava messaggi angosciati, scritti con matite sempre più grossolane.

PADRE ANTONIO WEBER

All'Istituto Orientale nonno Fritz aveva trovato posto grazie a don Antonio Weber, un religioso pallottino tedesco amico di mio padre.

Era un uomo certamente buono. Ma se non stupido, almeno ingenuo, con un grande senso pratico però intellettualmente molto semplice. Nel 1961, agli inizi della mia attività professionale, giunse la notizia da Israele che Adolf Eichmann aveva rivelato nel corso del processo di essere stato aiutato a fuggire in Argentina da un religioso tedesco a Roma.

Chiesi a padre Weber: "Ma cosa avete combinato?" Mi rispose molto candamente senza aggiungere altro: "Ma sai, c'era una grande confusione in quei mesi del dopoguerra. Io aiutavo tutti. A qualsiasi sbandato, tedesco o no, cercavo di dare una mano per fargli ottenere un passaporto ed emigrare!"

Credo che ci sia stato lui dietro l'iniziativa del battesimo dei miei nonni. Sì, perché l'Opera San Raffaele, della quale era segretario a Roma in via dei Pettinari, proprio di fronte a Regina Coeli, aveva il compito di aiutare non tanto gli ebrei, anche se poi pure loro furono aiutati, quanto gli ebrei convertiti: dei cattolici dunque, "marrani" e "non ariani" quanto si voglia.

Scrisse una relazione "riservata confidenziale" alla Segreteria di Stato, a conclusione della sua attività, iniziata nel 1939 e terminata nel 1944. È un documento inedito.

Ricordava le origini dell'Opera, nata nel 1871 per aiutare emigranti e profughi.

"Agli inizi della guerra quest'azione dell'Opera di San Raffaele, già allora in Germania molto difficile e pericolosa, divenne quasi impossibile nell'Europa centrale. I nazisti soppressero, infatti, il Segretariato Generale di Amburgo e la Stazione di Brema.

Appoggiato dalla Segreteria di Stato, dal 1939 in poi si sviluppò presso questo Generalato un segretariato particolare per l'assistenza

Soldati tedeschi pattugliano il confine a piazza San Pietro

agli innumerevoli profughi, quasi tutti di origine ebraica, che a Roma cercavano aiuto per il passaggio in America e altrove.

Il problema particolare fu di salvare 200.000 ebrei cattolici che dai nazisti furono trattati alla pari degli ebrei non battezzati e minacciati di essere internati nei famigerati campi di concentramento con tutte le conseguenze che nel frattempo divennero un'orribile realtà.

Dobbiamo dire, con nostro grande rammarico, che, nonostante gli sforzi dei vescovi cattolici della Germania, dell'Austria e di altri paesi e particolarmente della Santa Sede, solo una parte di questi sventurati poté essere salvata. Certo è che tutto quel che si poteva fare qui in Roma, si è fatto, nella misura in cui la guerra e l'atteggiamento del fascismo lo permisero."

Dopo una serie di precisazioni sull'organizzazione per assicurare le fughe verso le Americhe via Lisbona, la relazione aggiungeva che "l'opera del Segretariato si svolse in modo preponderante a favore degli ebrei, battezzati o non battezzati e anche, in minor misura, a favore di ariani: in queste due categorie non si distinguevano i tedeschi da quelli di altre nazioni."

Padre Weber calcolava di aver assistito, fra il giugno 1940 e il giugno 1944, almeno venticinquemila persone.

"Coloro che effettivamente emigrarono grazie all'assistenza del Segretariato furono in tutto circa 2.000. Di questi circa 1.500 ebrei, soprattutto tedeschi, polacchi, austriaci, jugoslavi. I rimanenti 500 provenivano da tutte le nazioni...

Nell'archivio della Segreteria esistono cento volumi che contenevano in origine ventimila lettere. Circa la metà di queste fu bruciata quando la polizia nazista prese possesso di Roma...

L'attività dell'opera fu assai difficile e spesso anche pericolosa per il personale... L'appoggio delle autorità governative fu molto modesto e non sempre dato volentieri. Le difficoltà crebbero, naturalmente, dopo l'occupazione tedesca di Roma."

Padre Weber ricordava i sostenitori del Segretariato fra i quali, oltre la Santa Sede, l'*American Friends* dei quaccheri fino all'agosto del 1941. "Le relazioni con il grande comitato ebraico Delaski – scrive – furono sempre pronte ed efficaci."

Secondo il rapporto inviato da padre Weber a papa Pacelli il 2 settembre 1944, "le spese furono di 3.000 dollari, di 1.895.000 escudos e 3.100.000 lire. Gran parte di questo denaro fu generosamente concesso dalla Santa Sede."

Sono documenti che confermano l'aiuto dato dal papa e dalla Santa Sede agli ebrei e agli altri perseguitati. Le polemiche su Pio XII non riguardano certo la sua generosa opera in loro favore, come spesso confondono sia gli accusatori che i difensori del *Vicario*. Il problema è il suo silenzio pubblico, se cioè non sarebbe dovuto intervenire, superando la sua preoccupazione di rimanere "imparziale" fra i belligeranti nella speranza di una mediazione di pace, e a prescindere dal rischio certamente ventilato e serpeggiante ma forse non così reale di una sua cattura da parte dei tedeschi. Rischio in fondo senza gran peso per due precisi motivi: primo, perché un papa "prigioniero" dei tedeschi avrebbe provocato reazioni nell'opinione pubblica mondiale ben più sconvolgenti della prigionia di Pio VII, relegato da Napoleone a FontaineblEu meno di un secolo e mezzo prima. Secondo perché, come disse lo stesso Pacelli ai suoi collaboratori, "Hitler avrà preso prigioniero un sacerdote qualsiasi, non un papa, perché il giorno stesso rinuncerò al pontificato."

Tombe anonime e tombe apostoliche

Per una singolare circostanza, proprio in quegli anni bui della seconda guerra mondiale, mentre le tombe di soldati, civili, ebrei, zingari, omosessuali si moltiplicavano a milioni, si tornò a scavare là dove un altro ebreo convertito, San Pietro, era stato sepolto diciannove secoli prima, nel 67, dopo aver subito il martirio della croce a testa in giù, in assenza di Nerone che si trovava in viaggio di piacere in Grecia.

Proprio una morte fu la singolare circostanza che dette il via alle ricerche: la morte di Pio XI il 10 febbraio del 1939. Prima di quel fatidico anno che segnò l'inizio della guerra, sotto la basilica si era andati a guardare poco e male. Nessun pontefice aveva mai permesso di fare ricerche precise, anche perché una tradizione ultra millenaria, testimoniata da documenti misteriosi e apocalittici, minacciava le più gravi sciagure per chi avesse turbato la pace del sepolcro di Pietro. Agli inizi del XVI secolo, nell'eseguire le fondazioni per una delle quattro colonne tortili della Confessione di Gian Lorenzo Bernini, era venuto alla luce un sepolcro. Vi era stata trovata, fra l'altro, una stupenda statua di bronzo che il cardinale Maffeo Barberini si era fatto trasferire in bella vista nel suo palazzo di via Quattro Fontane nel cuore di Roma. Sul sarcofago del suo sepolcro, un certo Flavio Agricola, liberto *bon vivant* della nobile famiglia dei Flavi, aveva fatto scolpire alcuni versi che invitavano alle libagioni e all'amore. I prelati del tempo, inorriditi e scandalizzati, almeno a parole, avevano subito fatto scalpellare il marmo e sotterrato ogni cosa.

Insomma ogni tanto qualcuno ci aveva messo il naso ma sempre di corsa e in modo dilettantesco. Il primo che andò a guardare un po' più sul serio fu nella metà del XIX secolo il pioniere dell'archeologia sacra, Giovan Battista de Rossi, il geniale ricercatore che scoprì le catacombe di San Callisto. Quando Pio IX gli chiese se aveva trovato la tomba di Pietro, gli rispose: "Sono tutti sogni, Padre Santo, tutti sogni!"

Ci volle dunque il testamento di Pio XI, il quale chiese di essere sepolto nelle Grotte Vaticane in una zona che aveva indicato al canonico tedesco Ludovico Kaas, segretario della Veneranda Fabbrica di San Pietro, l'organismo che da sempre presiede agli interminabili e mai finiti lavori nella basilica. A Roma si dice "come la Fabbrica di San Pietro" quando si parla di un'impresa che non finisce mai.

Fu ai primi colpi di piccone che i "sampietrini", gli operai della basilica, si accorsero di abbattere un muro vuoto. Da quel momento inizia la storia della tomba di Pietro, la cui ricerca coincide con gli anni più drammatici del XX secolo. Una storia lunga e polemica che mio padre seguì fin dal nascere lasciando a me il compito di vederne la fine, salvo nuove puntate.

Fu nel maggio del 1942 che Pio XII annunciò che nel corso degli scavi sotto la basilica vaticana era stato trovato un monumento che poteva essere identificato con la tomba di San Pietro. Papa Pacelli ne dette poi la conferma solenne nel 1950, in occasione dell'Anno Santo.

Nonostante la guerra, l'annuncio del '42 sollevò molte polemiche, soprattutto fra gli storici protestanti. Insieme al loro collega più categorico, il francese Charles Guignebert, sostenevano che il martirio di San Pietro a Roma era un avvenimento leggendario e che lo stesso San Paolo nelle sue lettere ai romani non accenna mai alla presenza di Pietro nella capitale dell'impero.

Gli scavi durati dieci anni misero fine a ogni dubbio. Furono lavori difficili e delicati, perché per non correre il rischio tutt'altro che teorico di far crollare la basilica fu addirittura necessario fare delle iniezioni di cemento armato sotto i pilastri di sostegno, che gli architetti del Rinascimento avevano appoggiato su terra compressa ma senza raggiungere una profondità sufficiente. Sotto uno dei quattro pilastri, quello che corrisponde alla loggia della Veronica, furono messi in opera in quei mesi del 1942 ben quattromila mattoni. La cupola, secondo calcoli eseguiti sotto Benedetto XIV dal gesuita slavo Boscovich e dai francescani francesi Leleur e Jacquier, pesa cinquantasei milioni duecentoottomilaottocentotrentasette chili e quattrocentosessanta grammi (56.208.837,46 chili) e cominciò a far temere per la sua stabilità fin dall'anno 1636 a causa di una crepa.

Per dieci anni monsignor Kaas, il gesuita archeologo tedesco Engelbert Kirschbaum e il suo confratello italiano, Antonio Ferrua, insieme con un gruppo di tecnici e di sampietrini avanzarono centimetro per centimetro a dieci metri di profondità con i piedi nell'acqua.

Scoprirono poco a poco i resti di una gigantesca città cimiteriale appoggiata al circo di Nerone.

Ritrovarono all'ingresso di un sepolcreto, sullo stipite della porta, il testamento marmoreo di un certo Popilio Heracle il quale imponeva ai suoi eredi di costruirgli un monumento *in Vaticano ad Circum*.

Non mancarono i momenti drammatici. Nel 1949, quando si era ormai giunti al chiarimento di quasi tutti i misteri sulla tomba del primo apostolo, un vero fiume d'acqua e fango alto ottanta centimetri minacciò di ricoprire tutti gli scavi evocando la maledizione millenaria che doveva colpire chi la profanasse.

Si scoprirono rapidamente i colpevoli del disastro. Un anno prima, in vista dell'Anno Santo del 1950, erano cominciati i lavori per la costruzione di un enorme palazzo destinato all'Azione Cattolica Italiana agli inizi di via della Conciliazione, la grande arteria che porta da Castel Sant'Angelo a piazza San Pietro e che, ricordo bene, fu completata dopo la distruzione della "spina di Borgo" proprio per quell'Anno Santo.

Scavando per gettare le fondamenta, i tecnici trovarono un vero e proprio stagno. Del resto tutti i "borghigiani" sanno bene che un fiume sotterraneo passa sotto le loro cantine. Invece di deviare le acque verso il Tevere distante poche decine di metri, respinsero con tonnellate di sabbia le acque che defluirono verso San Pietro.

Gli archeologi vaticani lanciarono l'allarme con un rapporto rimasto ancor oggi segreto e del quale mio padre riuscì ad avere notizia. Il rapporto era stato inviato a Pio XII dall'archeologo Enrico Josi, collaboratore di Kaas e Kirschbaum.

Papa Pacelli si rivolse in modo riservato alle autorità italiane le quali, sempre con molta discrezione, crearono attorno alla zona un nuovo regime di distribuzione delle acque.

Alla fine si riuscì a salvare il famoso Trofeo di Gaio, quel presbitero che nel 200 aveva scritto in una lettera a un certo Proclo che avrebbe potuto mostrare i "trofei" cioè le tombe-monumento dove erano sepolti Pietro e Paolo, in Vaticano e a Roma sulla strada per Ostia, dove sorge l'attuale basilica di San Paolo (*ego autem Apostolorum tropaea possum ostendere…*).

Così Pio XII dette l'annuncio della scoperta confermando la certezza storica di aver ritrovato i resti del Trofeo di Gaio.

In quel periodo storici e archeologi si dettero da fare per rispondere ai non pochi dubbi. Ad esempio, perché l'imperatore Costantino non trasferì il corpo di Pietro per dedicargli un tempio in un luogo più stabile? La risposta fu che all'epoca costantiniana una legge severissima, rispettata da tutti, compresi i cristiani, proibiva la traslazione dei corpi e la distruzione o rimozione dei cimiteri. Per di più per i cristiani era inconcepibile costruire una chiesa in onore di un martire se non sulla tomba stessa o, in casi rarissimi, sul luogo del martirio. Se ne trovò conferma in un canone di un posteriore Concilio africano che diceva: "Un santuario in onore dei martiri non deve essere costruito se non dove si trova il suo corpo o le sue reliquie."

Altro mistero: nella basilica di San Sebastiano, sopra le catacombe sulla via Appia, diversi graffiti a conferma di un'antica tradizione testimoniano della presenza dei corpi di Pietro e di Paolo. C'è perfino la frase di uno sconosciuto fedele, che nel III secolo fa sapere di averci tenuto il *refrigerium* per i due apostoli. Il *refrigerium* era il banchetto funebre che si celebrava in onore dei defunti, un po' come avviene ancor oggi a Manila dove i parenti vanno la domenica a pranzare "insieme" ai loro defunti nelle casette-tomba perfettamente attrezzate.

La risposta più accreditata è che nel 258, in seguito al sequestro dei cimiteri ordinato durante le persecuzioni di Valeriano, le reliquie furono trasferite dal Vaticano alle catacombe di San Sebastiano e riportate al loro posto pochi mesi dopo quando Gallieno restituì i sepolcreti.

Tutto questo movimento di reliquie non può naturalmente non sollevare dubbi e alimentare i misteri. Non siamo ancora ai tempi bui del Medioevo quando principi, duchi e signori invitavano a cena vescovi e abati mitrati e alla fine del pasto si facevano portare un bel vassoio pieno di sante reliquie, tibie, capelli, prepuzi, dita, ecc. che poi distribuivano generosamente ai prelati.

Qualcosa deve essere successo se, secondo la tradizione, le teste di San Pietro e di San Paolo continuano a essere venerate nella basilica di San Giovanni in Laterano dove sono custodite in un ciborio gotico al centro dell'altar maggiore. A compensare l'assenza della testa del primo apostolo, nella basilica di San Pietro si venera invece la testa di suo fratello Sant'Andrea. Fu donata nel XV secolo a papa Pio II dal principe Tommaso Paleologo, fratello dell'ultimo imperatore dei greci. Papa Piccolomini, piangendo, dopo averla baciata, pose la testa di Andrea sulla tomba del fratello Pietro celebrando una messa per le commoventi *retrouvailles* dopo diciotto secoli. Un ricongiungimento che coinvolgeva una famiglia allargata perché poco distante c'erano anche i resti della figlia di San Pietro, e quindi nipote di Sant'Andrea, Petronilla, alla quale il padre aveva lasciato scritto sulla prima tomba nel cimitero di Domitilla *"filiae dulcissimae"*, alla mia dolcissima figlia. Non tutti forse ricordano che la Francia è *la fille aînée de l'Eglise* grazie a Petronilla, divenuta patrona della Francia ai tempi di Pipino il Breve e papa Stefano II. Fu proprio per decorare la cappella di Santa Petronilla che il cardinale francese Villiers de la Groslaye, ambasciatore di Carlo VIII, donò alla basilica vaticana la *Pietà* di Michelangelo.

Dopo aver scavato sempre più entusiasti, gli archeologi vaticani erano giunti all'edicola funeraria costruita verso il 150 in onore di Pietro. L'edicola era appoggiata a un muro, detto poi il "muro rosso" dal colore del suo intonaco.

A questo punto uno strano "pasticcio" torna a proporre nuovi misteri. Nel muro accanto all'edicola identificabile con il famoso Trofeo di Gaio, si scopre un ripostiglio con dentro una cassetta marmorea priva di coperchio e quindi considerata di scarsa importanza. C'era tra l'altro una monetina di Limoges che fu regalata al governatore del Vaticano Camillo Serafini. Fine della storia con l'annuncio di Pio XII del 1950.

E invece no. Tre anni dopo una studiosa, Margherita Guarducci, docente di epigrafia e antichità greche all'università di Roma, va a metterci il naso. E riesce a decifrare fra i graffiti sul muro rosso uno che dice in greco *"Petros enì"* e cioè "Pietro è qui".

Comincia a indagare da vero Sherlock Holmes in gonnella e ritrova Giovanni Segoni, il sampietrino che aveva materialmente condotto gli scavi. Dopo molte insistenze, Giovanni Segoni si ricorda che monsignor Kaas gli aveva affidato i resti trovati nella cassetta e che lui li aveva messi in una scatola di scarpe lasciata in un ripostiglio per le scope in un angolo della Fabbrica di San Pietro. Margherita Guarducci riesce a recuperare la scatola con i resti. Dalle prime analisi risultò che c'erano resti di ossa umane appartenenti almeno a un individuo di sesso maschile fra i sessanta e i settant'anni, di costituzione robusta.

Se sulla tomba di Pietro non sembrano esserci proprio dubbi, sulle sue reliquie i misteri sono molti. Tra questi, perfino le conclusioni di un ordinario di anatomia siciliano, Dino Correnti, che ebbe modo di analizzarle alla fine degli anni Cinquanta. Ha sostenuto che si trattava dei resti di due uomini perché ci trovò tracce di arti doppi.

C'erano i frammenti di un tessuto in porpora e oro, i resti di un gallo della stessa epoca (che poteva essere un animale simbolico) ma anche i resti di un sorcio di un paio di secoli dopo e che purtroppo c'è da pensare che non sia stato troppo rispettoso con le sacre reliquie.

La Guarducci confermò nel 1959 alla stampa le sue scoperte con grande ricchezza di dettagli. Fu subito smentita seccamente dalla commissione Kaas, Krischbaum, Ferrua. Dieci anni dopo, Paolo VI le dette ascolto e annunciò il 26 giugno del 1968, ancora una volta in un anno pieno di tensioni, che "le reliquie di San Pietro sono state identificate in modo che possiamo ritenere convincente". Margherita Guarducci, fiera della sua rivincita a tanti anni di distanza nei confronti di padre Ferrua, l'unico sopravvissuto dei primi ricercatori, poté rilanciare una nuova edizione delle sue appassionanti ricerche.

La storia non finì a quel punto, a dispetto della scomparsa di quasi tutti i protagonisti. Il litigio storico-archeologico si è trascinato almeno fino al 1995. La Guarducci a insistere sulla sua scoperta e Ferrua a smentirla. Pur ammettendo che potrebbe esserci stata qualche disattenzione sulle ossa umane trovate nella nicchia e poi scomparse, padre Ferrua scriveva appunto nel '95 che Paolo VI aveva fatto chiudere nove piccoli frammenti delle ossa trovate dalla Guarducci in un artistico reliquiario che teneva esposto nella sua cappella privata con la scritta *"B(eati) Petri Ap(ostoli) esse putantur"*.

"In linguaggio corrente – commentava il gesuita archeologo su «Civiltà Cattolica» – vorrebbe dire: 'È un'opinione; altri ci credono, io no'"

Giovanni Paolo II non è mai tornato sulla faccenda. E finora neppure Benedetto XVI.

Da Fossoli ad Auschwitz

La decisione di trasferire Fritz Warschauer, Nissim Alhadeff, Enrico Ravenna, Forster Fürcheim, Giuseppe Lombroso e suo cugino Michele, fu presa dal ministero degli interni il 9 febbraio 1944. Il 15 febbraio il questore Teche ne dà comunicazione alla direzione del campo di concentramento di Fossoli a Carpi. Il 25 vengono "accompagnati" alla loro destinazione solo i primi tre insieme a un fotografo di Merano, Edmond Breuer, in sostituzione di Fürcheim e dei Lombroso, cancellati dalla lista con un tratto di matita. Anche i microfilm di questi documenti sono conservati negli archivi dell'Its.

Da Fossoli mio nonno fu trasferito ad Auschwitz prima del suo compagno di sventura dell'Istituto Orientale, Nissim Alhadeff, che nel campo modenese ci rimase viceversa circa due mesi. Già il 17 aprile il vescovo di Carpi monsignor Dalla Zuanna aveva riferito dell'esito negativo della sua ricerca di Fritz Warschauer a monsignor Giovanni Battista Montini, il futuro Paolo VI, allora sostituto della Segreteria di Stato, al quale si era rivolto mio padre, suo amico di lunga data.

Riferiva che l'assistenza spirituale nel campo di concentramento di Fossoli, a Carpi, era "molto difficile" e il trattamento "duro".

"L'arciprete ha facoltà di entrare con una certa libertà ai campi (divisi) degli ariani. Più difficile entrare nel campo non ariani. L'avvocato Dante Calò, Pio Calò e Caviglia Santoro non sono presenti; può essere che siano stati di passaggio. C'è un Pio Calò al quale farò domandare spiegazioni o informazioni. Quando gli internati escono non si può sapere dove andranno, o almeno non si può sapere con sicurezza. Come ho risposto a monsignor Grano non si trova al Campo il dottor Fritz Warschauer."

Che effettivamente nonno Fritz fosse già in un convoglio diretto ad Auschwitz lo conferma una lettera di mia madre del 14 aprile. La busta, tornata al mittente, indirizzata all'Internato civile dott. Fritz Warschauer, Campo Concentramento Fossoli, ha una serie di timbri della Commissione Censura e due freghi a matita con l'aggiunta "partito". "Mio carissimo, – scriveva mia madre a suo padre con quella calligrafia da manuale che solo i tedeschi ancora abituati a scrivere con caratteri gotici potevano disegnare – dopo più di un mese di lunga attesa e di ansiosa preoccupazione finalmente ieri sera F. ha ricevuto la tua prima cartolina in data 15 marzo. Anche prima della venuta della tua cartolina noi provato a scriverti e inviarti un pacco e del denaro. Speriamo tu abbia ricevuto qualche cosa. Adesso che abbiamo il tuo esatto indirizzo t'invieremo senz'altro quello che tu chiedi. Sarà anche possibile procurarti altri indirizzi cui rivolgerti per avere dei pacchi. Andiamo di saper le tue condizioni di salute, come stai e come ti trovi. Giulio ha inoltrato al ministero dell'interno una pratica per la tua liberazione. La quale pratica è appoggiata da un certificato del tuo medico curante. Non ti preoccupare dei bombardamenti su Roma perché ora sono cessati e noi stiamo tutti bene. Ti mandiamo tanti baci e abbracci affettuosi e mille cari saluti nella speranza di rivederci presto. Marianna, Giulio, tuoi cinque nipotini e tutti quelli che ti amano."

Era l'ultima lettera di Marianne a suo padre. Scritta in italiano, con non pochi errori. Se l'avesse scritta in tedesco, forse sarebbe stata bloccata dalla censura o comunque ritardata. Una lettera che suo padre non ha mai letto. Per fortuna, forse. Perché si accennava a una "pratica" presentata al ministero degli interni dal quale, non so se ingenuamente o come pia illusione, ci si aspettava una qualche speranza di aiuto.

Mio nonno scrisse a F. da Fossoli, come ricorda mia madre. Credo che F. fosse il mio equivoco, anzi tutt'altro che equivoco, cugino collaborazionista. Scrisse anche due cartoline postali rosa, con l'origine prestampata in modo molto elegante "Campo Concentramento – Fossoli (Modena)", a Renzo Sella, un facoltoso imprenditore di Biella, conosciuto tramite Carmen, una sua cara e comune amica che ricordo ancora molto bene perché bionda, con gli occhi verdi e così carica di trucchi e belletti da far restare a bocca aperta un bambino.

Gli chiedeva aiuti alimentari visto che lui non era poi così lontano da Modena e visto che i contatti con Roma erano interrotti. Quindici giorni dopo lo ringraziava per una sua lettera di risposta e gli suggeriva una via, individuata grazie ad altri internati piemontesi, per spedirgli dei pacchi.

Putroppo il tempo era scaduto. Fra quella data e il 14 aprile un convoglio portò Fritz Warschauer ad Auschwitz senza aver ricevuto quel messaggio d'affetto dei suoi "tutti", un "tutti" sottolineato a comprendere sua moglie Hilde nascosta a Trastevere ma non citabile per evitarne l'identificazione attraverso la censura, ma idealmente anche suo figlio Frederich, ormai non più a Roma dove si era rifugiato dalla sorella, né a Londra dove era arrivato diciottenne prima che scoppiasse la guerra. Era da poco riuscito a far sapere che si trovava in un campo di concentramento inglese, agli antipodi, cioè in Australia, dopo aver assaggiato il lugubre campo di Bury nel Lancashire. Lavorava fra i veleni del piombo e dell'amianto in una fabbrica di batterie per la produzione bellica nella periferia di Melbourne.

Ci era arrivato praticamente a nuoto dopo aver viaggiato per due mesi a bordo della Dunera, insieme con alcune centinaia di italiani e tedeschi residenti in Inghilterra e divenuti nemici, in condizioni che ricordavano il commercio degli schiavi tra l'Africa e le Americhe. La Dunera era stata sfiorata da un siluro tedesco e aveva raggiunto le coste australiane quasi per miracolo. Frederich e altri furono costretti a salvarsi a nuoto. Molti dei deportati erano reduci dal viaggio verso il Canada dell'Arandora Star che il 2 luglio del 1940 era stata affondata dal sottomarino tedesco U47 del comandante Günther Prien, conosciuto come "il Toro", perché di navi inglesi ne aveva affondate con i suoi siluri una gran quantità. Dei milleduecento deportati stipati nelle stive se ne salvarono appena duecento.

In compenso riuscirà poi a ritrovare sua madre che lo raggiunse a Melbourne negli anni Cinquanta, privando noi della sua dolce e straboccante presenza. Piccola, rotonda, popputa e quasi sempre nuda per equilibrare una pressione vulcanica, ci suonava allegri ma malinconici motivi con le sue dita minuscole e corpose oscillando come un violinista ebreo davanti ai ristoranti del vecchio ghetto di Cracovia, dopo averci ingozzati di zabaioni divenuti gonfi e spumosi sotto i colpi del cucchiaio martellato nelle tazze. Ciao nonna Hilde, anche tu marrana, figlia di Joseph Dorn, "spina di rosa", severo notaio della Pomerania, e della dolce Linda Hellman, bionda ereditiera bavarese.

Un "papa sovietico"

È vero che papa Giovanni XXIII aveva dato il via a un irreversibile processo di rinnovamento, ma un processo della cui portata forse non si rendeva neppure conto. Per lui, e lo disse pubblicamente, il Concilio sarebbe durato un anno o poco più. Non è privo di significato il fatto che il bollettino, un foglio ciclostilato di ventisette righe con i tre annunci che il pontefice dette quel 25 gennaio 1959 dalla basilica di San Paolo, indicava nell'ordine un Sinodo Romano, la revisione del Codice di diritto canonico e infine l'indizione del Concilio Ecumenico Vaticano II. Si era attardato con i monaci e li lesse dopo mezzogiorno, l'ora dell'embargo. Così il Concilio l'abbiamo annunciato prima noi giornalisti, anche se perdemmo un po' di tempo perché nessuno sapeva allora molto bene cosa volesse dire "ecumenico". Fu necessario consultare l'*Enciclopedia Cattolica*.

Va detto che lo stesso papa Roncalli nelle sue memorie registra dieci giorni prima questa sua decisione parlando di un "Consiglio (sic) Ecumenico."

E tanto per dare un'idea della direzione verso la quale sarebbe andato il Concilio se un gruppo di cardinali progressisti europei non si fosse ribellato al controllo curiale, basta dare un'occhiata a certe decisioni prese al Sinodo Romano. Siamo nel 1960, in piena preparazione delle assise conciliari, insomma teoricamente già proiettati verso i tempi nuovi.

Ai sacerdoti a Roma venne proibito non solo di aderire a partiti o ad associazioni tipo Rotary club, ma anche ad associazioni sportive. Non potevano esercitare né la medicina, né la psicanalisi, né patrocinare in tribunale cause civili. Per andarsene a fare un tuffo in mare dovevano chiedere il permesso al vicariato e per andarsene alle terme in vacanza dovevano prendere contatto con il vescovo del luogo. Vietato guidare e possedere automobili senza un permesso scritto del vicariato. Se poi giravano in macchina, vietatissimo guidarla da soli in compagnia di una donna, anche se parente o perpetua. Altrettanto vietati gli stadi e i cinema, compresi esplicitamente i cineforum. Si salvavano le sale parrocchiali. Radio e televisione potevano essere usate, *magna prudentia et moderatione*, anche a casa propria.

Per rendersi conto dell'importanza che si dava a questi divieti, l'articolo 89 stabiliva che se un sacerdote in talare se ne andava al cinema, a teatro, al circo, senza permesso, veniva *ipso facto* sospeso *a divinis*. E tra i vari divieti c'era anche fumare in pubblico, ma in questo il sinodo fu forse profeta.

I 755 articoli del primo Sinodo Romano furono letti, approvati e promulgati solennemente da papa Roncalli il quale se da una parte pensava con molta ingenuità che il Concilio avrebbe veramente potuto aprire la strada alla riunione almeno con i cristiani ortodossi, dall'altra aveva una visione molto casalinga del rinnovamento nella Chiesa, rinnovamento che i vescovi di tutto il mondo, ben gestiti dai cardinali della curia, avrebbero dovuto portare a termine in quattro e quattr'otto.

Il papa buono aveva conservato una straordinaria semplicità d'animo, che era poi il suo segreto per stabilire un immediato rapporto di cordialità con tutti. L'arcivescovo bergamasco Pietro Sigismondi, gran fumatore di toscani e ottimo pianista, segretario della congregazione di Propaganda Fide dove amava ricevere gli amici prima di cena, mi disse che la prima volta che l'aveva rivisto dopo l'elezione Giovanni XXIII gli aveva lanciato un "Beh! Sono papa! E neppure mi sembra di farlo male."

La stessa cosa l'aveva detta qualche giorno prima al cardinale armeno Gregorio Pietro XV Agagianian, prefetto della congregazione di Propaganda Fide, ma in quel caso suonò così ironico che a compensare l'imbarazzo fra gli studenti del collegio armeno, dove si era recato come prima visita dopo l'elezione, riconobbe apertamente che in conclave la scelta tra lui e il cardinale Agagianian era stata molto incerta. "Sapete che il vostro cardinale ed io eravamo come appaiati nel conclave dello scorso ottobre? I nostri due nomi si avvicendavano or su or giù, come i ceci nell'acqua bollente."

Il cardinale Agagianian rimase un candidato molto quotato anche per la successione a papa Roncalli. Era una personalità di grande eleganza intellettuale e formale con la sua piccola barba ben sagomata, la sua capacità di esprimersi correntemente in molte lingue occidentali e orientali e la sua arte di far credere intelligenti i suoi interlocutori.

A "bruciare" nel 1963 il povero porporato, considerato sospetto per le sue origini armene, ci pensarono, a quanto si disse e si scrisse, il generale Giovanni De Lorenzo (accusato nel 1964 di un tentativo di *golpe*) e un suo uomo, Egidio Viggiani, allora capo del Servizio Segreto Militare SIFAR.

Un dossier preparato dai "Servizi" e diffuso fra i cardinali che avrebbero poi eletto Paolo VI mirava a escludere dalla successione il cardinale, la cui sorella, cittadina sovietica, fu sospettata di intrattenere rapporti con il KGB.

Al conclave del 1963 il candidato con la "c" maiuscola era certo Giovanni Battista Montini, ma il "partito" Agagianian era ancora molto forte. La manovra per bloccarlo fu concordata tra ambienti ecclesiastici e ambienti del SIFAR. Si temevano in sostanza pressioni sovietiche sul conclave.

La povera sorella del cardinale, Elisabetta Papikova, originaria della Georgia e quindi cittadina sovietica, aveva da poco ottenuto una proroga del soggiorno ed era ospite del fratello al collegio armeno. Fu seguita dagli 007 del SIFAR minuto per minuto e ogni suo spostamento, ogni suo incontro, presentato come sospetto.

Il colpo definitivo venne da una visita che le fece il 10 giugno del 1963 verso le quattro del pomeriggio il primo segretario dell'ambasciata sovietica Againe Gorguen, georgiano, "noto al Cs (Servizi segreti italiani) – dice il rapporto – quale sospetto agente del Si (Servizio informazioni) russo operante in Italia."

Il diplomatico lasciò un'ora dopo il collegio armeno, fece una telefonata da una cabina e scomparve a bordo della sua vettura.

Certo a quell'epoca tutti i funzionari delle ambasciate sovietiche erano a disposizione dei loro Servizi, ma è anche vero che a suo carico non risultò poi nulla tranne che era georgiano come la sorella del cardinale. Il rapporto comunque fu puntualmente diffuso fra i Grandi Elettori che il 30 giugno scelsero il cardinale Montini senza esitazioni.

Smentirono così ancora una volta la leggenda che chi entra papa in conclave ne esce cardinale. Fu il primo e l'ultimo conclave al quale i giornalisti furono ammessi a visitarne le strutture fatte di barriere, tavole, porte inchiodate e letti da campo. La visita si rivelò molto istruttiva perché permise di rendersi conto che il sistema non poteva più durare a lungo. Allora i cardinali ultraottantenni non solo erano ancora elettori ma erano canonicamente obbligati a partecipare al conclave. E ce n'erano di più vicini ai novanta che agli ottanta. Un primo democratico sorteggio delle celle fu rifatto per dare la precedenza ai cardinali più malandati ai quali furono destinate delle camere nei veri appartamenti del palazzo, lasciando agli altri gli angoli dei saloni organizzati con tolette mobili e imbarazzanti pitali in assenza di bagni sufficientemente vicini. Si rabbrividiva al pensiero delle sofferenze dei porporati prostatici.

Il sorteggio veniva fatto come fosse un'estrazione del lotto. Si pescava una palla con il nome di un cardinale e una palla con il numero della cella. Le palle finivano nelle buche di due cartelloni affiancati. Gridolini di gioia dell'ultraottantenne cardinale Clemente Micara, ex vicario di Roma, che vince una cella attrezzata vicina alla cappella Sistina. Rammarico del più sfortunato di tutti, il novantaduenne cardinale Francesco Morano, ex prefetto del Sant'Offizio, al quale tocca una cella negli uffici dei Brevi ai Principi, ricavati in un mezzanino fra la seconda e la terza loggia. Sfortunato soprattutto perché i locali non erano serviti dall'ascensore. I frati Fatebenefratelli della Farmacia vaticana a ogni buon conto si erano portati dietro ottanta chili di medicinali, tipologia gerontocomio, dal citrato digestivo al plasma, dai tranquillanti ai cardiotonici, alle caramelle alla menta. Cinque "ruote" potevano girare per fare entrare alimenti, medicine urgenti e posta da controllare.

Credo di essere l'unico giornalista della storia arrestato davanti al recinto del conclave. Il problema non era la violazione di norme, quanto il rapporto con chi le norme doveva farle rispettare in un regime totalitario come quello vaticano.

I giornalisti erano stati ammessi il primo giorno del conclave a farsi un'idea della situazione al cortile del Pappagallo dove era stata costruita una delle tradizionali "ruote", simili a quelle dei conventi di clausura, sorvegliata all'interno da un prelato e all'esterno da un "capitano delle ruote". Più che guardare la "ruota" non potevo far a meno di sbirciare il colonnello che con la sua spettacolare uniforme napoleonica, con gli occhi seminascosti da un colbacco coperto da una cascata di piume, si pavoneggiava su e giù accompagnato dai suoi vice non meno ridicoli di lui. Indispettito, ordinò a due gendarmi di arrestarmi e di trascinarmi come Pinocchio per un interrogatorio al Posto del cortile del Belvedere. Fui poi rilasciato dopo severissimi ammonimenti, integrati da minacce di possibili scomuniche.

Il colonnello Angelini mi guardava da sempre con occhio sospettoso perché era convinto che fosse mia la mano misteriosa che aveva fatto suonare inopinatamente la campana della chiesetta del Pelle-grino, costruita appunto per i pellegrini nel IX secolo alla fine della ruga francigena, alla periferia occidentale vaticana. Dalle dimensioni di una cappella, è divenuta la chiesa della Gendarmeria. Come si usava allora, la corda della campana pendeva all'esterno. Col tempo si è trovata a coincidere con la finestra dei servizi dell'attiguo «Osserva-tore Romano».

La campana cominciò a farsi udire in orari poco liturgici. I gen-darmi si appostarono perfino sui tetti e fecero più di un'irruzione nel giornale vaticano. Non riuscirono a beccare il "campanaro misterioso" ma solo ad alimentare un "mistero" che fece il giro dei giornali di tutto il mondo. In realtà non ero io il campanaro ma Andrea Lazzarini, un colto e divertente giornalista l'«Osservatore Romano» che si era già fatto tirare le orecchie perché in coincidenza dell'elezione di papa Roncalli aveva pubblicato un bell'articolo su un incidente di viaggio occorso a "papa" Giovanni XXIII, l'antipapa Baldassarre Cossa, che agli inizi del XV secolo aveva scelto lo stesso nome.

Il povero colonnello Angelini non l'ha mai saputo, anche perché in Vaticano allora il "segreto" era veramente segreto, perfino per le cose più stupide.

Per capire la mentalità curiale può essere utile leggere cosa dice a proposito del segreto l'*Enciclopedia Cattolica*, una specie di *Enciclopedia Treccani* vaticana ancora in commercio: "Il primo atteggiamento suggeribile è il silenzio: se è vero che chi tace acconsente, è anche vero che chi tace non dice nulla."

"Dal momento che, a volte, chi tace indubbiamente acconsente", dopo la prima considerazione lapalissiana l'*Enciclopedia vaticana* aggiunge: "Un modo di difendersi può essere il ricorso a formule eva-sive, a espressioni cioè che sembrano dir qualcosa e non dicono nulla. In casi un po' più gravi si potrà ricorrere anche ad anfibologia, ossia a espressioni che hanno veramente due sensi, dei quali chi parla intende l'uno pur prevedendo che l'ascoltatore intenderà l'altro..." Vale sempre ovviamente il principio del duplice effetto, la famosa dot-trina della restrizione mentale, fino alla liceità delle affermazioni false, ovvero alla riserva mentale.

A parte il "segreto del confessionale", di segreti in Vaticano ce ne sono due: quello "d'ufficio" e quello "pontificio" che ha sostituito nel 1968 il temibile "segreto del Sant'Offizio", la cui violazione compor-tava la scomunica *latae sententiae*. Un'istruzione di quell'anno, rimasta anch'essa segreta, ottenuta in gran segreto, precisa le materie che cadono sotto il segreto pontificio: la preparazione e la redazione di documenti pontifici, le segnalazioni e le denunce di dottrine, opinioni, pubblicazioni acquisite alla congregazione per la dottrina della fede, le denunce di delitti contro la fede e i costumi, i rapporti dei nunzi, i cifrari, la corrispondenza del papa, le nomine di qualsiasi natura e grado.

Il segreto dei lavori conciliari per molti giornalisti divenne progressivamente un segreto di Pulcinella. Giovanni XXIII aveva aperto le assise l'11 ottobre, ne aveva chiuso la prima sessione l'8 dicembre e aveva avuto il tempo di partecipare a una sola congregazione il 7 dicembre. Poteva però seguire i lavori dal suo studio privato grazie ad un monitor collegato all'aula conciliare in San Pietro. Per dare al papa la sensazione di essere presente, una telecamera sorvegliava anche il bar Jona, dal nome ebraico di Pietro. All'intervallo, alle undici, era qui che le discussioni si animavano, fra caffè e cornetti. Niente alcolici naturalmente. In aula viceversa proibito scaldarsi, proibiti gli applausi, proibite le manifestazioni d'insofferenza quando l'oratore superava i dieci minuti.

Gli inizi del Concilio per i rappresentanti dei media erano stati semplicemente vergognosi. I primi comunicati si limitavano a segnalare che "qualcuno" aveva sostenuto un certo argomento, qualcun altro la pensava diversamente. Niente nomi, niente citazioni. In seguito ad una vera e propria rivolta capeggiata dal corrispondente de «Le Monde», Henry Fesquet, qualche piccola concessione venne fatta, ma assolutamente insufficiente per capire cosa succedesse in aula. Per fortuna le spie non mancavano, a dispetto delle pene canoniche minacciate contro chi violasse il segreto. All'Agence France Presse avevamo assoldato come collaboratore un "delegato fraterno" ortodosso. Per di più il futuro cardinale di Parigi François Marty, allora arcivescovo di Reims, era ben disposto a qualche chiacchierata in una saletta del seminario francese. La concorrenza inglese si era organizzata a casa del corrispondente di «Newsweek», Bill Pepper, frequentata da vari padri, fra i quali il prestigioso cardinale Franz Koenig di Vienna, grazie alla mediazione del simpaticissimo e divertente canonico William Purdy. I meno informati erano gli italiani. Per motivi validi in gran parte ancor oggi: i prelati stranieri sono molto meno condizionati dalle fobie romane per il segreto e gli stessi curiali quando lasciano Roma sono molto più loquaci.

Appena eletto, Paolo VI non perse tempo. Il conclave lo aveva scelto solo sei giorni prima, e non era ancora stato incoronato capo della Chiesa, quando il 27 giugno annunciava per il 27 settembre successivo la seconda sessione del Concilio automaticamente sospeso alla morte di papa Giovanni. Rassicurò subito i giornalisti: ci sarà più informazione. Bastò la sua promessa per moltiplicare la nascita di decine di centri stampa sotterranei d'informazione alternativa. Vi circolavano testi d'interventi "inavvertitamente" lasciati fotocopiare dalle delegazioni episcopali nazionali più interessate alla solidarietà dei loro fedeli, dagli olandesi, ai tedeschi, ai canadesi del cardinale Paul Emile Leger, che tre anni dopo se ne andò a fare il missionario fra i lebbrosi del Terzo Mondo, a molti padri africani, le cui fotocopie sono oggi illeggibili, perché la tecnologia della riproduzione era ancora quasi agli inizi. Nelle "catacombe" e cioè gli scantinati delle librerie e dei piccoli alberghi intorno alla via della Conciliazione, i gesuiti erano fra i più attivi, da padre Jorge Mejia, divenuto poi cardinale, a padre Peter Hebblethwaite, il direttore di «The month», la «Civiltà Cattolica» inglese, divenuto poi padre a tutti gli effetti perché si sposò con una timida irlandese dai capelli rosso fuoco e che ospitai per il viaggio di nozze.

Nelle "catacombe" venivano celebrate messe da cospiratori, stile "mensa liturgica con amici". "Preghiamo ora per John che ha perso il lavoro e preghiamo per Mary, abbandonata da fratello Richard che se n'è andato con sorella Ann, che Dio li perdoni…" e così via.

D'altra parte, il primo documento affrontato dai padri era stato proprio la costituzione sulla sacra liturgia che avrebbe prodotto una della più vistose rivoluzioni nella Chiesa di Roma degli ultimi secoli e che ancor oggi è motivo di conflitto con i tradizionalisti. Aveva ruotato gli altari verso il popolo di Dio e aveva mandato a casa il latino, almeno per i fedeli della domenica. La costituzione permise di parlare di tutto e anche di più. Ci furono riviste cattoliche serissime che cominciarono a fare le pulci a tutte le favole della Bibbia, compresa la mela mangiata da Adamo su istigazione di Eva e che doveva essere viceversa un'albicocca o al massimo una prugna, unici frutti conosciuti allora in Mesopotamia. Padri africani e asiatici reclamarono per la messa l'uso di birra o di sakè al posto del vino, e delle ostie di mais o di riso invece che di farina, visto che non producevano né vino né grano e che Gesù Cristo aveva fatto uso di prodotti locali. Altrimenti si sarebbe continuato a dipendere da una sorta d'imperialismo occidentale alimentar-religioso. La messa creola aprì le porte ad analoghe iniziative musical-liturgiche spettacolari non sempre altrettanto ben riuscite.

Per non dire poi delle questioni che potevano avere delle ricadute nel civile e nella riunificazione fra i cristiani, come un accordo con gli ortodossi per un calendario fisso perpetuo con la Pasqua assegnata a un'immutabile domenica. In margine alla costituzione liturgica, il Concilio aggiunse una dichiarazione-appello in questo senso. Quando qualche anno più tardi si cercò di andare avanti, anche a seguito di analoghi inviti di una commissione delle Nazioni Unite, date le straordinarie conseguenze economiche e pratiche di un calendario fisso, ci si rese conto che non si poteva far nulla prima della celebrazione di un concilio pan-ortodosso che mettesse d'accordo fra loro tutti i cristiani d'Oriente. Cosa che si attende tuttora e che potrebbe forse realizzarsi con il nuovo patriarca di Mosca. Un'operazione così complessa può essere messa in cantiere solo in un anno che cominci di domenica. Dopo la Pasqua del 2012 bisognerà aspettare ancora sette anni. I dettagli storici delle polemiche su tale argomento rivelano un vero rompicapo. La data della Pasqua è stata oggetto di dispute di vari concili a partire da quello di Nicea del 325 e motivo di scismi e scomuniche fra "quartodecimani" e filooccidentali, il tutto complicato ulteriormente mille anni dopo dal calendario gregoriano che sostituì quello giuliano.

A papa Roncalli l'idea del Concilio – lo confidò a un vescovo canadese – era stata suggerita dal suo angelo custode e cioè, almeno secondo la tradizione per i papi regnanti, San Michele arcangelo. Col suo angelo custode lo scomparso pontefice ci parlava tutti i giorni e in certi casi organizzava meeting fra il suo angelo e quello del suo interlocutore. Quando era nunzio in Francia, in una lettera indirizzata a sua nipote suor Angela Roncalli, confidò le sue relazioni con gli angeli: "Che consolazione sentirselo ben vicino questo celeste guardiano, questa guida dei nostri passi, questo testimone anche delle più intime azioni. Sovente converso spiritualmente con lui sempre con calma e in pace. Quando devo visitare qualche personaggio importante per trattare gli affari della Santa Sede lo impegno a mettersi d'accordo con l'angelo custode di questa persona altolocata perché influisca sulle sue disposizioni."

Nessun papa l'ha probabilmente superato nella devozione agli angeli custodi. Quasi tutti i pontefici fino a Benedetto XVI hanno preferito mettere in guardia credenti e miscredenti dalle minacce diaboliche del Maligno.

A fare il punto sulle turbe angeliche ci pensò nel 1985 un grande amico di papa Roncalli, il protonotaro apostolico Giuseppe Del Ton, traduttore in latino delle encicliche dei papi da Pio XII a Giovanni Paolo II.

Andai a trovarlo dopo la pubblicazione di una sua "inchiesta" sugli angeli.

Innanzitutto rispose al classico dubbio di antica origine scolastica sul sesso degli angeli: "È chiaro: gli angeli non sono fatti né di materia né di spirito, pur disponendo ciascuno di un volto diverso. Un angelo è forma, pura forma."

"Ulteriori dettagli – mi disse il prelato – li ha forniti Sant'Agostino: 'Gli angeli, nella loro struttura e nel loro movimento devono assomigliare agli uomini risuscitati'."

Impossibile calcolarne il numero: novantanove volte quello di tutti gli abitanti della terra, passati, presenti e futuri. Un potente computer avrebbe difficoltà a ritrovarcisi. Si sa viceversa, grazie a San Dionigi l'Areopagita, che sono organizzati in tre classi o ordini e nove cori: i serafini, i cherubini e i troni appartengono alla prima classe, le dominazioni, le virtù e le potenze alla seconda, i principati, gli arcangeli e gli angeli alla terza.

Dei nomi si sa poco. Solo quelli di Michele, Gabriele e Raffaele sono ufficialmente riconosciuti. Un certo Adalberto, che aveva invocato in una preghiera gli angeli Huriel, Raguel, Tubuel, Ineas, Tubuas, Sabaoc e Siniel, fu condannato da papa Zaccaria nel 745 per essersi rivolto a dei demoni.

Angeli non si diventa, a dispetto delle convinzioni popolari. Monsignor Del Ton è stato formale: "Gli uomini possono entrare nei diversi ordini degli angeli, ma senza assumerne la natura."

A quanto pare sono anche gran chiacchieroni. "Non avendo le stesse conoscenze e avendo bisogno di scambiarsi informazioni per eseguire gli ordini divini, s'illuminano reciprocamente per parlare tra di loro."

Funzioni, compiti e missioni sono numerosi. Gli "etnarchi" sono gli angeli protettori delle nazioni. Gli "psycopompi" accompagnano le anime dei defunti in cielo, gli angeli custodi sono soprattutto incaricati di combattere i demoni che minacciano il loro protetto.

Secondo monsignor Del Ton ci sono anche parallelismi scientifici: le leggi del movimento circolare e della gravitazione sono analoghe al movimento degli angeli attorno al Creatore a una distanza proporzionale alle loro qualità e categorie.

Informazioni più precise sulle forze sataniche le ho chieste viceversa a monsignor Corrado Balducci, prelato della Santa Sede ed esorcista che ha studiato con molta attenzione le minacce di Lucifero denunciate da Paolo VI e confermate da papa Wojtyla.

Nel corso di una telefonata notturna su sua richiesta il "demonologo" vaticano mi ha fornito l'esito della sua indagine sull'offensiva di Satana e dei suoi generali, Belzebuth e Astarot, Abracace e Adramelech, Belfagor e Amon, Gaziel, Alastor e Focalor, per non citare che i nomi più in vista dell'alto comando. Grazie a calcoli complicati, i soldati delle armate infernali potevano essere stimati a un miliardo 758 milioni 640 mila 176 diavoli, una cifra che ricorda stranamente quel miliardo e 750 milioni di lire e spiccioli in titoli di stato che Mussolini assicurò al Vaticano nel 1929 a titolo d'indennizzo.

NISSIM ALHADEFF

Lo studente di medicina che fu preso insieme a mio nonno al Collegio Orientale e che fu poi trasferito con lui dal carcere di Regina Coeli a Fossoli era in realtà già un giovane medico. Si chiamava Nissim Alhadeff. L'ho scoperto un po' per caso e un po' per quella determinazione che spinge i giornalisti a non mollare una pista.

Fra le carte di mia madre spunta un giorno un foglietto ingiallito scritto a mano, una petizione in favore di un certo Nissim Alhadeff che chiedeva da Fossoli un trasferimento in ospedale per gravi problemi di salute. Mi chiedevo chi fosse e quale rapporto potesse avere con la mia famiglia. Non avevo ancora ricevuto dal Servizio Internazionale di Ricerche di Arolsen la documentazione sul trasferimento nel campo modenese di mio nonno con Nissim Alhadeff e altri quattro ebrei romani.

Cerco sull'elenco telefonico di Roma e trovo solo Alhadef, ma con una sola "effe" finale.

"Pronto, famiglia Alhadef?"

"Sì, – mi risponde una signora – ma il signor Silvio non può rispondere al telefono."

Capisco che è una badante. Insisto.

"Può almeno chiedere al signor Silvio se conosce o ha conosciuto un certo Nissim Alhadeff?"

"Ma è suo fratello!"

"E vive ancora?"

"Certo, ha novant'anni e abita a New York."

Riesco ad ottenere il suo numero telefonico. L'ho chiamato e ne è seguita una lunga e commovente conversazione. Ci siamo in seguito parlati spesso via mail o per telefono. Mi ha infine mandato il testo di una lunga conferenza tenuta al Cairo lo stesso anno del suo ritorno da Auschwitz e quindi piena di ricordi ancora vivissimi.

Originario di una Rodi ancora capitale del Dodecanneso italiano, Nissim Alhadeff sembra un ebreo uscito dal mondo dei Solal e Mangeclous di Albert Cohen, sopravvissuto non solo ai lager (è stato sia ad Auschwitz che a Buchenwald) e alle miniere di carbone polacche, ma anche alle ingiustizie di una burocrazia che non volle riconoscerlo dopo la guerra né come italiano né come greco. È morto nel 2009 in coincidenza con il *Rosh Hashanah,* agli inizi del 5771, secondo il calendario ebraico. Un eroe che sapeva ridere e sorridere, ma quando con pudore non riusciva a trattenere le lacrime del ricordo, la vergogna e il dolore soffocavano i cuori.

"Io vivevo al Russicum con un ufficiale italiano nella stessa stanza. Ricordo che c'era una botola che si apriva sul tetto dove si nascondevano gli altri ebrei. Stavo andando lì quando un pretino mi chiamò dicendomi che un mio correligionario si era sentito male. Ero già laureato in medicina dal gennaio del 1942. Sono andato a vedere questo signore che era sul letto e sanguinava dal naso e dall'orecchio. Ho diagnosticato una frattura alla base del cranio. Dissi che non potevo far nulla. Nel frattempo era venuto uno sbirro. Il capo si chiamava Koch. Mi disse: 'Lei cosa fa qui?' Io ero in pigiama e vestaglia. Gli dissi che abitavo di fronte in un piccolo albergo. Che ero stato chiamato per soccorrere qualcuno colto da un malore. 'Ho capito, ho capito. Portatelo via' rispose. Gli altri otto ebrei che erano scappati attraverso la botola erano già stati presi, altri erano stati presi al vicino collegio Lombardo…

Siamo stati messi su un camion. 'Dove ci portate?' chiesi. 'In paradiso!' Lì per lì non ho capito niente. Me ne resi conto quando arrivammo a Regina Coeli, insomma in paradiso.

Non mi ricordo di suo nonno. Eravamo tutti divisi tra l'Istituto Orientale e il Russicum. Io ero molto amico di un gesuita che parlava greco. Stavo lì da novembre, ormai erano trascorsi quasi due mesi. Per passare il tempo andavo ad aiutare le suore a fare i dolci di Natale. Non eravamo in contatto fra noi. Mangiavamo da soli. Forse i gesuiti non volevano che facessimo troppa amicizia perché non si sapesse l'uno dell'altro, da dove venivamo e chi eravamo. Io sapevo solo che c'erano almeno altri sei ebrei, due generali, tre colonnelli, quattro ufficiali e due russi. Ci avevano detto di stare attenti a una campanella nella nostra stanza: quando suonava dovevamo uscire nel corridoio, raggiungere una botola che si apriva sul tetto con una scaletta. Quando la botola era chiusa non si vedeva più nulla. I due russi non l'hanno sentita perché erano ubriachi. Io fui preso, come le ho detto, perché venne un fraticello a chiamarmi. Nel rispetto del giuramento d'Ippocrate tornai indietro. Certo non sapevo che andavo incontro alla morte.

Quando siamo arrivati a Carpi c'erano le guardie italiane più un sergente delle SS. Le guardie italiane se la facevano addosso davanti a lui. Quando siamo arrivati a essere trecento, trecentocinquanta hanno fatto un convoglio che in sette giorni ci ha portato ad Auschwitz.

Appena arrivati ci hanno detto: 'chi vuole e può lavorare si metta a sinistra, chi non può lavorare si metta a destra'. Io mi sono messo a sinistra. A me è sempre piaciuto lavorare. Alcuni sono venuti da questo lato poi si sono pentiti e si sono messi dall'altro lato. Quelli che si sono messi dall'altro lato li hanno uccisi direttamente dicendo che li portavano a fare la doccia. Invece dell'acqua mettevano il gas. Non volevano 'parassiti'.

A noi ci hanno fatto fare la doccia. Ci hanno rasati da capo a piedi. Ci hanno disinfettati brutalmente, ci hanno dato vecchie scarpe e una divisa a strisce e siamo rimasti lì nel campo. Dovevamo alzarci la mattina alle sei, rifare il letto benissimo, che non ci fosse neppure una piega. Due a turno erano incaricati di controllare la pulizia delle camerate e guai a te se non erano pulite. Avevano molta paura delle dissenterie e delle malattie.

Se suo nonno fu trasferito nell'ospedale del campo si vede che era ancora in condizioni generali relativamente buone. In quell'inverno lì se uno si prendeva una polmonite se ne andava subito. Per un mese non si faceva gran che, mangiavamo in modo più o meno soddisfacente. Hanno fatto pure delle recite teatrali. Poi ci hanno mandato in una miniera di carbone dove si lavorava stesi sulla pancia in un cunicolo forse di un metro.

Ho avuto la fortuna che, dopo due mesi, mentre eravamo radunati per andare al lavoro venne un polacco collaborazionista che chiedeva un prigioniero che lo aiutasse perché aveva una galleria che rischiava di crollare a causa di un'infiltrazione d'acqua. Era un polacco molto cattolico che mi chiese da dove venivo. Parlando un po' in francese un po' in tedesco gli spiegai che venivo da Roma. 'Da Roma? Allora conosci il papa?' 'Ma certo! Ho vissuto sedici anni a Roma. Conosco bene il papa e il Vaticano'. In realtà in Vaticano ci sono stato effettivamente. Infatti, prima di rifugiarmi al Russicum, la signora Manca, che era amica di tutti i cardinali, mi ha messo nel Vaticano. Sono riuscito a rimanerci solo quindici giorni. Non facevano che novene. Si alzavano alle cinque del mattino per la messa. Poi una novena qui, la colazione e poi un'altra novena lì. E poi una conferenza. E poi Gesù Cristo qui e Gesù Cristo lì. Io non volevo diventare prete e neppure pazzo! Uno diventava matto lì. Bisogna vedere cos'era. Il figlio della signora Manca era un mio coetaneo. All'ultimo anno di medicina faceva degli esperimenti sui virus. Si vede che un giorno ha aspirato un po' troppo un virus con la pipetta ed è morto in quarantotto ore. La signora Manca aveva due figli: uno era un importante magistrato a Roma, l'altro, appunto il medico, il suo prediletto. Quando è morto si è affezionata a me. Io ero un suo grande amico e collega. Ho lavorato con Frugoni. Quando sono tornato a Roma dopo una lunga odissea a piedi dalla Polonia, attraverso l'Austria e tutta l'Italia del nord, sono andato a lavorare in Egitto. Sono tornato per specializzarmi in ostetricia perché dall'ospedale del Cairo fui mandato via per far posto a un amico di re Faruk. Mentre terminavo la specializzazione venni a sapere di una direttiva del presidente Truman che permetteva a tutti gli apolidi di trasferirsi negli Stati Uniti come cittadini. In Italia io ero considerato greco, in Grecia italiano. Nessuno mi voleva. Andai a Napoli e ottenni subito il visto.

Devo dire che ad Auschwitz e nella miniera sono sopravvissuto perché vivevo giorno per giorno. Ogni mattina quando mi alzavo mi dicevo: questa è un'altra giornata. Nella miniera si lavorava a cento, duecento metri sottoterra. Sono stato fortunato perché la mancanza di vitamine o altro ci produceva degli ascessi enormi ma poiché ero ancora in grado di lavorare mi hanno operato all'ospedale prima di venire richiesto dal collaborazionista polacco.

Quanto all'appunto che lei ha trovato non è la mia calligrafia. Forse è quella del figlio della signora Manca che ha fatto di tutto per tirarmi fuori. A Regina Coeli veniva a portarmi le arance. Mi ha anche portato un cappotto. Oppure l'ha scritto un prete venuto nel campo di Fossoli che ha cercato di far avere questo biglietto al Vaticano. Non so! Io forse ero già ad Auschwitz. Magari fossi rimasto a Fossoli. Ci si stava bene, in fondo. Certo prendi qualcuno e lo metti in prigione solo perché è ebreo è qualcosa d'inaccettabile. Il biglietto potrebbe forse essere stato scritto anche da qualcuno del Russicum.

Veramente sono stato fortunato perché se non fossi stato trasferito al campo di Fossoli quel 25 febbraio sarei finito certamente nelle Fosse Ardeatine un mese dopo. La stessa sorte sarebbe toccata a suo nonno."

Il consiglio di Cristo era di vendere

"Il consiglio di Cristo era di vendere" fu il commento di un noto economista americano quando gli fu spiegata la nuova politica economica della Santa Sede con la quale Paolo VI agli inizi degli anni Settanta portò a termine le sue riforme che rivoluzionarono la curia romana, la corte pontificia e il governo centrale della Chiesa. L'economista interpretava nel linguaggio bancario la raccomandazione evangelica: "Vendi tutto ciò che possiedi, dàllo ai poveri e avrai un tesoro in cielo."

Non certo per dare tutto ai poveri, ma effettivamente era vero: il Vaticano vendeva. Vendeva per ricomprare secondo criteri che s'ispiravano alle raccomandazioni del Concilio Vaticano II da poco terminato.

Potrebbe sembrare a prima vista che il Concilio abbia avuto poco a che fare con i capitali della Chiesa. In realtà anche in questo campo ha promosso la ricerca di "nuove frontiere".

"La Chiesa deve essere povera" disse Paolo VI "Non solo: la Chiesa deve apparire povera". E aggiunse: "Ben conosciamo il desiderio, quasi il bisogno dell'opinione pubblica di vedere la povertà del Vangelo e di ravvisarla maggiormente là dove il Vangelo è predicato e rappresentato. Diciamo pure: nella Chiesa ufficiale, nella nostra stessa Sede Apostolica.

Già molte cose sono state compiute in ordine alle rinunce temporali e alle riforme dello stile ecclesiale (aveva appena rimandato a casa prelati inutili e cortigiani). Ora – promise il papa – proseguiremo, col rispetto dovuto a legittime situazioni di fatto, nel nostro sforzo di superare situazioni non conformi allo spirito e al bene della Chiesa autentica.

La necessità dei 'mezzi' economici e materiali, con le conseguenze ch'essa comporta (di cercarli, di richiederli, di amministrarli) non dovrà mai andare oltre il concetto dei 'fini' cui essi devono servire."

In concreto, la direttiva di Paolo VI affidata a uno staff di giovani manager, tutti prelati quarantenni che succedevano alla generazione dei vecchi amministratori dell'epoca pacelliana, si tradusse in una progressiva rinuncia da parte della Santa Sede alla gestione di grandi società italiane, anche per fuggire il rischio di dover pagare la "cedolare" dopo tanti anni di esenzioni, come reclamava il governo. La rivoluzione consisteva nel diversificare gli investimenti con partecipazioni sempre minoritarie. Non figurando più al vertice di aziende come il pastificio Pantanella, la Società Generale Immobiliare, accusata di grandi speculazioni edilizie a Roma, o la Ceramiche Pozzi, la Santa Sede non sarebbe più stata accusata d'ingerenza nella vita economica e quindi politica della penisola e, soprattutto, non si sarebbe più trovata a partecipare da posizioni padronali alle lotte sindacali. Il cardinale venezuelano Rosalìo Castillo Lara, il potentissimo e molto discusso ministro delle finanze dell'epoca, precisò che per volere di Paolo VI, il Vaticano non avrebbe più dovuto possedere pacchetti azionari che superassero il sette per cento del capitale di una società.

La nuova politica economica ebbe bisogno di correzioni nel corso della sua applicazione. Agli inizi i giovani manager vaticani cominciarono a disinvestire in Italia e investire in altri paesi in tutto il mondo. I rischi si rivelarono poco a poco, quando uscivano sui giornali notizie che segnalavano la presenza della Santa Sede fra gli azionisti del Casinò di Montecarlo o di una società produttrice di contraccettivi e magari di materiale parabellico.

Furono rapidamente stabiliti dei criteri che escludevano dagli investimenti società farmaceutiche, imprese che anche indirettamente contribuissero alla fabbricazione di armi, società cinematografiche non dichiaratamente cattoliche, società di costruzioni edilizie e tutte le società che avrebbero potuto causare problemi morali. Gli investimenti furono orientati verso le cosiddette *utilities*, e cioè verso le società di servizi (telefoni, elettricità, gas ecc.) e verso i bancari e gli assicurativi, pur senza trascurare chimici, alimentari, petrolieri. Gli intermediari preferiti furono le banche Morgan, Hambros, Rothschild, ma poi anche il Banco Ambrosiano di Roberto Calvi o la Banca Privata Italiana del faccendiere siciliano Michele Sindona con conseguenze che tutti ormai conoscono per le equivoche commissioni con capitali di origine sospetta riciclati, lavati e restituiti tramite la Banca vaticana.

Paolo VI sembrò cancellare il ricordo dei primi quarant'anni di vita delle amministrazioni vaticane, nate a seguito della firma del Trattato di pace del Laterano e del Concordato che impostava i rapporti fra l'Italia e la Santa Sede. Come indennizzo per la perdita degli stati pontifici annessi sessant'anni prima, Mussolini aveva intestato a Pio XI un assegno di 750 milioni di lire e gli aveva consegnato un miliardo in buoni del tesoro, pari a un miliardo e duecento milioni di euro. I 750 milioni in contanti rappresentavano allora un po' meno della metà della riserva liquida dello Stato. Tanto per dare un'idea, il bilancio attuale della Santa Sede naviga intorno ai 230 milioni di euro, fra entrate e uscite, esclusi i bilanci dell'Istituto per le Opere di Religione sempre coperti da segreto.

Ad amministrare la bella somma, Pio XI aveva chiamato allora il vicedirettore di una piccola banca di un paesino sul lago di Como che gli era stato presentato un giorno dal suo predecessore, Benedetto XV, un certo Bernardino Nogara, un cattolico tutto d'un pezzo. La leggenda vuole che sia stato il funzionario più silenzioso del Vaticano, silenzioso anche con i papi che servì, Pio XI e Pio XII.

Bernardino Nogara deve il suo straordinario successo alla sua prima operazione. Nel 1929 c'era una decina di banche cattoliche sul punto di fallire. Mussolini aveva mandato a dire a Pio XI che il Vaticano doveva intervenire perché appartenevano all'Azione Cattolica. Pio XI gli rispose che l'Azione Cattolica non c'entrava. La colpa era di alcuni vescovi ed ecclesiastici che avevano operato nonostante il divieto della Santa Sede. Con il *placet* del papa, al suo primo incontro con Mussolini e con il governatore della Banca d'Italia, prima ancora di avere in tasca l'assegno di settecentocinquanta milioni, Nogara s'impegnò a prestarne cinquanta per il risanamento delle banche. Precisò che si trattava di un prestito con i dovuti interessi non alle banche ma al governo italiano. Fu un successo al quale ne seguirono molti altri. Ne parla la leggenda ma nessun documento scritto, e ancor meno ne ha parlato il silenziosissimo Nogara.

Furono gli anni della guerra a pesare su tutte le economie europee, compresa quella del Vaticano dove si diceva che Pio XII, per fare economia, scriveva sul dorso delle buste riciclate.

Nogara aveva avuto due colpi di genio: costituire un robusto deposito in oro che pare si aggirasse intorno a venti milioni di dollari di allora e trasferire molti capitali negli Stati Uniti con la collaborazione di un giovane e astutissimo prelato americano. Il prelato si chiamava Francis Spellman ed era stimatissimo dal cardinale segretario di Stato Eugenio Pacelli che nel 1932 lo consacrò personalmente vescovo e nel 1936 andò a trovarlo negli Stati Uniti.

Allo scoppio della guerra, Spellman viene nominato arcivescovo di New York e Pacelli viene eletto papa. La loro collaborazione rimase intensa durante tutto il conflitto. Creato cardinale nel 1946, Francis Spellman diviene l'artefice del rilancio delle finanze vaticane, grazie ai capitali che riesce a raccogliere non solo a sostegno del Vaticano ma anche per aiutare l'Italia.

Sono appunto gli anni della Pantanella, della Ceramiche Pozzi e, soprattutto, della Società Immobiliare e del terzo "Sacco di Roma". Del primo erano stati responsabili i Visigoti di Alarico nel 410, del secondo i Lanzichenecchi dell'imperatore Carlo V nel 1527.

In realtà la colossale fortuna edilizia del papato era già cominciata ai tempi delle cannonate di Porta Pia, cioè quando i Piemontesi occuparono Roma nel 1870.

Alla vigilia della breccia nelle mura della città eterna, un prelato belga geniale, monsignor François Xavier de Merode, figlio del conte Felix, ministro di Leopoldo I ed eroe dell'indipendenza del suo paese, lui stesso ex ministro delle armi di Pio IX, servendosi della Società Generale Immobiliare appena costituita, acquista a un prezzo irrisorio i promettenti terreni fra l'attuale stazione Termini e il Quirinale, allora una zona di piena campagna. Non si sbagliava perché era evidente che lo sviluppo della città doveva andare in quella direzione.

Così il giorno stesso in cui s'impadronivano di Roma, i Piemontesi ne perdevano tutta la preziosissima zona di espansione, ufficialmente proprietà di un privato, appunto monsignor de Merode, che non era altro che un prestanome della Santa Sede.

La Società Generale Immobiliare diviene la protagonista di una speculazione che inghiotte Roma. Non a caso fino ai tempi di Paolo VI tutti i papi hanno fatto pressioni per garantirsi un sindaco della capitale amico e d'estrazione cattolica.

Per di più, nel rispetto delle convenzioni internazionali, il Concordato aveva stabilito che l'Italia non avrebbe dovuto costruire attorno al confine vaticano edifici sufficientemente alti da permettere una sorveglianza al suo interno.

Il giorno dopo la firma, la Santa Sede acquista ancora una volta per quattro soldi tutti i terreni frontalieri e ci costruisce edifici di cinque o sei piani, destinati ai suoi funzionari. Ci abitava anche il cardinale Joseph Ratzinger prima della sua elezione.

Cinquant'anni fa, nel 1958, risultava al catasto che la Santa Sede, direttamente o indirettamente, possedeva a Roma cinquantotto milioni di metri quadrati di terreni edificati o edificabili. Proprietà che, ovviamente, non tengono conto di tutte le altre proprietà religiose e degli immobili extraterritoriali indicati nel Concordato. Secondo un'inchiesta della fine degli anni Ottanta, la Roma in sottana occupava ancora almeno un quarto del centro storico.

Il "Sacro Sacco" raggiunge ritmi febbrili negli anni Cinquanta e Sessanta. Scompaiono perfino istituzioni storiche per far posto a edifici abitabili o destinati a uffici. Accanto al Colosseo, per far posto a una banca si abbatte il complesso delle suore di Santa Maria di Loreto che per anni aveva ospitato le "giovani pericolanti che dopo aver sofferto mali venerei e dopo aver avuto figli nel loro nubile stato, amavano abbandonare la vita licenziosa e vivere in penitenza". Nel punto più alto di Roma, in cima alla collina di Monte Mario, l'Immobiliare costruisce su un suo terreno il gigantesco hotel Cavalieri Hilton.

L'inversione di tendenza viene dunque provocata da Paolo VI con la sua nuova politica finanziaria. Un'inversione di tendenza accelerata da un altro fenomeno seguito al Concilio: la crisi delle vocazioni sacerdotali. Gli istituti religiosi si svuotano e a Roma le gigantesche Case Madri sono svendute a caserme e ad alberghi. Il fenomeno produsse un caso clamoroso non tanto a Roma quanto a Gerusalemme, dove gli Assunzionisti vendettero all'interessatissimo governo israeliano lo strategico ostello *Nôtre Dame de France,* che ospitava i pellegrini francesi sulla più alta e centrale collina della città santa. La Santa Sede dovette sostenere durissime battaglie giuridico-diplomatiche per riacquistarlo, anche perché alle autorità israeliane importava ben poco il fatto che il codice di diritto canonico vietasse ai religiosi di alienare beni al di sopra di un certo valore senza l'accordo del Vaticano.

Sempre sulla scia della nuova politica finanziaria, la Chiesa italiana cominciò a sbarazzarsi dei terreni agricoli. Oggi forse se ne pente, ma allora sembrava indispensabile.

"Non può che essere una delle vostre o una delle mie!" disse una volta il re di Francia al cardinale arcivescovo di Parigi, con il quale era in viaggio, scorgendo una proprietà in condizioni disastrose tra tante ben curate e coltivate.

L'aneddoto fu citato allora da un portavoce della conferenza episcopale italiana per giustificare la grande svendita. I circa duecentottantamila ettari di terreni agricoli posseduti nella penisola producevano un reddito inferiore a un milione e mezzo di euro attuali, ma con grandissimo sacrificio di tempo e di amministrazione dei poveri curati di campagna.

Il dossier che mi fece leggere un prelato che frequentava la FAO fu definitivamente affrontato nel quadro della revisione del Concordato nel 1984. Una revisione che permise all'Italia di emanciparsi (relativamente) dal Vaticano con l'eliminazione della norma di una religione di stato, privilegio attribuito da Mussolini alla religione cattolica. Sembra incredibile oggi il fatto che fino a non moltissimi anni fa vescovi e parroci fossero stipendiati dallo Stato. Va anche detto che il meccanismo attuale dell'otto per mille non è meno generoso nei confronti della Chiesa cattolica che diviene automaticamente beneficiaria di una disponibilità fino a mille euro deducibili da ciascun contribuente, salvo indicazioni diverse ed esplicite. Si tratta di parecchie centinaia di milioni di euro ai quali si aggiungono le esenzioni fiscali, gli stipendi agli insegnanti di religione (oltre ventimila), ai cappellani nelle caserme, nelle carceri e negli ospedali, i finanziamenti alle scuole private confessionali e le sovvenzioni eccezionali per eventi straordinari, come per il grande Giubileo del 2000 o anche per la Giornata della gioventù e perfino per l'esposizione del corpo di padre Pio a San Giovanni Rotondo nel 2008.

Chiuso il dossier italiano, Giovanni Paolo II si dedicò con tipico realismo polacco a portare avanti la seconda grande rivoluzione della politica finanziaria della Santa Sede.

Il pontefice ci andava pensando da tempo. Era divenuto il padrone di un colosso finanziario dai piedi d'argilla, un minuscolo paese come il Vaticano che disponeva di tesori e di beni immobiliari inestimabili ma non redditizi. Il solo mantenimento di una delle duecentottantaquattro colonne di piazza San Pietro costava tremila dollari l'anno, gli aveva spiegato il suo ministro delle finanze, il cardinale napoletano Gabriele Caprio. Gli aveva ricordato che era il sovrano del più unico che raro paese ad avere solo spese e a non produrre assolutamente nulla se non documenti scritti, qualche libro e dei francobolli stampati in Italia, destinati per lo più ai collezionisti. Da buon napoletano dal rapporto difficile con i rifiuti, gli aveva aggiunto con cinico umorismo che, a stare alle statistiche, il Vaticano poteva figurare in compenso fra i più grandi produttori di rifiuti al mondo: da un territorio di quarantaquattro ettari con meno di cinquecento cittadini partivano ogni giorno per la discarica di Malagrotta, alla periferia nord di Roma, qualcosa come quaranta quintali di rifiuti, circa sei metri cubi d'immondizie, pari a otto chili quotidiani a testa.

Insomma le cose andavano male. Dai tempi di Paolo VI, il bilancio della Santa Sede non più "padrona" era costantemente in rosso. Il capitale si andava assottigliando.

A un congresso sul denaro e la coscienza cristiana, Romano Prodi, futuro presidente del consiglio e allora presidente dell'IRI, aveva citato il Vangelo di Marco davanti a un *parterre* di alti prelati: "Il denaro non è che lo sterco del diavolo!"

"Sì, certo – gli aveva replicato il cardinale Giacomo Biffi di Bologna – ma lo sterco di Satana può servire a concimare i campi del Signore!"

La battuta aveva fatto riflettere Giovanni Paolo II che decise di convocare un vertice di tutti i cardinali del mondo per risolvere un problema che, secondo lui, non era affatto la quadratura del cerchio. Solo che le cose non giravano come ben si doveva.

La sua idea era semplice come tutte le idee geniali. In fondo era stato eletto per rimettere ordine nella Chiesa dopo il grande sconquasso del Concilio. Gli elettori conoscevano bene la solidità della Chiesa polacca, l'unica all'Est a essere riuscita a sopravvivere energicamente a un regime comunista, grazie alla sua concretezza istituzionale. Così il pontefice polacco cominciò a girare il mondo come un "ispettore generale" della "Multinazionale Chiesa" andando a visitare tutte le "filiali" per rilanciare il lavoro e la coesione attorno ai capi locali, cioè i vescovi.

"Io mi occupo di voi, voi vi occupate di noi tutti" questa la formula. Insomma, fece capire in sostanza, si tratta di pagare le tasse.

"La Chiesa Cattolica conta quasi un miliardo e mezzo di fedeli. Se ognuno pagasse un dollaro non avremmo problemi" commentò il cardinale segretario di Stato Agostino Casaroli. Ovviamente è solo teoria perché i cattolici praticanti sono molto, ma molto di meno. In nome del papa il cardinale disse al Sacro Collegio convocato per un vertice straordinario: "La Sede Apostolica può e deve utilizzare i contributi spontanei dei fedeli, senza dover ricorrere ad altri mezzi che potrebbero sembrare meno rispettosi del suo carattere perché la base fondamentale del sostegno finanziario della Sede Apostolica si trova nelle offerte dei cattolici del mondo intero, secondo una tradizione che risale al Vangelo e all'insegnamento degli apostoli."

Il cardinale evitò accuratamente di parlare di "tasse": "Ogni diocesi dovrebbe [i "dovrebbe" nel linguaggio ecclesiastico non sono auspici, ma ordini] assicurare alla Sede Apostolica un contributo sulla base della consistenza delle offerte ricevute dai fedeli. Le diocesi in difficoltà del Terzo Mondo verranno al contrario aiutate. In parole semplici, chi non raggiunge il minimo indispensabile di sopravvivenza sarà assistito."

Per dare garanzie il papa istituì una commissione di quindici cardinali, scelti periodicamente da tutti i continenti e incaricati della supervisione del bilancio della Santa Sede. E promise la *glasnost* sui bilanci, e cioè la trasformazione del Vaticano finanziario in un palazzo di vetro, cosa che in realtà non avvenne perché i bilanci sono tutt'altro che dettagliati. Comunque da allora non sono mai più andati in rosso, salvo annate eccezionali, e sono regolarmente pubblicati. Gli unici a protestare furono i religiosi, anzi soprattutto le religiose, perché considerati contribuenti autonomi non compresi nelle diocesi. La resistenza si è poi ridotta fino a scomparire.

Su un bilancio che si aggira attorno ai duecentotrenta milioni di euro, il contributo delle diocesi e dei religiosi può arrivare a sfiorare i trenta milioni di euro.

In realtà l'idea il papa se l'era completamente inventata. Si era ispirato all'Obolo di San Pietro, un'offerta che una domenica l'anno, il 24 giugno, festa dei Santi Pietro e Paolo, viene raccolta in tutte le chiese del mondo per destinarla al suo conto personale (il papa non ha né uno stipendio né un appannaggio come re e regine).

Si tratta di una tradizione che ha otto secoli di storia. Fin dai tempi di Bonifacio VIII era stata costituita con le offerte di potenti, prelati, pellegrini e fedeli una sorta di "cassa privata" della quale i pontefici potevano disporre liberamente e che era nettamente distinta dalla "Camera Apostolica" incaricata di "custodire il tesoro pubblico della Chiesa".

Il suo "conto" il papa lo affida alla banca del Vaticano, l'Istituto per le Opere di Religione. Non si tratta certo di un conto nel senso tradizionale con un libretto d'assegni e una carta di credito. Nel suo libro-intervista *Luce del mondo*, il giornalista tedesco Peter Seewald prepara la risposta a Benedetto XVI senza poi chiedere di più.

"Un papa non ha un proprio portafoglio, figurarsi un proprio conto corrente: è vero?"

"Sì, è vero" risponde il pontefice. Dal momento che non tiene in un cassetto le sue disponibilità personali frutto di parte degli utili della sua banca, dell'Obolo di San Pietro, delle offerte e dei lasciti dei fedeli di tutto il mondo, disponibilità che secondo alcuni superano probabilmente i centocinquanta milioni di euro, è ovvio che qualcuno debba gestirle e che quel qualcuno è istituzionalmente lo IOR. Solo di diritti d'autore papa Ratzinger ha incassato circa cinque milioni di euro, la metà dei quali ha destinato a un "premio Nobel" per la teologia, visto che il vero premio Nobel non s'interessa al trascendente. I capitali del papa sono certamente destinati quasi esclusivamente a opere di carità. Nessuno ha mai visto dei soldi fra le mani di un pontefice. Senza dubbio è la stessa cosa per tutti i grandi, capi di stato, re e regine. In tasca, agli inizi del pontificato, Benedetto XVI aveva solo il telefono cellulare che poi, ovviamente, ha dovuto eliminare.

A differenza di altre, la Banca del Vaticano non accetta qualsiasi cliente che abbia delle somme da depositare. È molto selettiva e sospettosa. I suoi clienti sono ordini religiosi, associazioni cattoliche, prelati, diplomatici, uomini d'affari soprattutto italiani vicini al mondo cattolico. Si è poi visto che in periodi di gestione ben più che allegra ai tempi del prelato Donato De Bonis, conti e cassette di sicurezza presso lo IOR li avevano in tanti finiti nelle cronache e nei processi. Grazie a prelati e a personalità cattoliche, ce li avevano perfino mafiosi, faccendieri e semplici imbroglioni. In ogni caso chi apre un conto s'impegna a lasciare alla sua morte una piccola percentuale del suo deposito alla banca per scopi religiosi, percentuale che a volte può raggiungere il 10%.

I vantaggi di un conto in Vaticano sono evidenti: nessuna tassa, nessun controllo di autorità straniere, trasferimento facile dei capitali.

Anche se relativamente giovane, essendo stato fondato da Pio XII nel 1942, in piena guerra, in realtà l'Istituto per le Opere di Religione è il figlio dell'ultra-secolare Amministrazione per le Opere Religiose fondata da Leone XIII nel 1887. Un'Amministrazione che si era rivelata necessaria per tutta una serie di operazioni allora proibite alle congregazioni religiose in Italia e in vari altri paesi. Basti pensare alla necessità di gesuiti o di altri ordini di trasferire fondi magari in territori missionari, pur non essendo giuridicamente riconosciuti. Il compito istituzionale era di "provvedere alla custodia e all'amministrazione dei capitali destinati alle opere di religione".

Dopo gli scandali Marcinkus, De Bonis, Sindona, Calvi, Banco Ambrosiano, Giovanni Paolo II ha dato una nuova configurazione all'Istituto, controllato da una Commissione cardinalizia di vigilanza e da un Consiglio di sovrintendenza. Il controllo della commissione non ha comunque impedito operazioni che in altri paesi sarebbero passibili di responsabilità penali.

Quanto agli scandali, una cosa va premessa: uno dei protagonisti più famosi, monsignor Paul Marcinkus, a prescindere da colpe o responsabilità indiscutibili, certamente non ha agito per arricchirsi personalmente o per ottenere riconoscimenti e onori. È morto il 21 febbraio del 2006 all'età di ottantaquattro anni, in una piccola casetta di Sun City, una cittadina sperduta nel deserto dell'Arizona. Il suo vice De Bonis ha gestito senza controllo somme immense coltivando amici e amici di amici.

Quando era l'onnipotente padrone della Banca vaticana con una disponibilità di due miliardi di dollari, si diceva di Marcinkus che con il suo handicap poteva fare diciotto buche con settantacinque colpi ma non poteva fare miracoli. Una T-shirt bianca, dei vecchi pantaloni neri rimboccati alle caviglie, una scoppola ben calzata sulla fronte, una sacca con quattro o cinque mazze sulle spalle, nessuno lo avrebbe riconosciuto sul terreno di golf dell'Acquasanta, il più antico club d'Italia a Roma, se non per la sua andatura da cow-boy e il suo metro e novantuno d'altezza.

Le sue origini parlano di un padre povero e di un padrino potente. Quinto figlio di un emigrato lituano, lavavetri dei grattacieli di Cicero nell'Illinois, la città di Al Capone, Paul Casimir Marcinkus dovette al cardinale arcivescovo di Chicago, Samuel Stricht, uno dei più grandi benefattori con il cardinale Spellman delle casse della Santa Sede, se le porte dell'Accademia dei diplomatici del papa gli furono aperte. Allora non era altro che un semplice impiegato al Tribunale ecclesiastico della sua diocesi dove era divenuto prete a venticinque anni, più per disciplina che per vocazione.

"Se leggeste i libri scritti su di me vi fareste l'idea che io sia stato allevato per strada da Al Capone. Eppure sono stato in seminario fin dall'età di tredici anni. È difficile che la gente si renda conto veramente di ciò che significa..." disse in una rarissima intervista rilasciata nel 1989 allo scrittore inglese John Cornwell.

"Ero troppo giovane per decidere di diventare prete, ma suppongo sia come quando un bambino dice di voler diventare giocatore di baseball. Era una vita molto disciplinata. Alcuni di noi espressero il desiderio di uscire o di poter andare con delle ragazze e si sentirono dire che era bene facessero mente locale e si decidessero. 'Non dovete giocare col fuoco se non volete scottarvi' ci dicevano. Sì, può darsi che ogni tanto sia uscito per un appuntamento, o abbia portato fuori una ragazza, o cose del genere..."

Sempre grazie al suo padrino, ma anche alla sua abilità nel golf, gli vengono aperte le porte di casa Kennedy e casa Rockefeller.

Alla sua prima esperienza diplomatica in Bolivia, trova un ambasciatore che diviene il suo secondo padrino, monsignor Egidio Vagnozzi, futuro cardinale e ministro delle finanze della Santa Sede, che lo farà venire a Roma dopo una breve missione in Canada.

Il giovane prelato sbarca in Vaticano nel 1959. Alla morte di Giovanni XXIII nel 1963 non è altro che un brillante monsignore della Segreteria di Stato.

Dovrà la sua carriera a Paolo VI. Questo papa cercava un diplomatico anglofono ed energico per organizzare i suoi viaggi fuori d'Italia. Trova in monsignor Marcinkus un uomo di fiducia a tutta prova, efficace e determinato. Un uomo su cui contare per riorganizzare e controllare da vicino la sua banca nel momento in cui aveva deciso di rivoluzionare la politica finanziaria della Santa Sede. Benché totalmente ignorante di questioni bancarie, monsignor Marcinkus si trova catapultato alla testa dello Ior.

Il suo arrivo lascia tutti senza fiato. I vecchi locali del torrione fortificato di Alessandro VI vengono trasformati in una vera banca moderna con computer, poltrone di cuoio, sistemi d'allarme. Andai a trovarlo un giorno insieme all'allora portavoce vaticano Luciano Casimirri. Agli inizi della sua carriera bancaria monsignor Marcinkus era molto disponibile a scambiare qualche chiacchiera anche con i giornalisti. Il suo ufficio mi sorprese molto. Erano scomparse le vecchie tappezzerie, scomparsi anche i monsignori in sottana silenziosi e diffidenti. Il presidente della Banca vaticana ci ricevette con i piedi sul tavolo.

Il papa lo nomina arcivescovo. Sceglie come motto del suo stemma episcopale *"scio cui credidi"*, "lo so io in che cosa credo", motto che dette il via a molte battute su che cosa credesse il "banchiere di Dio".

Ma ecco i primi incidenti di percorso. Le strane avventure della Banca Unione e della Banca Privata Italiana del finanziere siciliano Michele Sindona, sospetto di amicizie mafiose, il crac della Banca Wolff d'Amburgo e di equivoche operazioni nel paradiso fiscale delle Bahamas sono collegati al nome di monsignor Marcinkus.

Il "banchiere di Dio", come fu chiamato in quegli anni, nell'intervista a Cornwell smentisce tutto.

"Sindona? L'ho incontrato una dozzina di volte, in qualche caso per un minuto, in un altro caso a un battesimo, una o due volte a pranzo a un ricevimento a una cerimonia… In tutto forse sei ore. Non ho mai fatto affari con lui. Quelli che hanno fatto affari con lui sono stati quelli dell'APSA (l'Amministrazione del Patrimonio della Sede Apostolica): gli hanno venduto le azioni dell'Immobiliare. Così hanno detto che l'Immobiliare era stata venduta a Sindona dal Vaticano. E immediatamente tutti hanno sostenuto che ero stato io. Ma io non ho avuto nulla a che fare con questa storia.

Ricordo di aver detto a Sindona, prima che andasse negli Stati Uniti: 'Ehi! Ma lei si sta muovendo in America come si muove qui in Italia! Finirà con l'andare in prigione!'."

E, infatti, Sindona finì in carcere negli Stati Uniti, condannato nel 1980 a venticinque anni per frode bancaria connessa al fallimento della Franklin National Bank.

Purtroppo per lui, fu estradato in Italia nel 1984. Era accusato di aver assoldato il sicario che uccise l'avvocato Giorgio Ambrosoli, il liquidatore della sua Banca Privata Italiana. Il 18 marzo è condannato per questo all'ergastolo. Due giorni dopo muore nel più classico modo mafioso, un caffè al cianuro, proprio com'era morto in carcere negli anni Cinquanta in Sicilia il bandito Pisciotta, luogotenente del bandito Giuliano. Il giudice però chiude l'inchiesta per un suicidio che non convincerà mai nessuno. Sembra probabile che il Vaticano, anche se non proprio per colpa di Marcinkus, ci perse con il banchiere siciliano qualcosa come duecentocinquanta milioni di euro.

Fu proprio Sindona che presentò a monsignor Marcinkus Roberto Calvi.

"Quando Sindona se ne andò, il candidato naturale al posto di consigliere del Vaticano era Calvi e il suo Banco Ambrosiano" ha commentato il prelato scomparso sempre nell'intervista a Cornwell.

Personalità cattolica rispettatissima (così come lo era agli inizi Sindona, proclamato "uomo dell'anno" dall'ambasciatore americano John Volpe nel 1973), Roberto Calvi, come ricordava monsignor Marcinkus, "aveva un'ottima reputazione: aveva trasformato l'Ambrosiano in una banca molto importante."

"Nei miei limitati rapporti con lui ho avuto l'impressione che si trattasse, dal punto di vista umano, di una brava persona. I miei rapporti con lui si limitavano a questioni d'affari. E, in ogni caso, non di affari 'particolari'."

Marcinkus non ha mai ammesso le sue responsabilità. "Siete matti!" disse ai suoi superiori. "Non cominciatela nemmeno questa trattativa. Se non siamo colpevoli, non paghiamo. E non siamo colpevoli". Coinvolto nel crac del Banco Ambrosiano a causa di lettere di *patronage* contestate, il Vaticano ha dovuto alla fine staccare un assegno di duecentoquarantuno milioni di dollari a favore dei creditori per "scrupolo di conciliazione" dopo un estenuante negoziato a Ginevra.

Nel frattempo l'unico che, forse, avrebbe potuto scagionare monsignor Marcinkus era scomparso in un modo spettacolare e misterioso prima ancora del suo collega Sindona: Roberto Calvi fu trovato impiccato il 17 giugno 1982 appeso a una struttura metallica sulla quale non avrebbe mai potuto arrampicarsi da solo, sotto il ponte dei Blackfriars, "i frati neri", a Londra dove era giunto in un modo avventuroso. Anche questa sembrava una tipica esecuzione di mafia che tradizionalmente uccide lanciando messaggi per far sapere come punisce chi non paga o non restituisce. Il giudice londinese concluse frettolosamente anche lui per un suicidio. L'inchiesta per omicidio fu riaperta nel 2005, ma nel 2007 gli imputati, fra i quali Flavio Carboni, tornato di recente alla ribalta, e Pippo Calò sono stati assolti per insufficienza di prove. Un secondo processo in corso non è ancora terminato.

Papa Luciani senza misteri

Insieme a queste morti misteriose, Marcinkus si è trovato sulle spalle anche la morte di papa Luciani. Il sospetto è stato insinuato per primo dal giornalista inglese David Yallop che attribuisce l'intenzione di liquidare monsignor Marcinkus a Giovanni Paolo I, secondo lui ucciso da qualcuno dopo trentatré giorni di regno.

Sempre nell'intervista a Cornwell, Marcinkus non solo smentisce, ma sembra quasi accreditare a sua volta sospetti sull'allora onnipotente sostituto della Segreteria di Stato, monsignor Giovanni Benelli.

Vi afferma, tra l'altro: "Lei mi chiede se davvero papa Luciani voleva disfarsi di me. Sarò franco: si tratta di un sacco di stronzate. Ho avuto con lui un'udienza di circa un'ora. Sono sceso e ne ho parlato con i miei collaboratori. 'Accidenti, come sembra stanco!' ho detto. E ho aggiunto che era stata una bellissima udienza, che il papa voleva che restassi e che mi avrebbe chiamato altre volte da lui. Non ha mai detto nulla circa la possibilità che volesse togliermi di mezzo. Più tardi, quando ho letto queste storie sul fatto che il papa volesse licenziarmi, ho detto che era certamente il modo più strano di licenziare una persona."

E più avanti, ricordando i suoi rapporti difficili con l'energico sostituto, aggiunge ironico: "La gente ha fatto il nome di Benelli associandolo alla diffusione di quella 'voce' sull'assassinio di Giovanni Paolo I. Non ci posso proprio credere..."

Sono stato per anni il "vaticanista" del «Gazzettino di Venezia» e il patriarca Luciani l'avevo conosciuto abbastanza bene così come conoscevo bene il cardinale segretario di stato francese Jean Villot, che mi regalava i sigari, conservati nel *bac-à-salade* del frigorifero, offertigli dall'ambasciatore di Fidel Castro presso la Santa Sede, Luis Amado-Blanco. Il cardinale Villot mi disse che aveva pregato con insistenza il nuovo papa di farsi controllare seriamente da uno specialista di problemi circolatori.

Giovanni Paolo I aveva le caviglie così gonfie da mettere in crisi le "sacre pantofole" ed era già stato operato di una trombosi a un occhio. In sostanza, se i suoi timorosi collaboratori non avessero accumulato una serie incredibile d'idiozie nel panico seguito alla sua morte, di papa Luciani non si sarebbe ricordato altro che il sorriso del buon parroco. Un parroco che, certamente, non aveva la volontà e forse neppure la statura per minacciare chicchessia. Di certo si sa che intendeva fare pulizia nella banca, sostituendo soprattutto l'incontrollabile monsignor De Bonis.

Era un uomo molto semplice. Quando due giorni dopo la sua elezione telefonai per cercare il suo segretario, don Diego Lorenzi, fu lui che mi rispose personalmente al telefono e potei intervistarlo brevemente. Non aveva ancora fatto a tempo a dimenticare le abitudini di "casa" al patriarcato di Venezia e ad adattarsi alle regole che deve rispettare il numero uno della Chiesa.

Dice sempre Marcinkus: "Quel pover'uomo, papa Giovanni Paolo I, veniva da Venezia, una piccola, vecchia diocesi, 90.000 persone in tutta la città. Poi, all'improvviso, viene catapultato in un posto e non sa nemmeno dove si trovino i vari uffici. L'hanno chiamato il 'papa del sorriso'. Ma lasciate che vi dica una cosa... Si trattava di un sorriso molto nervoso. Non sapeva nemmeno da dove cominciare. E non aveva una gran salute. A Venezia aveva l'abitudine di fare la sua brava, piccola siesta nel pomeriggio. Se decideva di fare una passeggiatina in piazza, si alzava e usciva... Poi arriva qua, viene chiuso dentro, e tutti vanno da lui. 'Deve fare questo, deve fare quest'altro...' Deve fare tutto. Così la pressione aumenta, la sua salute non è delle migliori. Io posso capire come una cosa così sia potuta accadere..."

Molto probabilmente, tutta una serie di errori commessi per stupide, piccole prudenze decise dai funzionari vaticani presi in contropiede dalla morte improvvisa di papa Luciani, hanno contribuito ad alimentare i sospetti sulla sua fine. Ero là e lo so perfettamente. Conosco molto bene il giornalista irlandese che fornì la documentazione a David Yallop. Non fece altro che segnalare obiettivamente le *gaffes* dei responsabili vaticani, compresa la decisione di evitare un'autopsia.

"In realtà – ha commentato monsignor Marcinkus – questo è un paese, mi scusi se lo dico, un piccolo paese di lavandaie..."

Vanno aggiunte, nel caso del "mistero Luciani", le responsabilità dei media. Nella Sala Stampa della Santa Sede circolò subito la voce, lanciata distrattamente da un vecchio giornalista, che Giovanni Paolo

I stava leggendo al momento della morte l'*Imitazione di Cristo*, una lettura alla quale non rinunciava mai prima di dormire. Fu presa per buona. Poi si scoprì che era morto con le pagine di un discorso fra le mani che dovettero essere strappate dalle sue dita, tanto era stato violento e repentino l'attacco che lo aveva fulminato.

La nipote che fu ammessa a vederlo la mattina lo trovò vestito con la sottana bianca un po' stropicciata sui gomiti, segno a suo avviso o che era stato colpito dall'attacco prima di mettersi a letto e quindi al suo tavolo di lavoro, oppure che sia stato rivestito successivamente della sottana bianca. Rimane la contraddizione fra la dichiarazione ufficiale del medico che indica le ventitré come ora della morte e gli imbalsamatori, i famosi fratelli Arnaldo ed Ernesto Signoracci, che chiamati all'alba non riscontrarono ancora un *rigor mortis* e indicarono nelle quattro del mattino il momento della morte.

La prima reazione emotiva dei famigliari a Canale d'Agordo fu che lo avessero ucciso. Arrivai lì quella sera dopo una lunga e avventurosa galoppata in auto dal Passo dello Stelvio dove mi trovavo. Non ricordo chi ci fosse nella grande cucina a fare il caffè e a piangere con chi veniva, forse una sorella e dei nipoti. Ricordo bene che si diceva: *"Ghe lo gà amasà!"*

Monsignor Marcinkus rimase ancora diversi anni con Giovanni Paolo II che lo difese dai tentativi della giustizia italiana di convocarlo per un processo.

Se ne andò a testa alta nel 1990, quando Giovanni Paolo II soppresse il suo posto nel quadro della riforma dello IOR. Non chiese nulla e si rifugiò come un semplice prete nel cuore del deserto dell'Arizona.

Non una riga dell'«Osservatore Romano» sulla sua morte, non una parola del papa. A giustificazione del nuovo pontefice va il fatto che Benedetto XVI delle vicende finanziarie della Santa Sede non si era mai interessato durante tutti gli anni della sua permanenza alla testa della congregazione per la dottrina della fede. È uno di quei papi nella serie dei duecentosessantacinque pontefici romani che ai problemi economici del suo regno avrebbe preferito non dedicare quel tempo al quale le circostanze l'hanno costretto.

Il primo, Simon Pietro, soldi certo non ne aveva. "Io non ho né oro né argento" disse il giorno che uno storpio gli chiese l'elemosina a Gerusalemme davanti al tempio. E non diceva bugie. Non era passato un secolo e mezzo dalla sua morte che sulla cattedra di Pietro saliva addirittura un banchiere, che poi fu santo e martire: Callisto I. Callisto era stato direttore del Banco di Carpoforo, un ricco liberto dell'imperatore Commodo.

Gregorio Magno, alla fine del VI secolo, "era il più ricco proprietario di terreni entro i confini dell'impero", secondo lo storico ecclesiastico Agostino Saba.

Naturalmente ci sono stati pontefici che riempivano le casse e altri che le svuotavano. Il campione di questi sembra essere stato agli inizi del XVI secolo Leone X, Giovanni de Medici. Di lui si disse che dissipò le rendite di tre pontificati: quelle del suo predecessore, le proprie e quelle del suo successore. Si faceva prestare soldi non solo dagli amici, ma perfino dai servitori, i quali non videro mai indietro un soldo. Cose che non accaddero con Innocenzo XII, un Pignatelli, risparmiatore fino all'osso. Il primo giorno del pontificato, il 12 luglio del 1691, ordinò al suo maestro di camera di non oltrepassare mai la spesa di tre paoli al giorno per i pasti. La sera non prendeva che una tazza di cioccolato d'inverno e un sorbetto d'estate. Quando morì lasciò riposti a Castel Sant'Angelo un milione di scudi d'oro.

L'ex mausoleo di Domiziano, trasformato in fortezza imprendibile, era diventato il forziere dei papi. Sisto V, il francescano terribile della fine del XVI secolo, riuscì a mettervi in serbo cinque milioni di scudi d'oro, un milione ogni anno del suo pontificato. Ogni volta che raggiungeva la cifra di un milione, Sisto V riponeva la somma in Castel Sant'Angelo, unito al palazzo apostolico dal lungo corridoio fortificato del "Passetto di Borgo". E con una solenne cerimonia dedicava il nuovo milione alla Vergine Maria e ai santi apostoli Pietro e Paolo.

In tempi più vicini a noi, Leone XIII collezionava con passione biglietti di banca che usava anche come segnalibri. Quando morì a novantatré anni nel 1903, lasciò cibarie conservate negli angoli, anelli, croci, catene, pietre preziose, tabacchiere d'oro. Nessuno riusciva a trovare la "cassa ferrata" dove teneva i milioni dell'Obolo di San Pietro.

Pio X, che gli succedette, appena finita l'incoronazione, corse nelle stanze dell'appartamento pontificio, con tre cardinali esecutori testamentari e nipoti vari. Tutti insieme rovistarono in armadi e cassetti, spostarono mobili e staccarono tappezzerie. Dei milioni però nessuna traccia. Alla fine, con un sorriso ironico, ecco farsi avanti il segretario del defunto pontefice con la "cassa ferrata" che aveva nascosto in casa di un cardinale per ordine espresso di Leone XIII. Era stato uno scherzo senile del vecchissimo papa Pecci che voleva far costatare al nuovo eletto "quanto fosse difficile governare senza denaro".

L'EBREO, LO STORPIO E IL RELIGIOSO

Tutti o quasi tutti sanno che sul cancello d'ingresso del lager ad Auschwitz un macabro ammonimento avvertiva gli "ospiti" che "il lavoro rende liberi", anche perché la scritta in ferro battuto è stata rubata di recente da cinque giovani polacchi su commissione di un neonazista svedese.

Ma ben pochi sanno (almeno io non lo sapevo) che alla porta c'erano tre statuette che riproducevano le caricature di un ebreo, di uno storpio e di un religioso.

Lo rivela Nissim Alhadeff nella sua conferenza del Cairo. "Una scritta spiegava che erano tre personaggi nocivi alla società e che dovevano quindi viverne al di fuori".

Chissà che fine hanno fatto. Sarebbe interessante ritrovarle, sapere chi le ha prese o anche verificare se fra le prime fotografie riprese da russi e americani alla liberazione del campo si riesca a individuarle.

Non c'è motivo di dubitare dei ricordi allora recentissimi di Nissim Alhadeff che era un attento osservatore dei minimi dettagli, come la gerarchia nei blocchi e nelle camerate, dal *Block-altester* allo *Schreibef*, lo scrivano che contava i prigionieri, ai suoi giovani assistenti costretti a subire rapporti omosessuali. Come lo sconvolgente rituale dei bisogni fisiologici consentiti dalle sette alle otto del mattino e dalle sei e mezzo alle sette e mezzo della sera: dodici water per seicento persone tempo un'ora. Si possono immaginare le lotte, i drammi, i litigi.

Ricorda ancora le dure notti in una branda di novanta centimetri sulla quale dormivano due prigionieri con le ginocchia piegate, costretti a svegliare il vicino per potersi girare.

E il suo primo lavoro di selezione dei vestiti dei nuovi arrivati insudiciati dalla paura. Ci trovava cucchiai e soprattutto i ricercatissimi temperini.

"Forse vi stupirete che in un campo di concentramento ove davano trecento grammi di pane e venticinque grammi di margarina al giorno un temperino potesse avere un valore tale da far sì che uno potesse sacrificare una parte della sua razione per acquistarlo.

Mi direte che tanto valeva mangiarsi così, a morsi, il pane e la margarina senza stare a perdere tempo. Ma forse non vi rendete conto cosa vuol dire mangiare una razione di pane sapendo che per averne un'altra dovrete attendere due ore. Il pane veniva spalmato con una velatura di margarina e poi veniva tagliato fine come la carta e lo si mangiava molto adagio assaporandolo al massimo. Le ultime fette erano trasparenti e tagliate a pezzettini. In questo modo si sentiva meno la fame. Nel tagliare il pane si metteva sotto un giornale o un pezzo di tela per non sprecare le molliche che facevano da dessert."

Nissim Alhadeff si è certamente salvato perché giovane, perché medico, perché disposto ai lavori più duri, perché aveva voglia di vivere.

Questi passaggi della sua conferenza lo confermano: "Era nelle domeniche senza lavoro [i nazisti da buoni cristiani le prevedevano] che maggiormente ci assaliva la nostalgia dei nostri cari. Erano forse i giorni più tristi. Quando si lavorava non si aveva altro desiderio che tornare al campo per mangiare e dormire. Non si aveva tempo di pensare. Ma quando avevamo qualche ora libera si rimaneva tra noi e a bassa voce ciascuno ricordava il suo passato, la sua famiglia, il suo paese. E ciascuno parlava di cose intime come se ormai ci si trovasse al di là della vita e che le cose di questo mondo non ci interessassero più. Ma in fondo in fondo si sentiva il rimpianto, il desiderio di tornare alle vecchie abitudini, l'ansia di vedere felice o tragica che fosse la fine di questa nostra tortura. E quando i ricordi avevano gonfiato il cuore e ciascuno in silenzio seguiva il proprio pensiero c'era chi ad un tratto si metteva a parlare di politica. E tutti allora erano pronti a credere alle più fantasiose notizie, alle più strabilianti avanzate, ai più audaci sbarchi. I cosiddetti competenti spiegavano chiaramente la situazione e con tanta facilità e destrezza facevano avanzare intere divisioni per centinaia di chilometri che noi ci si alzava con la certezza che se non in quindici giorni al massimo entro un mese saremmo stati liberati. E ciò puntualmente si ripeteva ogni due settimane. Ogni domenica libera il nostro vacillante morale veniva rinforzato, le nostre speranze rinnovate e la nostra certezza nella Vittoria degli alleati resa incrollabile."

"Questa fede è stata certo l'unico nostro sostegno, l'unico nostro conforto. E s'è visto che quelli che erano ormai sfiduciati senza più alcuna speranza, molto più facilmente e più rapidamente dimagrivano preparandosi a essere selezionati. I giorni di selezione erano giorni di lutto per il campo. La selezione veniva fatta ogni due mesi e mezzo. Un medico delle SS veniva a scegliere chi ormai sfinito non poteva più svolgere un lavoro proficuo. La visita consisteva nello spogliarsi nudi e farsi vedere sia davanti che di dietro. Un appiattimento delle forme che denotasse la flaccidità dei muscoli era sufficiente per venire iscritti nella lista dei selezionati. Per lo più le forme non erano appiattite, erano semplicemente scomparse del tutto. Si vedevano questi corpi resi più lunghi dalla magrezza, sui quali sembrava che le ossa stessero lì lì per bucare la pelle. E questi prossimi candidati ai forni crematori si riconoscevano subito quando per salire un gradino avevano bisogno di aiutarsi con le due mani, per sollevare una gamba."

"Il giorno in cui il medico SS veniva nel campo li si avvisava e li si scongiurava di non farsi vedere nell'infermeria. Ma come se non si fosse loro detto nulla continuavano a mostrarsi. Anzi ho visto di quelli che volontariamente andavano a farsi selezionare preferendo la morte a quella vita che era peggiore della morte."

"Soltanto pochi che avevano ancora chissà quale legame col mondo esterno, cercavano durante la visita di apparire più forti di quello che non fossero, cercando di far intendere che erano ancora capaci di lavorare. Ma una volta che la loro sentenza era stata pronunziata, non si ribellavano, ma l'accettavano passivamente come fosse una fatalità inevitabile."

"E così con una semplice camicia, scalzi, senza quasi nulla per ripararsi venivano fatti salire su quei maledetti camion. Mi risuona ancora all'orecchio la voce di un mio conoscente che nel salire rivoltosi a me disse: *'Vingt-six ans jetés dans un four crematoire'*. Noi li guardavamo partire senza quasi un rimpianto, quasi felici per loro, pensando al giorno in cui sarebbe venuto il nostro turno. Li guardavamo partire, e questi al contrario dei primi non facevano alcun segno d'addio né esprimevano alcuna speranza di ritrovarsi: erano consci del destino che li aspettava ma rassegnati pensando forse che era preferibile a mali estremi un rimedio estremo. Partivano e la loro morte ricordava a noi la nostra vita e per quel giorno nessuno parlava, chiuso in sé col suo dolore, col suo funesto avvenire. E il lavoro continuava come se nulla fosse stato, con lo stesso ritmo, con lo stesso accanimento, con la stessa ferocia."

"E la miniera ci riprendeva facendoci scordare il passato e l'avvenire. Erano gallerie basse, di sessanta centimetri, al massimo un metro e cinquanta. Bisognava vangare senza interruzione nelle posizioni più strambe, più scomode, cercando di non farsi mai sorprendere dal sorvegliante in posizione di riposo. In gallerie così basse piene di pulviscolo, piegati sulle ginocchia, l'aria era insufficiente specie per chi doveva sviluppare una tale energia. Appena il sorvegliante era passato, io mi buttavo per terra, facendo riposare per almeno due minuti i miei muscoli. Riprendevo poi con maggior coraggio il lavoro, aspettando con ansia la prossima venuta del sorvegliante. I primi giorni appena sceso in miniera, sia col mio poco tedesco, sia in francese, feci capire che ero medico ai minatori civili che per evitare il peggio erano costretti a lavorare per i tedeschi. Mi tenevano per questo in maggior considerazione e mi evitavano per quanto possibile i lavori più pesanti. Mi affermai in pieno e potei godere di una maggiore tranquillità quando curai un eczema che un lavoratore civile polacco aveva da parecchio tempo sulla gamba. Ci rifugiavamo in una galleria solitaria per non essere visti dalle SS di guardia e alla luce delle nostre lampade lo esaminavo. Ebbi molta fortuna poiché l'eczema, grazie alle mie prescrizioni, cominciò a guarire con gran meraviglia e gioia del malato. Da allora ogni sera il polacco mi chiamava in un angolino e divideva con me il suo pasto."

"Questi così detti collaboratori erano molto ben nutriti dai tedeschi per cui io avevo pane e grasso ogni giorno in una quantità doppia rispetto alla mia razione. Non solo mangiavo ma il polacco mi volle alle sue dipendenze e vi riuscì, per cui io non facevo più quasi nulla, incantando per lunghe ore questo cattolico ferventissimo con la descrizione delle straordinarie ricchezze del Papa che gli dicevo aver conosciuto personalmente avendo vissuto in Vaticano."

"Purtroppo questa vita privilegiata non doveva durare a lungo. Il mio protettore fu trasferito in un altro settore della miniera, e sebbene a volte mi mandasse qualcosa da mangiare ricominciai a trapanare la roccia, un lavoro divenuto ancor più faticoso. Cominciavo anch'io poco a poco a sentire le forze abbandonarmi. Le misure del collo e delle cosce si andavano riducendo rapidamente, cosa che maggiormente contribuiva a deprimere il mio morale. Mentre prima i giorni delle selezioni mi lasciavano tranquillo ora mi causavano turbamento e apprensione. Nonostante quella vita, nonostante le sofferenze e la fame non mi andava di morire. Avevo ancora speranze e desideri non appagati ai quali non mi sentivo di rinunciare."

"Ero quasi tentato di fare come quell'ebreo di Salonicco il quale vedendo che non poteva più reggere, mise volontariamente un dito sulle rotaie aspettando che il vagonetto carico di pietre gli passasse sopra; col dito sanguinante corse ad annunciare che aveva avuto un incidente con una voce che denotava più la gioia che il dolore. Gli tagliarono il dito, ma in compenso poté riprendersi riposando per una trentina di giorni. Forse mi sarei deciso sebbene occorresse un disperato coraggio, ma mi venne un miracoloso foruncolo a un ginocchio, così grosso da non poter piegare la gamba. Fui ricoverato. Il comandante dell'infermeria, un maggiore delle SS, una persona colta e l'unico tedesco che ricordi con riconoscenza, mi prese in simpatia e mi nominò becchino. Era uno dei lavori più ambiti. Lavoravo dalle sei e mezzo del mattino fino alle otto della sera con un intervallo di due ore a mezzogiorno e avevo diritto a una minestra supplementare."

"Il lavoro non era difficile, era questione d'abitudine. Dovevo spogliare i morti, scrivere loro sul petto a grosse lettere con una matita copiativa il numero tatuato sul braccio e accatastarli in mucchi pronti a essere caricati sul camion che li trasportava nei forni crematori".

GLI SPONSOR DEL VATICANO

Giovanni Paolo II non solo si è inventato la formula vincente di far pagare le tasse nella Chiesa, ma ha anche cancellato un tabù radicato: quello che aveva tenuto lontani gli sponsor da tutto ciò che avesse a che fare anche con le cose dello spirito.

I primi a entrare ufficialmente in Vaticano sono stati quelli giapponesi, seguiti poco a poco da aziende elettriche e bancarie che hanno finanziato vari restauri della basilica e della piazza San Pietro e che sono da poco entrati con degli spot anche alla Radio Vaticana. Una televisione giapponese ha finanziato il gigantesco restauro della volta michelangiolesca e del *Giudizio Universale*. Ci hanno messo tredici anni i restauratori a ritrovare i colori della volta e quattro per il Giudizio, più tempo di quanto ce ne mise Michelangelo a dipingerli. I dodici milioni di dollari spesi dal network nipponico fra il restauro e i centosettanta chilometri di filmati sono molti di più di quelli che ricevette Michelangelo per realizzare i due titanici capolavori.

Il maestro era stato compensato con 1200 scudi d'oro da papa Giulio II per la volta e si lamentava di essere stato molto mal pagato da Paolo III per il *Giudizio Universale*.

Un pelo, sì proprio un pelo rimasto incollato fra lo spesso intonaco di calce e pozzolana e il tenue velo di colore spennellato a fresco da Michelangelo sulla volta della cappella Sistina mi ha fatto sognare. A naso all'insù su un ponte mobile sospeso quindici metri sopra il pavimento, agganciato alle stesse buche pontaie usate da Michelangelo per il suo ponteggio di legno, sono rimasto impietrito quel giorno di marzo del 1990 sotto quel pelo lasciato dal maestro quasi cinque secoli prima. Mi è sembrato di vedere Michelangelo sdraiato sul ponteggio. Ho cercato d'immaginarlo con il pennello in mano a riempire le sue logoranti "giornate" di sei ore per dipingere senza pause sull'intonaco che andava drammaticamente asciugandosi, giganteschi personaggi di due metri come l'Eva della cacciata, "spolverata" sulla volta con sacchi di cenere sbattuti contro il cartone.

Nel settembre del 1993, con il precario e cigolante saliscendi, sono di nuovo salito fino al settimo livello dei ponteggi questa volta appoggiati al *Giudizio Universale*. Un'emozione indimenticabile. Soprattutto vedere da vicino i grani incredibilmente consistenti dei lapislazzuli macinati grossolanamente per garantire a Michelangelo un azzurro di sogno ma che hanno costretto i restauratori a pulire tamponando senza mai strofinare per non trascinarli via con le spugne.

Avevo appena preceduto i primi privilegiati turisti ammessi ad ammirare il Giudizio ritrovato. Erano Akihito e Michiko, i sovrani del Giappone. Un'anteprima che era loro dovuta. Non solo perché sembravano entrambi galleggiare leggeri e con occhi lontani e sognanti in un mondo ideale dove solo lo spirito regna, come raccomanda con forza il messaggio del grande affresco michelangiolesco. Ma anche perché il ritrovato splendore del capolavoro era dovuto al loro paese.

Uno spettacolo nello spettacolo, l'imperatore e l'imperatrice fra i personaggi del Giudizio, dagli "angeli tubicini" al Giudice trionfante. Tutto è celestiale sotto la volta dominata dal profeta Giona. È Michiko che mostra maggior curiosità. Le domande suonano soavi e semplici al professor Fabrizio Mancinelli, responsabile dei lavori. In realtà sono addirittura imbarazzanti.

"Come si fa a distinguere un santo da un altro?" oppure "Quanti contratti ha dovuto firmare Michelangelo con il papa?"

Cardinali, prelati, personalità e accompagnatori, rimasti pazientemente a terra scrutano con il naso puntato nella buona direzione e con devoto compiacimento le meraviglie che manifestano i sovrani con "oooh!" misurati prodotti da minuscole bocche tonde. I reali sono ipnotizzati dall'immenso Cristo appena emerso dallo strato di polvere, di fumo di ceri, di aliti nebulizzati di chissà quanti milioni di visitatori, dall'inquinamento violento degli ultimi cinquant'anni, dagli oli, dalle colle e dal fiele di bue spennellati allegramente da restauratori della domenica.

Rimane il tempo per adocchiare qualcuno dei trentasei santi e sante che non hanno ritrovato il loro aspetto originale, potenti e muscolosi i primi, dai seni esuberanti le seconde.

La loro anatomia denunciata come oscena al Concilio di Trento è rimasta nascosta per sempre sotto le mutande e i drappeggi di Daniele

"Braghettone" da Volterra che è riuscito però così a salvare il capolavoro da una cancellazione censoria definitiva.

Il povero San Biagio, sospettato di un approccio non sufficientemente spirituale nei confronti di una troppo popputa Santa Caterina d'Alessandria, spiega Mancinelli imbarazzatissimo ai sovrani, nell'inglese più castigato che riesce a trovare, è stato addirittura "rigirato" mentre la santa è stata rivestita e il suo petto rigoglioso affogato nel gesso.

Discreto come si conviene, l'imperatore si limita a chiedere informazioni sulla tecnica che permette di distinguere le parti originali, mentre la soave regina guarda pudicamente verso il cielo michelangiolesco.

Tra gli sponsor ufficiosi, anzi riservati, il Vaticano deve contare anche le compagnie aeree per i viaggi degli ultimi papi. Il principale e più fedele era l'Alitalia che per alcuni anni fu considerata quasi una società vaticana. Esisteva un aristocratico dirigente che aveva le funzioni equivalenti a quelle di un ambasciatore presso la Santa Sede.

Mentre le compagnie che assicuravano il viaggio di ritorno offrivano spesso in modo pubblico il passaggio gratuito al capo della Chiesa e al suo seguito, ai tempi in cui la pubblicità dell'avvenimento poteva giustificare questa generosità, la compagnia di bandiera italiana faceva sapere che anche il papa e non solo i giornalisti pagavano i costosissimi biglietti, tanto da pubblicizzare la riproduzione di quello intestato a Sua Santità Giovanni Paolo II.

In realtà un funzionario della compagnia mi confidò che il meccanismo della sponsorizzazione funzionava in questo modo: venivano emessi biglietti per il papa, i cardinali, i prelati, gendarmi, guardie svizzere ecc., tutti regolarmente pagati dal Vaticano. Poi una volta l'anno la compagnia era ricevuta in udienza dal pontefice che ringraziava dirigenti e collaboratori i quali gli offrivano per la sua carità personale l'equivalente di quanto il Vaticano aveva speso durante l'anno per i viaggi.

Probabilmente ai tempi di Paolo VI, quando i viaggi non erano ancora divenuti così sistematici come durante il pontificato di papa Wojtyla e ancora non circolavano polemiche sul costo di questa pastorale itinerante, i viaggi erano ancora coperti dalle spese pubblicitarie previste nel bilancio della compagnia italiana.

Ne ebbi la prova quando Paolo VI andò a Firenze nel 1966. L'aereo era riservato solo al papa e al seguito. Niente stampa. All'aeroporto la sera, mi avvicinai al prefetto della casa pontificia, l'arcivescovo francese Jacques Martin. Conversando con lui entrai nell'aereo continuando a rivolgergli amabilità e domande. L'aereo decollò. Il colonnello Angelini, il comandante dei gendarmi, divenne rosso dalla rabbia. Il presidente dell'Alitalia, presente a bordo, dovette personalmente riempire un biglietto per il clandestino, obbligatorio per motivi di assicurazione, ma naturalmente senza farmi pagar nulla.

Un'altra occasione per viaggiare gratuitamente, benché all'insaputa di molti colleghi, ci fu offerta dal presidente Lech Walesa nel 1991. Il ritorno da Varsavia avrebbe dovuto assicurarlo l'Alitalia. All'ultimo momento il capo dello stato polacco mise a disposizione l'aereo presidenziale. Fu un viaggio memorabile perché il sistema idraulico delle toilette si era rotto. Al decollo e all'atterraggio dell'aereo i passeggeri dovettero tutti insieme, papa, cardinali, prelati e giornalisti, sollevare i piedi per lasciar passare un piccolo torrente di acqua torbida.

In aereo, il papa passava nel corridoio e rispondeva alle domande di ognuno, cosa che scatenava un meccanismo concorrenziale incontrollabile. Si passò alle conferenze-stampa a diecimila metri, lunghe e dettagliate. Sembrava che a quell'altezza, lontani dal Vaticano, si potesse chiedere di tutto. Guardandomi con molta diffidenza, il portavoce cercava di evitare le mie domande. Sono riuscito più di una volta a chiedere al papa se si sarebbe eventualmente dimesso un giorno. Era divenuto quasi un gioco perché ogni volta rispondeva che non sapeva a chi presentare le dimissioni. In effetti, il capo della Chiesa può "rinunciare" ma non "dimettersi". Sono riuscito perfino a chiedergli se aveva avuto esperienze con le donne. Mi lasciò intendere in modo elegante che non ne aveva mai avute.

Certo aveva una grande capacità d'improvvisare, come avvenne ad Agrigento con il suo durissimo attacco alla Mafia chiamata a rispondere dei suoi delitti davanti al tribunale di Dio. La Mafia rispose mettendo due bombe davanti al Laterano e alla chiesa di San Giorgio al Velabro. Era un messaggio preciso: non poteva accettare un attacco così diretto mentre "arricchiva" la Banca del Vaticano con depositi faraonici destinati a essere riciclati.

GLI SPICCIOLI DELLA CHIESA

Sono sponsor della Chiesa e lo sono sempre stati, naturalmente, tutti quei fedeli che offrono elemosine per la celebrazione di messe di suffragio o per finalità caritative sia locali che per la carità personale del papa attraverso l'Obolo di San Pietro il 24 giugno in tutte le chiese del mondo, ma anche ogni giorno dell'anno grazie ad un conto corrente dell'Unicredit oppure on-line con carta di credito. L'Obolo è arrivato fino a cifre record non lontane dai cento milioni di dollari.

Quanto ai soldi per le messe, non si può dire che siano stati gestiti sempre molto bene. Ai tempi di monsignor Donato De Bonis, prelato dello IOR negli anni Novanta, il conto sponsorizzava, per pochi euro ciascuna, circa diecimila messe l'anno, ma serviva anche ad altre operazioni molto meno chiare e spirituali e molto più lucrose.

A parte i redditi tradizionali che provengono dallo straordinario patrimonio immobiliare della Santa Sede, dagli investimenti o dai musei vaticani con il biglietto d'ingresso fra i più cari del mondo, i cui proventi servono in gran parte a mantenere e restaurare i suoi capolavori, alcune voci minori vanno acquistando un sempre maggior peso. Ad esempio l'editoria vaticana con i libri best-seller dei papi e la farmacia aperta a tutti, divenuta un vero e proprio supermercato delle medicine e della profumeria. Unici prodotti assenti, *ça va sans dire*, Viagra e contraccettivi. Il pudore degli ecclesiastici va rispettato, tant'è che dall'attigua Annona erano scomparsi perfino dei gelati dal sospetto nome peccaminoso. Erano dei gelati al "frutto della passione", l'incolpevole passiflora. Ne ha chiesto notizie direttamente all'Amministratore delegato della multinazionale italiana che li produce un principe romano, nipote di papa Pacelli, che ne è ghiotto. Il direttore commerciale gli ha spiegato che erano stati gli acquirenti vaticani a "censurarlo" dopo le lamentele di alcuni prelati ignari che il sesso non aveva nulla a che vedere con il fiore della passione, chiamato così dai gesuiti missionari agli inizi del Seicento per la somiglianza di alcune parti della pianta con i simboli della passione di Cristo, la frusta, i chiodi, il martello, la corona di spine. Ad ogni buon conto il gelato incriminato è tornato in vendita in Vaticano nella confezione destinata al mercato iberico, dove il "frutto della passione" diviene *maracuja*.

Le sponsorizzazioni più singolari sono quelle per i giubilei. Nei primi Anni Santi della storia erano spudorate e in gran parte prodotte dal meccanismo ricattatorio delle indulgenze che poi portò allo scisma luterano. Erano tempi in cui quasi tutto nella Chiesa si poteva comprare. Già al tramonto del primo millennio il santo abate Abbone di Fleury denunciava: "Non c'è pressoché nulla che appartenga alla Chiesa che non sia dato per denaro: episcopati, presbiterati, diaconati e restanti ordini minori, e ancora arcidiaconati, decanati, prevosture, tesorerie, battesimi, sepolture e quant'altro. Coloro che fanno mercato con subdola scusa sono soliti assicurare che essi non comprano la benedizione con cui si riceve la grazia dello Spirito Santo, ma i beni della Chiesa, i possessi del vescovo, non potendosi dubitare che nella Chiesa cattolica questo non può mancare di quelli."

Insomma si trattava di simonia bella e buona. Un'eresia condannata da molti Concili e che si fa risalire al Simon Mago di Dante Alighieri, cioè al Simone samaritano che aveva voluto comprare lo Spirito Santo dagli apostoli e che si dice morì in modo ignominioso, al limite del ridicolo. Secondo una versione si fece seppellire annunciando la sua resurrezione al terzo giorno ma nella tomba ci rimase. Secondo un'altra, volle dare una dimostrazione di levitazione all'imperatore Nerone al Foro Romano ma cadde sfracellandosi.

Negli ultimi Anni Santi tutto è stato accettato a fin di bene, dal *panis caritatis* offerto dai panificatori romani, alla rete informatica generosamente concessa dalla Telecom alle trecento nunziature apostoliche sparse nel mondo, alla preziosissima cappa creata da una grande stilista per il papa per aprire la Porta Santa.

Una sponsorizzazione giubilare molto sofisticata è scomparsa con Giovanni Paolo II dopo sette secoli e spiccioli. Era legata ai tremila mattoni necessari a chiudere con un muro la famosa Porta, tutti con lo stemma pontificio e con l'indicazione RFSP, cioè Reverenda Fabbrica di San Pietro. Indicazione che apriva in altri tempi tutte le porte doganali, come per tutti i materiali "ad usum Fabricae", tanto che a Roma per dire gratis si diceva "a ufa".

Prelati e fedeli compravano i mattoni con offerte per riaverli un quarto di secolo dopo, o anche prima se c'era un giubileo straordinario. Ho potuto recuperare un mattone del '33 e uno del '50. Quelli del 2000 si sono volatilizzati. Ne ho raccolti solo alcuni frammenti quando per la prima volta nella storia il muro santo non fu abbattuto dopo un primo colpo di scalpello dato dal papa, ma la vigilia dell'apertura ufficiale dal cardinale arciprete della basilica e dai suoi sampietrini.

Quel 25 marzo del 1983 Giovanni Paolo II avrebbe dovuto aprire la Porta Santa semplicemente con una chiave. L'esperienza del precedente giubileo aveva messo fine al suggestivo ma complicato sistema di far basculare qualche tonnellata di mattoni su un telaio di ferro e legno non appena il capo della Chiesa avesse picchiato con il suo scalpello d'argento al centro della Porta Santa. Paolo VI il 24 dicembre del 1974 aveva rischiato di venire investito da una pioggia di frammenti d'intonaco e mattoni.

Con discrezione cerimonieri e sampietrini avevano già fatto tutto. Avevano aperto un tassello per raggiungere l'intercapedine tra il muro interno e il muro esterno, dov'era conservato uno scrigno, deposto alla chiusura dell'Anno Santo 1975. Lo avevano trasferito con una portantina nell'aula capitolare. Lo avevano aperto alla presenza di un notaro incaricato di stendere il rogito. Ne sono stato testimone anch'io: c'era proprio tutto quello che ci era stato lasciato: i mattoni dorati e argentati messi da Paolo VI e dai cardinali, le monete vaticane coniate tra il 1950 e il 1975, le medaglie del pontificato paolino, i verbali del giubileo precedente. Gli operai della basilica avevano lavorato fino alle ore piccole per recuperare tutti i mattoni da ridistribuire.

Poi, all'ultimo momento è cambiato tutto e la Porta Santa non l'ha più aperta il papa ma un sampietrino, Leopoldo Ricci, un borghigiano di cinquantasei anni che prestava servizio nella basilica dall'Anno Santo del '50.

Era stato dato incarico a un artigiano di preparare un artistico chiavistello di bronzo da applicare all'esterno della porta, eliminando due bulloni. Giovanni Paolo II, infatti, aveva chiesto di aprirla personalmente, come lo avevano sempre fatto tutti i suoi predecessori, anche se in modo diverso. Il chiavistello si era rivelato necessario perché la serratura della porta di Ludovico Consorti offerta nel 1950 dai cattolici svizzeri si trovava all'interno, come quella di tutte le altre quattro porte del tempio.

Dunque tutto stabilito fino alla vigilia, quando il nostro Leopoldo Ricci insinua un pesante dubbio che fa impallidire il maestro delle cerimonie pontificie: *"Ma si er papa nun rompe er muro e bussa, che bussa a ffa' si è lui che apre?"*

La logica è logica e va rispettata, soprattutto se un miliardo di persone in tutto il mondo è davanti agli schermi a controllare. Precipitosamente il catenaccio bronzeo viene fatto scomparire.

Il giorno tanto atteso anche il papa si deve inchinare alla logica di Leopoldo Ricci. Avrebbe potuto essere l'unico pontefice della storia, insieme a Urbano VI nel XIV secolo, ad aprire due volte la Porta Santa grazie al successivo giubileo del 2000. Dopo aver bussato tre volte – rito questo irrinunciabile nel rispetto della liturgia ormai secolare dell'*"aperite portas!"* – si fa aprire la porta da un laico, forse il più modesto dei suoi sudditi in Vaticano.

I colpi ben calibrati, resi potenti e chiari dai tecnici della Radio Vaticana, vengono uditi senza difficoltà da Leopoldo Ricci che introduce nella serratura la chiave dorata con il suo bravo cartellino "Porta Santa". La gira due volte, abbassa la maniglia e hop! il giubileo straordinario è aperto.

Sono passato dopo il papa, i cardinali e i prelati più autorevoli. Sono stato l'unico a stringere la mano a Leopoldo Ricci.

L'INIZIO DELLA FINE DELL'INCUBO

"Tra speranze, illusioni, disillusioni – racconta Nissim Alhadeff nelle sue memorie – si arrivò al mattino del 18 gennaio 1945. Verso le otto incominciarono a passare le retroguardie tedesche. Verso le dieci apparve una colonna di donne prigioniere, una colonna che non finiva mai. Erano donne giovani di tutte le nazionalità, la maggior parte ebree, che ci chiedevano gridando notizie di qualche loro caro. Tra esse molte erano grasse, di quel grasso non normale, prodotto da disfunzioni ghiandolari. Quelle poverette erano state sperimentalmente ovariectomizzate. Avevamo davanti agli occhi delle cavie umane. Solo dopo due ore la colonna accennò a finire. In fondo stavano le più malconce, le più anziane, le più magre. Mi è rimasta impressa una signora magrissima sui quarant'anni. Si trascinava sulla strada ghiacciata, con una scarpa di corda al piede sinistro e uno zoccolo di legno grezzo al destro. Si udiva risuonare cupamente ritmicamente questo zoccolo sul ghiaccio. Poi a tratti dopo un abbaiare di cani i battiti diventavano più frettolosi, battiti che segnalavano esitazioni e accelerazioni. Era evidente che ogniqualvolta rimaneva staccata cercava di riavvicinarsi al gruppo che per lei rappresentava la vita. L'ho riconosciuta per caso durante la notte per quel suo zoccolo di legno, morta lungo il margine della strada.

Quello stesso giorno, infatti, eravamo stati evacuati anche noi. Eravamo in duemila. Mi sono messo in fila con il medico nel reparto così detto sanitario. Si sperava che i "pazienti" avrebbero avuto un trattamento speciale. Ed infatti hanno avuto un trattamento specialissimo: in un granaio le SS hanno ucciso a colpi di mitraglia duecentocinquanta prigionieri in cattive condizioni che non potevano più camminare.

Si partiva in gruppi di quattrocento. La sorte volle che io e il medico fossimo inclusi nel gruppo precedente a quello sanitario che fece poi tutto un altro itinerario. Si partì alle sette di sera.

Era un giovedì. Era già buio alla partenza. Un freddo intenso ci congelava. Il termometro doveva segnare più di venticinque gradi sotto zero. La strada coperta di ghiaccio attraversava diritta una pianura sterminata. Qualche casa o gruppo di case isolate rompeva questa monotonia. Ai lati della colonna dei prigionieri c'erano le SS con cani. Dieci per ogni duecento uomini, oltre alle pattuglie in moto o a cavallo.

Durante le prime ore di marcia ci hanno fatto quasi correre per stancarci al massimo in modo che non si avesse più la forza di fuggire. Solo verso mezzanotte il ritmo è stato rallentato.

Lungo il margine delle strade incrociavamo decine di corpi di donne distese nelle più strane posizioni, uccise e abbandonate. Si capiva che erano giovani ma con i volti segnati dalle sofferenze trasformati in maschere di vecchie precoci. Si camminò così sino al mattino. Ci ammassarono l'uno contro l'altro in duemila fra le mura di una casa diroccata e a colpi di pistola ci ordinarono di sederci. Molta gente quasi soffocava. Io mi sono trovato in una strana posizione, piegato sulle gambe stretto da ogni lato, con i piedi gelati e la fronte ghiacciata da uno sferzante vento del nord.

Fosse stato solo il vento! A fischiare sopra le teste erano anche le pallottole. Temevano che qualcuno si alzasse e fuggisse e perciò sparavano all'impazzata. In quella posizione di equilibrio instabile rimasi per quattro ore. Non sentivo più le mie gambe intorpidite dal freddo e dalla posizione. Non avevamo né pane né coperte. Grazie al medico, riuscii a elemosinare due microscopiche fette di pane. Erano venti ore che non mangiavamo.

Quando ci rimettemmo in marcia, fu per la prima volta che vidi ammazzare qualcuno proprio accanto a me. Eravamo già in fila e due prigionieri erano rimasti sdraiati. All'ordine di camminare, uno di loro si alzò e tese le braccia in segno di preghiera. Il comandante fece un segno d'intesa a due SS che trasportarono i due malcapitati un po' più lontano. Due colpi, due buchi alla nuca, due cadaveri. Sono stati i primi di una lunga serie.

Abbiamo ripreso a camminare per nulla riposati, più stanchi di quando c'eravamo fermati. Uno che non ce la faceva più, mi pregò di aiutarlo. Lo trascinai per qualche chilometro, ma ero stremato mentre sentivo che mi pesava sempre più e andava incontro a morte sicura. Trascinandomelo avrebbe vissuto ancora un po' ma alla fine ci sarebbe toccata la stessa sorte.

Ero lacerato dal dilemma se abbandonarlo o no quando passò un capo-blocco con un carretto. Era un ariano che aveva strangolato la moglie e scontava i suoi anni di galera in un campo di concentramento. Come capo ariano aveva diritto a un trasporto. Con tutto il mio coraggio mi rivolsi a lui. Non so cosa sia avvenuto. Forse colpito dall'estrema magrezza del prigioniero, accettò di prenderlo e io riuscii accelerando a riprendere la colonna.

La sera si camminava ancora senza sapere dove si andava e quando ci saremmo fermati. Il freddo era sempre più intenso e da più di ventiquattr'ore non avevamo bevuto niente di caldo.

Camminavo e ogni tanto si sentivano colpi soffocati di pistola. Ogni volta erano speranze che morivano, erano sofferenze e tormenti che terminavano. Piccoli colpi e vite che si spegnevano, vite che forse non avrebbero mai più potuto anche liberate tornare alla normalità. Camminavo e mi accorgevo che le forze mi mancavano perché altri mi passavano davanti. Rallentavo andando incontro alla morte. Nessun rammarico, nessun dispiacere. Solo un po' di nostalgia per i miei ventisette anni, semplice nostalgia senza ribellione. La morte non fa paura per niente una volta che ci si è abituati all'idea di dover morire. Non si soffre, anzi si è un po' in ansia perché non si fa vedere.

Un'immagine mi svegliò da quel torpore, quella di un treno. In un attimo le forze ormai esaurite mi tornarono. Mi feci avanti ma bisognava ancora aspettare a lungo. Si entrava nella stazione a turni.

Non potevo rimanere in piedi al freddo ancora per qualche ora. Escogitai allora uno stratagemma che per fortuna mi riuscì: cercai fra i prigionieri tre o quattro più malconci ma che ancora si tenevano in piedi. Me li trascinai dietro e mi presentai alla SS di guardia dicendo che ero medico e che ero stato incaricato di condurli al vagone infermeria. La SS s'informò presso gli altri detenuti se ero veramente medico, e avutane conferma, mi lasciò passare.

Altro che vagone infermeria. Fossero stati almeno i soliti vagoni bestiame coperti. Erano invece vagoni scoperti con due dita di neve mista a ciottoli di carbone sul fondo. Non stetti troppo a scegliere: ci buttammo nel primo vagone vuoto. Mi avvolsi completamente dentro la coperta militare che ero riuscito a rubare partendo e mi addormentai. Ricordo che durante la notte difesi la coperta a calci e ricevetti qualche frustata.

Mi alzai la mattina dopo tutto bagnato; col calore del corpo la neve si era sciolta e l'acqua mi era entrata fino alle ossa. Cominciai ad avere dei brividi di freddo e il giorno dopo mi scoppiò un classico reumatismo articolare acuto con più di trentanove di febbre, con ginocchia e caviglie che si andavano man mano tumefacendo e indolenzendo.

Eravamo una cinquantina uno addosso all'altro, ammassati nei due terzi, perché un terzo era stato occupato a suon di frustate da due capi.

Il secondo giorno ci diedero quattrocento grammi di pane. Non avevo più la forza né di masticare, né d'inghiottire e per la febbre non avevo quasi più fame.

Né ciò che ci circondava poteva incoraggiare l'appetito. Un detenuto morto fu rimesso pancia sotto in un angolo dove rimase per tutto il viaggio. Un francese che aveva tentato di scappare era diventato scemo per le botte. Stava sdraiato, appestandoci con la sua dissenteria provocata da un pacco di margarina ingoiata in un attimo.

Viaggiammo in queste condizioni per due giorni e tre notti. Al mattino del terzo giorno arrivammo ad una piccola stazione: Weimar a dieci chilometri da Buchenwald.

I passanti ci guardavano con aria indifferente come se per loro tale spettacolo fosse cosa naturale. Né il nostro stato così malconcio, né i nostri vestiti zuppi destavano in loro alcun senso di commiserazione. Guardavano freddamente come volessero dirci che le sofferenze che subivamo le avevamo ben meritate. Soltanto un giovane operaio addetto alle caldaie della locomotiva ebbe compassione ed eludendo la sorveglianza delle SS ci procurò qualche litro di acqua calda cosparso qua e là di macchie d'olio.

Dalla stazione di Weimar si vedeva una collina boscosa sulla cui cima sorgeva Buchenwald. Sembra che la gente dei dintorni la chiamasse la collina di sangue, senza interessarsi minimamente a ciò che vi succedeva nella convinzione che vi fossero concentrati i più grandi nemici del terzo Reich.

Buchenwald aveva un aspetto più severo e più tetro di Auschwitz. L'entrata era in cemento armato con un'imponente inferriata. Ben visibile vi si poteva leggere la scritta: *'Recht Unrecht das mein Vaterland das ist mein Recht'* (Giusto o ingiusto questa è la mia patria, questo è il mio diritto). Subito dopo l'entrata un grande piazzale, l'Apel platz, che poteva contenere più di quarantamila persone. Mattina e sera tutti ci si doveva ammassare per essere contati. La conta più minuziosa, lunga ed estenuante era la sera. Appena tornati stanchi dopo dodici ore di lavoro ci si doveva mettere in fila e blocco per blocco recarsi sulla piazza a passo cadenzato. Nessuno poteva rimanere nei blocchi. Chi aveva la malaugurata idea di morire dopo mezzogiorno doveva essere trasportato ugualmente sulla piazza d'appello per essere contato. Le statistiche di ogni blocco dovevano essere consegnate ogni giorno, a mezzogiorno in punto. Si vedevano allora questi cadaveri sdraiati su due assi o seduti su qualche sgabello sgangherato muovere macabramente e ritmicamente il capo e le membra nel seguire il passo cadenzato di chi li trasportava. I cadaveri venivano posti ai lati di ciascun blocco e le SS con tutta naturalezza passavano e li contavano. I morti non facevano poi tanta pena. Qualunque cosa succedesse loro non soffrivano più. Mentre i malati che l'infermeria non aveva accolto, dovevano con la febbre e il dolore sopportare ogni sera un nuovo martirio.

Il piccolo forno crematorio di Buchenwald serviva per quelli che morivano naturalmente. Mentre quelli invece che dovevano essere eliminati venivano spediti ad Auschwitz.

Nei due ultimi mesi il forno di Buchenwald non funzionò più. A qualche distanza dal campo furono scavate delle grandi fosse, di una trentina di metri di diametro e abbastanza profonde che venivano riempite e interrate in brevissimo tempo.

A poca distanza dal forno crematorio c'era un fabbricato più orrido e sinistro. I medici nazisti vi eseguivano strani esperimenti. La vivisezione era all'ordine del giorno. Hanno perfino fatto bollire degli arti umani per estrarre dai muscoli un preparato che potesse dare nuove energie. Erano capaci di recuperare pelle umana tatuata per i paralumi della moglie del comandante.

Poiché Buchenwald si trova più o meno al centro della Germania, verso la fine tutti i prigionieri evacuati vi vennero convogliati. I blocchi che normalmente potevano contenere trecento individui finirono per ospitarne più di millecinquecento.

Il brutto era quando qualcuno vi moriva. Lo si doveva tenere per due o tre giorni perché i capi-blocco nelle statistiche giornaliere lo denunziavano come ancora vivo per prenderne la razione. I morti denunziati venivano messi in uno sgabuzzino all'entrata del blocco. Un carretto ogni mattina lo vuotava portando i cadaveri nel cortiletto del forno crematorio.

Una mattina mi vennero a svegliare verso le tre perché mi recassi subito sulla piazza d'appello. Senza sapere il perché, senza sapere dove mi portavano, mi alzai in tutta fretta, mangiai mezza razione riservando l'altra metà per il momento in cui la fame si sarebbe maggiormente fatta sentire. Vi trovai una sessantina di prigionieri che non sapevano neanche loro dove erano diretti. Fummo caricati in un vagone bestiame, stipati da non poterci muovere e condotti alla piccola stazione di Weimar. Lì ci misero in fila e fummo accompagnati da dieci SS con i loro cani.

Dovevamo camminare lungo una strada di campagna, piena di pozzanghere e di fango a causa della neve che si scioglieva. Se qualcuno cercava di evitarle, già prima di essere colpito dal calcio del fucile della guardia, era assalito ai polpacci dalle feroci zanne dei cani.

Dopo qualche chilometro vidi in lontananza una grande fossa. Pensai allora che una zona così deserta era il luogo più adatto per essere fucilati e sotterrati senza che nessuno se ne accorgesse: nel campo già correvano voci che eravamo in troppi. Mentre ci avvicinavamo alla fossa, distinsi nel fondo una piccola baracca. Quando vidi tirarne fuori vanghe e pale, ebbi la certezza che per quel giorno sarei ancora sopravvissuto."

Nissim Alhadeff riuscì a sopravvivere fino all'arrivo degli alleati.

Con l'aiuto di contadini e di gente generosa incontrata lungo il suo pellegrinaggio di ritorno a casa raggiunse a piedi Milano e infine Roma con un camion di derrate gestito da un religioso conosciuto molti anni prima.

LA SOFFITTA DEI PAPI

Il passaggio da un pontificato all'altro produce momenti di confusione e d'incertezze nel sistema vaticano. Come quei momenti mi avevano permesso di telefonare direttamente "a casa" del nuovo papa, Giovanni Paolo I, così mi hanno permesso di penetrare in uno dei *sancta sanctorum* del Vaticano più inaccessibili, la Floreria Apostolica, la "cantina-soffitta" dei papi. Negli ultimi anni è stata riorganizzata e forse i suoi "tesori" sono stati nel frattempo catalogati, ma nessuno ne sa nulla perché è impossibile metterci il naso. Alla mia richiesta di tornarci, se non altro per vedere alcuni antichi orologi da tavolo, il Reggente della Casa Pontificia, monsignor Paolo De Nicolò, mi ha guardato come fossi impazzito.

Non si sa bene quando è nata con questo nome. Le prime notizie certe risalgono agli inizi del Quattrocento. Forse allora il suo compito era di pensare soprattutto ai fiori per le cappelle e per le stanze pontificie.

È stato l'allora "governatore" della Città, il marchese Giulio Sacchetti, ad autorizzare il Floriere, Ettore Gabrielli, ad aprirmene le porte.

Allora – non so oggi – era un gigantesco magazzino su tre piani, moltiplicato da soppalchi e mezzanini di legno, spesso buio e polveroso quanto si può immaginare per una cantina, disordinato quanto basta, come richiede il fascino dei piccoli mondi lontani nel tempo.

Si arrampicava, e dovrebbe farlo ancora, all'interno del palazzo sul fianco orientale della collina vaticana, fra mura successive assicurate fra loro da cordature di ferro da scavalcare con prudenza, incassato fra il cortile del Triangolo, quello superiore di Sisto V e il grande cortile di San Damaso, lo storico accesso nobile alla Casa del Papa.

I fantasmi dei papi e dei cortigiani sono tutti là. Sulla cattedra dalla quale nel 1475 affidò al Platina il mandato di dar vita alla Biblioteca Vaticana ci sedeva Sisto IV solenne e compreso, proprio come l'immaginò quel giorno Melozzo da Forlì nel suo affresco alla Pinacoteca.

Della cattedra resta solo lo scheletro in noce, dalle proporzioni aristocratiche. Da cinquecento anni serve ai falegnami del palazzo come modello per nuovi troni nel rispetto della forma canonica consacrata dal pittore forlivese.

Lo storico cimelio sonnecchiava fra un trono in canna indiana intrecciata e uno in legno scolpito da artigiani africani, mai completamente tolto dal suo imballo dal quale spuntava una testa cornuta più demoniaca che animalesca.

La Floreria Apostolica ha il compito istituzionale di far sedere fedeli e prelati, papi e capi di stato, visitatori di poche ore e cardinali che ci stazionano giornate intere. Di sedie ne ha più di venticinquemila, da quelle in materiale sintetico per le grandi udienze generali a quelle pregiate in legno massello. Almeno un migliaio gode di un rilevante prestigio storico e artistico. Di molte si conoscono la vita e i meriti. Alcune rigide poltroncine emergevano fra le loro compagne nate per i conclavi nella Cappella Sistina. Sullo schienale uno stemma ricorda il porporato che vi era seduto quando è stato eletto papa. Ci sono i monti, le stelle e il leone di Giovanni Paolo I, i monti e i gigli di Paolo VI, c'è la torre di Giovanni XXIII, la colomba di Pio XII, l'aquila di Pio XI.

Accanto, una bellissima sedia da gondola del Settecento, decorata a intarsi floreali, in precario equilibrio senza il suo scafo, con una storia nascosta in chissà quale "memoria" degli Archivi Segreti.

Fra le vecchie cianfrusaglie della cantina, in disordine ma come riposte ieri per servire ancora in futuro, c'erano le valigie e le casse da viaggio dei pontefici. Seguivano i papi a dorso di mulo, accompagnati da interminabili, pittoreschi cortei di nobili a cavallo, di prelati, famigli, guardie svizzere e palatine. Accanto, i cestini in vimini ricoperti di marocchino rosso, di tutte le forme e misure, per i pic-nic di papi e cardinali e, per ultime, le grandi ceste che tornavano a Roma cariche dei doni degli aristocratici latifondisti laziali, umbri e marchigiani.

Né il Floriere né il suo assistente, Franco Seganti, legato da due generazioni alla sovrana soffitta, mi seppero dire quanti fossero i magazzini e i ripostigli che gestivano. Ce ne sono dappertutto, alcuni minuscoli come il "Cerignolo", il cestino dei pescatori, nascosto dietro una porta, altri ricavati nella vecchia "cordonata" che permetteva ai muli carichi di raggiungere il cortile di San Damaso dalla sottostante piazza San Pietro. Altri infine rubati da un angolo interrato del cortile della Rota o dalla sommità di un pilastro che sostiene la Scala Regia.

Una portantina dei papi nella Floreria Apostolica

Conservavano vecchi quadri d'interesse modesto o di gusto superato, "baronetti", predelle, arredi e tappeti. Sotto le nuove salette dei
Musei che si affacciano sui cortili dei Pappagalli, dei Borgia e della
Sentinella, cantine pressoché dimenticate ospitavano armadi pieni da
scoppiare di vasellame di poco conto, ma anche di servizi di qualche

pregio, come quello per i pranzi a palazzo degli ufficiali della Guardia Nobile, ben identificato dallo stemma del corpo.

Il primo segno che non si entrava in un museo ma nella soffitta di un palazzo che vive era offerto all'ingresso ufficiale della Floreria da un benvenuto di confusione, fatto di antiche colonnine dei giardini vaticani, di resti di presepi per gli appartamenti privati dei pontefici, seminascosti da un gran materasso offerto al papa ma ancora nel suo imballo, il tutto presieduto da un gigantesco copricaminetto molto *kitsch* in legno e cartone dipinto in uno stile inclassificabile.

Il presepio di Pio XII giaceva ancora in equilibrio sul bordo delle scale di accesso. Non ci fu bisogno di andar a leggere cosa c'era scritto per l'attribuzione: primo fra i pastori papa Pacelli, inconfondibile con i suoi occhiali e il suo naso aquilino, con un agnello sulle spalle e il pastorale di legno, diretto verso la capanna che ospita la Sacra Famiglia.

Un piano sotto si apriva il regno della *brocante*: letti, reti, comodini e suppellettili modeste, tutto ciò che nei secoli ha consentito un'ospitalità molto frugale per i grandi elettori chiusi in conclave. C'erano anche i "preti", quei grandi scaldini in rame da mettere con la brace sotto le coperte, alcuni traforati con eleganza. Tutti ancora neri di fuliggine, accantonati in uno stanzino tappezzato di reverende ragnatele, insieme a quelle poche pentole, padelle e casseruole che, a quanto pare, il Canova con un principe Borghese ben disposto, riuscì a recuperare dai Bonaparte dopo la gran razzia di Napoleone, tornato a Parigi con le batterie di cucina dei palazzi apostolici, sulle quali impresse a fuoco il suo stemma sopra quello del papa. Sono rimaste solo quattordici marmitte, novantanove casseruole e undici padelle del servizio dell'imperatore, considerato il secondo d'Europa dopo quello delle Tuileries. Non sono mai tornate nelle cucine dei palazzi apostolici, probabilmente respinte dai cuochi pontifici indignati dal sacrilego sfregio dello stemma.

Appesi alla porta due singolari strumenti metallici: dei pesantissimi aspirapolvere dell'Ottocento. I poveri famigli li dovevano pompare a mano per ore per ripulire arazzi, guide e tappeti.

Dietro un fonte battesimale della cappella Paolina decine di "foconi", i grandi bracieri che i facchini di camera preparavano fin dal Cinquecento nelle sale dei fuochi. Fino ai tempi di Pio XII, il 25 novembre per la festa di Santa Caterina, il prefetto delle cerimonie obbligava cardinali e prelati a indossare le pelli d'ermellino, sia che il freddo si facesse già sentire sia che l'autunno romano continuasse a essere clemente. Solo con l'inizio ufficiale della stagione estiva, nella festa dell'Ascensione, ecclesiastici e dignitari potevano togliersi i pesanti panni invernali.

Il 25 novembre dava il segnale d'avvio al riscaldamento del palazzo con i "foconi". Prima di scomparire in cantina ebbero un ultimo sprazzo di gloria durante l'ultima guerra.

Con la complicità della soffitta dei papi, dopo secoli di solitudine, mobili gloriosi messi in pensione avevano ritrovato i loro antichi compagni. Le spettacolari *consoles* dorate del Settecento, rimaste negli appartamenti del palazzo fino alla rivoluzione coreografica voluta da Paolo VI, erano tornate ad accoppiarsi nella Floreria alle grandi specchiere con le quali erano nate. Una consuetudine successiva bandì le specchiere come tentazioni di vanità.

Basta scendere qualche gradino ed eccoci fra i colossali "strati" di sei, sette metri per quattro. Sono quei grandi arazzi che vengono calati dalla loggia centrale della basilica vaticana per la benedizione papale *urbi et orbi*. Sul primo, ricamato con fili d'argento dalle pie e pazienti suore restauratrici di via del Pellegrino in Vaticano, c'era lo stemma di papa Wojtyla che aveva sostituito quello di Paolo VI, ricamato al posto di quello di Giovanni XXIII e così via. Giovanni Paolo I non aveva avuto il tempo di lasciare le sue tracce. Quello di Benedetto XVI è stato appena aggiunto. Dietro, a caratteri cubitali, i nomi di quanti l'hanno devotamente offerto: tutti i principi romani, i Colonna, gli Aldobrandini, i Rospigliosi, i Barberini, ma anche tutta l'aristocrazia nera dietro i Sacchetti.

Di fronte, sopra grandi armadi, i baldacchini dei conclavi, i "celetti" che al momento giusto venivano abbassati sopra le poltrone salvo quello dell'eletto. Tutto intorno danzavano e volteggiavano grandi, paffuti e sorridenti di beatitudine gli angioloni dorati. Nascondevano il nodo del drappeggio sopra il trono del papa, centro ottico della coreografia liturgica nelle cerimonie solenni e trionfali.

Accusati forse di trionfalismo nella loro bellezza barocca erano finiti nelle bacheche del Floriere anche gli orologi sopravvissuti al passaggio di Napoleone. Forse per motivi opposti era senza vita sopra un armadio un orologio "ricordati che devi morire" di ben macabra concezione: quando fu realizzato, le sue ore scivolavano dietro una finestrella aperta sulla fronte di un teschio di bronzo fra le cui occhiaie girava senza sosta un serpente sogghignante.

Fermo anche lui, il primo orologio notturno della storia, ideato per un papa insonne dall'ottico spoletino Giuseppe Campani nella seconda metà del XVII secolo. Dietro un disco trasparente, una grossa candela permetteva di vedere il passare del tempo lungo le stazioni della *via crucis*.

Silenziosi negli angoli i vecchi orologi degli uffici, i primi mastodontici sorveglianti della puntualità degli impiegati e il serissimo Haussmann & Co. che fino a qualche anno fa garantiva dalla Radio Vaticana l'ora ufficiale nello stato pontificio.

In realtà, per secoli, l'ora ufficiale i romani andavano a verificarla sugli orologi della basilica di San Pietro, anche se dal 1847 Pio IX istituì il colpo di cannone, prima tirato da Castel Sant'Angelo e poi dal Gianicolo "per ovviare al disordine che può non di rado arrecare il diverso andamento di tanti orologi in questa capitale". Lo sparo dava inizio al suono delle campane delle chiese della capitale.

Il colpo di cannone sparato dal Gianicolo è ormai per i romani più una voce amica che un riferimento orario del quale non si avverte più una vera necessità. Il tocco delle ore sul campanone e dei quarti sulle mezzane di San Pietro è un suono che li rende fieri di essere nati all'ombra del "cupolone" quando riesce a scavalcare il rumore del traffico che circonda la basilica.

Per i fedeli, ma soprattutto per il papa che ha le finestre di casa proprio di fronte al campanile, le mezzane suonano l'*Ave Maria* del mattino fra le sei e le otto e quella dell'imbrunire, che i vecchi romani chiamano ancora la "sperduta" perché, secondo la leggenda, permise a dei pellegrini persi nella nebbia, di ritrovare la strada giusta verso il Vaticano. A segnare il tempo, uno all'italiana con dodici ore e uno alla francese con sei, ci sono i due grandi orologi in mosaico firmati da Giuseppe Valadier, autore anche dell'ultimo castello di campane nel 1786. Il precedente l'aveva costruito il padre Luigi che si era buttato a Tevere per la vergogna quando il suo campanone suonando a doppio fece crepare il campanile.

A sua giustificazione va detto che la sfortunatissima torre campanaria della basilica fin dai tempi del tempio costantiniano aveva già cumulato in quasi mille anni di storia una serie impressionante di disgrazie tra fulmini, crolli e smottamenti.

Il meccanismo dell'orologio italiano che anima le campane fu realizzato con le ruote sullo stesso piano orizzontale "nella direzione dell'egregio artefice Raffaele Fiorelli", sottolinea una cronaca dell'epoca.

"Gli acciari sono tirati con tanta eccellenza e pulizia che sembrano lavorati in Inghilterra. Il castello è con lo scappamento a riposo di

Graham. La prima ruota è di palmi tre e due once di diametro e il peso è di sole libbre quaranta. Se fosse stata verticale, per farla camminare ne sarebbe stata necessaria una di quattrocento libbre" dice la stessa cronaca.

Le lancette dei minuti di tre metri e del peso di dieci chili danno un'idea delle proporzioni grandiose dell'orologio.

Probabilmente Raffaele Fiorelli non era un così "egregio artefice". Dall'archivio della Reverenda Fabbrica di San Pietro risulta che appena pochi anni dopo l'arciprete monsignor Lorenzo Castracane fu costretto a prendere atto delle lamentele dei capitolari sui ritardi dell'orologio. Con decreto del congresso dei canonici del 1° agosto 1820 si sospende così la paga a Luigi Fiorelli, figlio di Raffaele.

Vari interventi esterni e interni affidati a orologiai italiani e svizzeri seguono fino al 1958 quando fu chiamata la ditta ligure Roberto Trebino di Uscio, che ancora oggi firma orologi da torre e campane in tutto il mondo. La famiglia Trebino elettrificò i sistemi dei due orologi in tempo utile per l'ultima Pasqua di Pio XII.

È solo nel 1994 che la stessa ditta, gestita da Giorgio Trebino, ha installato gli attuali meccanismi telecomandati da una centralina che si trova in sagrestia. Fino a quella data doveva salire il vecchio campanaro Alberto Borzoni a bloccare le campane la domenica a mezzogiorno per permettere al papa di parlare ai fedeli senza essere disturbato dal *carillon* dell'*Angelus*.

Un paio d'anni dopo i Trebino vennero a elettrificare anche l'orologio del cortile di San Damaso, che segna le ore degli ingressi ufficiali degli ospiti d'onore del papa e che era stato messo sulla vetrata della terza loggia da Pio IX per incoraggiare la puntualità degli indolenti prelati palatini.

GLI OCCHI DEI PONTEFICI

Ricordo gli occhi di Pio XII che sembrava non vedessero ciò che guardavano, troppo impegnati a leggere quello che stava pensando. Giovanni XXIII sembrava che guardasse sempre amici, parenti o nipoti, insomma la famiglia. Paolo VI con i suoi occhi metallici, quasi da rapace, sembrava scrutare gli ospiti nell'anima fino all'imbarazzo, tanto più che aveva una memoria da elefante e si ricordava di chiunque avesse incontrato anche una sola volta. Ma quando era di fronte alle folle il suo sguardo si perdeva. Giovanni Paolo I sembrava avere lo sguardo auto-ironico di chi non si prendesse sul serio.

Papa Wojtyla aveva un po' la tecnica dei diplomatici: stringeva la mano dell'interlocutore guardando già il successivo. Arturo Mari, il fotografo di corte, mi disse che era costretto ad anticipare di qualche centesimo di secondo le foto per ottenere l'immagine del papa mentre guardava chi gli era di fronte. Aggiunse che forse il suo comportamento era dovuto all'abitudine di ricevere ospiti che parlavano moltissime lingue. Forse anche a una leggera sordità, peggiorata poi con il tempo. Negli ultimi anni gli venne impiantato un apparecchio interno. Puntava per questo piuttosto l'orecchio che gli occhi.

Ma quando era di fronte alle folle, ogni fedele aveva la sensazione di essere guardato personalmente. Aggiungeva poi dei gesti che lo confermavano, come mirare con l'indice verso dei punti precisi sulle piazze o agitare la mano come per dire "ma va là che ti ho ben visto!". Un modo di fare, questo, che spiega in parte il suo gran successo con le folle, giustificato ovviamente dal suo magnetismo personale ma anche dalla sua esperienza giovanile di attore.

Benedetto XVI, timidissimo, ha sempre avuto difficoltà a guardare chiunque, anche se l'esercizio del pontificato gli ha fatto fare molti progressi.

Quando nelle conferenze-stampa doveva rispondere a un giornalista per spiegargli pazientemente perché si sbagliava, con una grande esibizione di *relais* ben funzionanti nel suo rigoroso pensiero, il cardinale Ratzinger guardava il malcapitato con un'aria di generosa commiserazione che scoraggiava qualsiasi ulteriore provocazione non ben documentata. Aveva una logica così attenta che non esitò a ironizzare sull'attesa del Terzo Millennio. "Ci siamo già da tempo, – disse candidamente nel 1999 facendo cadere le braccia a molti – perché siamo in realtà già nel 2006: i calcoli di Dionigi il Piccolo sulla nascita di Gesù erano sbagliati".

Ho il ricordo di uno scambio di sguardi indimenticabile con il cardinale Ratzinger. Mi dirigevo verso la Sala delle Udienze. Il futuro pontefice stava aprendo il portoncino laterale del palazzo del Sant'Offizio del quale aveva le chiavi come prefetto. Entrando accennò a un calcio misurato a un piccione che stava avvicinandosi saltellando come per entrare. Ebbe come un attimo di rimorso e si girò verso di me che lo stavo guardando. Ci fu un sorriso d'intesa. Credo che entrambi abbiamo pensato in quel momento a un simbolico Spirito Santo, cacciato dalla Congregazione chiamata a difendere la vera dottrina.

Devo ad Arturo Mari, detto "mille scatti", una foto in bianco e nero che mi aveva fatto sperare nel recupero di un paio di splendidi sci bianchi fatti a mano da Morotto di Cortina d'Ampezzo.

Era l'autunno del 1979. Il papa Giovanni Paolo II andava a rendere omaggio al predecessore a Canale d'Agordo e a concedersi una passeggiata in quota sul ghiacciaio della Marmolada.

La vigilia, Helmuth Schmalzl, direttore del comprensorio e futuro allenatore della squadra di sci italiana, aveva mostrato quel capolavoro di sci ai giornalisti.

"Ma sei matto!" gli dico. "Hai mai visto un papa sciare, magari con le guardie svizzere a far da paletti? Offrigli piuttosto una bella madonna della Val Gardena!"

Non ci fu verso. Ma non rinunciai alla speranza di impadronirmene. Quando arrivò Giovanni Paolo II, non mollai di un centimetro Schmalzl. Tutto si svolse in modo rapidissimo. Schmalzl offre gli sci al papa. Immediatamente chiedo al pontefice se pensa di tornare un giorno a sciare. Risposta con voce grave: "Prego tutti i giorni per vincere la tentazione". È un attimo. Giovanni Paolo II molla gli sci accanto, come in genere avviene per qualsiasi regalo, soprattutto poi ingombrante come in questo caso. Accanto ci sono io che lo libero del peso con disinvoltura cortigiana. Me ne vado poi sereno e innocente con gli sci. Pochi i testimoni della scena. Mi becca sulla funivia un gendarme che mi conosceva bene.

Tentativo di furto degli sci del papa

"Dove vai con gli sci del papa?"

"Li porto a valle."

"Lascia perdere. Ci penso io."

È la fine. O forse no. Due giorni dopo Arturo Mari mi manda una bella foto che immortala l'episodio. Si riaprono forse i giochi. La mando al segretario del papa: "Ho avuto l'onore di portare a valle gli sci del Santo Padre. Forse potrebbe firmarmi la foto!"

Ho ottenuto l'autografo ma non gli sci, come speravo. E quello che qualche tempo dopo m'indispettì fu che quando Giovanni Paolo II andò effettivamente a sciare, accompagnato dal presidente della Repubblica Sandro Pertini, non aveva quegli sci ai piedi. Forse quel gendarme li mostra ancor oggi come reliquie. Qualcuno mi ha detto che sono conservati in un museo dell'Abruzzo.

Arturo Mari trasformò il servizio fotografico dell'«Osservatore Romano» in un business senza precedenti. Non era stata una sua idea.

Il primo fotografo pontificio era stato in realtà Giuseppe Felici ai tempi di Pio IX. I suoi discendenti conservarono l'incarico fino alla morte di Pio XII quando molti privilegi saltarono con una radicale purga del mondo cortigiano. È rimasto un pronipote ma non più con gli stessi privilegi di ufficialità.

Salirono invece le quotazioni del servizio fotografico dell'«Osservatore Romano» gestito da Francesco Giordani, un fotografo claudicante che aveva chiamato ad aiutarlo negli anni Sessanta appunto il giovane Arturo.

Ero da lui quel giorno in cui fu chiamato improvvisamente dal segretario di papa Wojtyla.

"Scusami, Bruno, devo salire subito al 'terzo piano' – mi disse riagganciando il telefono – torna più tardi."

Tornai più tardi. Arturo era disfatto dall'emozione. "Non posso disti nulla!"

Le foto con il papa divennero un'industria. La mia sensazione è sempre stata che agli inizi l'operazione fosse stata voluta per finanziare il sindacato Solidarnosc già sostenuto con generosi doni della Banca di monsignor Marcinkus.

Nell'archivio fotografico del Consiglio per le Comunicazioni Sociali ci sono molte fotografie che non sono state mai diffuse, per ordine di monsignor Dziwisz, attento gestore delle immagini dello scomparso pontefice. Lo saranno forse un giorno. Una che era stata richiesta per cifre altissime l'ha pubblicata di recente Arturo Mari in un suo libro di memorie. Si vede Giovanni Paolo II con i ricercatissimi occhiali di Bono accanto al famoso cantante irlandese che indossa gli stessi.

Le uniche che viceversa non lo saranno mai perché sono state distrutte, non le ha scattate Arturo Mari ma un paparazzo appostato sui bordi del parco di Castel Gandolfo.

I cattolici canadesi avevano da poco offerto una piscina per la residenza estiva di Castel Gandolfo. Il papa amava nuotare e una foto l'aveva già immortalato un paio di giorni prima di entrare in conclave su una spiaggia per ecclesiastici del litorale romano.

La piscina di Giovanni Paolo II era diventata un obiettivo ambito.

Un paparazzo riuscì a rubare degli scatti del papa in costume da bagno e forse anche meno vestito. Le foto finirono nelle mani di Angelo Rizzoli che ne fece discretamente dono a papa Wojtyla, attraverso il venerabile fondatore della P2 Licio Gelli e il senatore Giulio Andreotti.

Pochi viceversa gli scatti dell'attentato del 13 maggio del 1981, perché il sistema delle foto a catena non era ancora cominciato. Sono state quindi recuperate per lo più immagini riprese dai turisti. Così come c'è solo un filmato, girato dalla televisione spagnola. Il "vaticanista" del Tg1, Dante Alimenti, presente con il suo operatore a tutte le udienze generali, quel giorno era andato prima con la sua *troupe* a registrare le celebrazioni per i cinquant'anni della Radio Vaticana. Si riprometteva di raggiungere poi rapidamente piazza San Pietro. Troppo tardi.

A volte le foto più divertenti sono proprio quelle scattate dai dilettanti. Il segretario del vescovo di Belluno mi mandò una fotografia del papa che usciva da una baita delle Dolomiti dopo una siesta. Ero riuscito a sorprenderlo con alcuni colleghi, messi sulle sue tracce da un parroco troppo ingenuo. Giovanni Paolo II mi guarda incredulo strizzando un occhio come Braccio di ferro.

Il papa sorpreso all'uscita di uno chalet

TESTA DURA

Papa Wojtyla era certamente un uomo molto tenace, una "testa dura". Ma sapeva imporre le sue idee con grande simpatia e rispetto degli altri. Ascoltava molto ma poi decideva lui.

Il primo segnale della sua determinazione si manifestò in occasione delle udienze generali, quelle udienze che permettono una volta alla settimana a tutti i pellegrini di andare a casa del papa in Vaticano.

La sedia gestatoria era sopravvissuta fino al suo predecessore Giovanni Paolo I. Questo trasporto odiatissimo da tutti i papi, soprattutto da Giovanni XXIII che ci diventava verde dal mal di mare, aveva certamente una sua funzione spettacolare e trionfalistica, così come lo erano le grandi cerimonie liturgiche del passato. Aveva anche lo scopo pratico di mostrare il capo della Chiesa alle folle. Per questo anche Paolo VI non aveva avuto il coraggio di rinunciarvi. Eppure era stato proprio lui a cancellare ogni forma di trionfalismo per rilanciare l'immagine di una Chiesa povera. Ma della sedia gestatoria proprio non era riuscito a sbarazzarsi.

I prelati della corte cercarono di convincere papa Wojtyla che a quel fastidioso mezzo di trasporto non avrebbe potuto né dovuto rinunciare. Almeno se voleva continuare ad avere un contatto con le folle. Contatto che, secondo loro, solo in apparenza poteva sembrare trionfalistico. E citavano a conferma di questa tesi la democratica disponibilità di Pio XII. Papa Pacelli allungandosi dalla sedia riusciva a scambiarsi lo zucchetto bianco con i pellegrini che, a loro volta, gli allungavano un loro zucchetto appena acquistato per portarsi a casa quello del capo della Chiesa. Con Giovanni Paolo II non la spuntarono.

Le maestranze del palazzo apostolico furono chiamate a raccolta per trovare nuove ingegnose soluzioni. Furono giorni spettacolari indimenticabili.

Venne fabbricato uno sgabello di mogano con due gradini anteriori e due posteriori che i sediari, ormai disoccupati, erano incaricati a turno di spostare lungo il corridoio della grande aula delle udienze generali o lungo la navata della basilica di San Pietro.

Il papa passava a piedi fra le due ali di folla, stringendo mani, facendosi graffiare i polsi da suore impazzite dall'entusiasmo, firmando agli inizi perfino autografi – chissà quanto valgono oggi per i collezionisti – facendo saltare per aria i neonati. Poi saliva sullo sgabello, come un pugile sul ring, accolto da un boato di applausi.

Salutava, benediceva e si tuffava di nuovo fra le due ali di folla. "Sei il vichingo di Dio!", "Viva papa Popeye!" gli gridavano. In effetti, aveva l'aria di papa Braccio di ferro. Lo sportivissimo percorso di Giovanni Paolo II sugli sgabelli durava fino a quando il pontefice non raggiungeva trafelato il trono per leggere il suo discorso.

I prelati di curia più tradizionalisti, quelli con i colli ecclesiastici inamidati alti fino a dodici centimetri, erano inorriditi. Cercarono in tutti i modi di rilanciare un sano ritorno alla sedia gestatoria. Erano confortati e sostenuti dagli ufficiali della polizia italiana che andavano segnalando i rischi di quel contatto troppo immediato con le folle. Non avevano del resto tutti i torti.

A quell'epoca guardie svizzere con alabarde e gendarmi disarmati seguivano il passaggio del pontefice sugli attenti, mettendosi in ginocchio al momento opportuno. Furono girati d'ufficio a sorvegliare la folla solo dopo l'attentato del 13 maggio 1981. Il Papa non se ne dette per inteso. "Le cose stanno così, punto e basta!"

La curia romana cominciò a rendersi conto di che pasta era fatto Karol Wojtyla.

La tecnologia fu migliorata. Nelle settimane successive i falegnami della Floreria Apostolica fornirono al papa uno sgabello perfezionato a rotelle che permetteva una più rapida esibizione di un pontefice sali e scendi tra le folle. Anche questo piccolo, storico gioiello della tecnologia palatina finì nei magazzini della Floreria.

Giovanni Paolo II era pronto a non dar retta neppure ai collaboratori più autorevoli. L'allora ministro degli esteri vaticano Agostino Casaroli, divenuto poi cardinale segretario di Stato, cercò di dissuaderlo dall'andare nelle Filippine quando c'era il dittatore Marcos. Al papa non gliene importò nulla. Lui andava a trovare la Chiesa locale. Chi c'era c'era al potere. Tant'è che andò pure nel Cile di Pinochet, senza porsi tanti problemi. Anche se a Santiago cadde in una vera e propria trappola, come ha poi rivelato il cardinale Roberto Tucci che aveva organizzato il viaggio. Una trappola della quale rimane il sospetto che sia stato complice il cardinale segretario di Stato Angelo Sodano, ex nunzio nel paese. Alla conclusione del colloquio privato con Pinochet nel suo studio, il papa fu sospinto dall'ospite verso una tenda che si spalancò improvvisamente sul balcone del palacio de la Moneda che si affaccia sulla plaza de la Constitucion, quel giorno ovviamente affollata e festante.

Com'è ormai nella storia, la tenacia e la determinazione di Karol Wojtyla hanno avuto anche delle conseguenze storiche nelle vicende del XX secolo. L'hanno riconosciuto gli stessi protagonisti, da Michail Gorbaciov al generale Wojciech Jaruzelski.

Il papa non mollò un solo istante quando decise di appoggiare Lech Walesa. In quei mesi non ci fu occasione pubblica in cui Giovanni Paolo II non tuonasse o minacciasse. Una fermezza che dette un contributo fondamentale al crollo del gigante sovietico, che aveva i piedi assai più d'argilla di quanto quasi tutti non pensassero, compreso il pontefice che poi riconobbe, insieme ai suoi più raffinati e lungimiranti diplomatici, che non avrebbe mai sospettato un crollo così repentino.

Era ovvio che la prima volta che se ne sarebbe andato a sciare o in montagna ne sarebbe seguito un terremoto mediatico. Lo fece lo stesso infischiandosene delle critiche dei cattolici benpensanti. Papa Wojtyla riuscì a far divenire quasi banali le sue gite sulle cime delle montagne e fra le malghe, al punto che i giornali neppure se ne occupavano più o quasi.

"La libertà è una scatola di sardine" disse una volta a un suo collaboratore durante un pic-nic ai piedi di una cascata mentre se le mangiava con un coltello da boy scout. Fermarsi per un uomo così determinato era impensabile anche quando per viaggiare ormai immobilizzato doveva essere penosamente sollevato in aereo con il montacarichi.

"La Chiesa si governa con la testa, non con le gambe" disse al cardinale tedesco Walter Kasper che gli chiedeva notizie sulla sua salute e sui suoi problemi di anche e di artrosi. Rinunciò solo all'ultimo viaggio, quello che doveva portarlo in ospedale quando era ormai alla fine. Ancora una volta respinse le insistenti pressioni di un suo collaboratore, il medico Renato Buzzonetti, e si spense nel suo letto. Fu l'ultimo gesto di determinazione del papa testa dura.

Una determinazione che gli era costata cara. Anche se non se ne avranno probabilmente mai le prove, è difficile pensare che l'attentato del 13 maggio 1981 non sia stato voluto da Mosca. Il 15 gennaio di quell'anno il papa aveva ricevuto Lech Walesa al quale aveva promesso solennemente tutto il suo appoggio.

In questo genere di "operazioni" non è necessario che qualcuno molto in alto dia ordini scritti. Basta una parola del numero uno perché i numeri quattro, cinque o dieci, si diano da fare per renderla esecutiva. Non ne rimane traccia. Da varie confidenze fatte a diversi amici e ospiti si è capito che il papa ne fosse convinto, anche se non voleva saperne di più.

Ero davanti alla porta della cella parlatorio quella mattina del 27 dicembre 1983 quando incontrò in carcere Mehemet Ali Agca. Un paio di giornalisti e un operatore della televisione italiana erano stati selezionati come pool per tutti gli altri colleghi.

Giovanni Paolo II entrò lentamente. Seduti su due sedie di legno, cominciarono a parlarsi. Il papa aveva un braccio sulla spalla del terrorista che aveva cercato di ucciderlo. Sembrava una confessione. Sulla soglia della cella l'operatore Tommaso Pinini aveva appoggiato per terra la telecamera dopo aver girato il primo contatto, come d'accordo. Solo che "dimenticò" di chiuderla. Si sentiva il leggero ronzio. Forse il pontefice se ne accorse, nonostante un'imposta che sbatteva rumorosamente per il vento e che impediva a noi di cogliere le parole. Tommaso mi dette una copia della cassetta e io la passai al corrispondente del giornale turco «Urryet». Fu mostrata a un istruttore per sordomuti. Le poche parole che riuscì a leggere sulle labbra erano banali. Ali Agca chiedeva se avesse sofferto. Il papa gli spiegava che era stato colpito anche a un dito.

Poi più nulla. In seguito, Indro Montanelli seppe nel corso di una cena privata con papa Wojtyla che Ali Agca si era detto molto colpito dal fatto che un killer come lui che aveva tirato al bersaglio grosso con una pistola micidiale non fosse riuscito ad abbatterlo e aveva chiesto di saperne di più sulla Madonna di Fatima, celebrata per le sue apparizioni proprio quel 13 maggio. Per lui Fatima era stata fino ad allora la figlia del profeta.

I Lupi grigi, l'organizzazione della quale faceva parte Ali Agca, era una vera e propria agenzia per chiunque, dopo la sua fondazione nel 1936 da parte del colonnello ultra nazionalista Turkesh, un nome che la Stasi usava spesso per creare confusione e inquinamento.

Erano legati anche agli Stati Uniti, secondo il giudice istruttore del processo ad Agca. Sono stati trovati in mano di molti Lupi grigi biglietti da visita di capi-struttura della CIA.

Il giudice Rosario Priore ha ricordato ad esempio che Agca era un uomo che riceveva la visita del ministro dell'interno quando stava nel carcere di massima sicurezza di Kartal Maltese da dove evase il 25 novembre 1979 dal cancello principale, proprio alla vigilia dell'arrivo di Giovanni Paolo II nel paese. Ha sostenuto ancora Priore: "Agca è di sicuro sotto osservazione da parte dei grandi Servizi europei e del Mossad dall'anno 1976. È una persona che è stata continuamente seguita dai Servizi, tanto più dopo aver annunciato il suo proposito di uccidere il papa in Turchia in una lettera scritta dalla sua cella nel 1978 ma pubblicata dai giornali turchi in coincidenza con la sua fuga dalla prigione e l'arrivo del pontefice."

Agca stesso, in un'intervista del 13 agosto 2010, mentre, da poco lasciate le sbarre, si preparava a una partecipazione molto ben pagata alla televisione turca, ha detto: "Nel settembre del 1980 un agente dei Servizi Segreti di un paese straniero mi ha contattato a Zurigo. Lui e altri mi hanno convinto e indottrinato a mettere in atto quel progetto di attentato che mi presentavano come una missione storica. All'origine di tutto c'era la mia lettera un po' megalomane nella quale minacciavo il pontefice."

Comprensibile la confusione sui mandanti che tutto comunque lascia credere moscoviti. Secondo esperti cremlinologi potrebbe essere stato il GRU, il servizio dell'armata russa, ad aver immaginato l'attentato e non il KGB, troppo vasto e poco elitario, che forse avrebbe solo contribuito a informare sulla "pericolosità" del papa. Quello che non si spiega è la pigra indifferenza del Vaticano, apparentemente informato sul pericolo.

Alexandre de Marenche, capo dello SDECE, il servizio di controspionaggio francese, cercò d'informare il Vaticano ma attraverso vie dilettantesche, tramite il medico Maurice Beccuau e il funzionario Cavenago che si rivolsero al superiore generale dei premostratensi padre Norbert Calmels.

L'altro giudice istruttore del processo Agca ha dichiarato nell'ottobre 2005: "Quando ebbi modo di parlare a Nizza con un ex ufficiale della gendarmeria francese, Paul Barril, egli mi disse che la CIA era perfettamente informata da prima del progetto di un attentato contro il papa. Il fatto che la CIA non abbia fatto nulla per evitare che venisse commesso lo considero un fatto molto grave, tanto più che risulta da diversi documenti che uno dei capi della CIA, William Casey, nel maggio 1981 ha frequentato la Segreteria di Stato vaticana e dunque in un periodo precedente all'attentato."

Così come non si spiegano altre piccole pigrizie nel corso delle prime indagini. Quel pomeriggio del 13 maggio vidi scappare su una Vespa contromano per il vicolo del Falco dietro piazza San Pietro quello che poi fu identificato come un collaboratore possibile di Ali Agca. Quando provai a dirlo alla polizia, mi risposero che non aveva nessuna importanza.

In ogni caso, il papa non ha mai detto a nessuno cosa veramente pensasse sui mandanti, neppure ai suoi collaboratori più vicini e fidati, come il segretario monsignor Stanisław Dziwisw che per lui era come un figlio. Si limitò a dire che "dietro il complotto c'erano le ideologie della prepotenza", il che vuol dire tutto e nulla.

Quello che è certo è che i Servizi Segreti tendono a individuare soggetti esaltati, sopra le righe, millantatori, mitomani, avventurieri, spudorati, dotati di fascino e di capacità di penetrazione, magari pronti ad auto convincersi di protagonismo in missioni storiche.

Ali Agca era un fanatico musulmano che aveva annunciato pubblicamente che avrebbe ucciso il papa dopo aver ucciso Abdi Ipekci, redattore capo del quotidiano liberale «Milliyet». Chi meglio di lui poteva essere utilizzato per coprire altri movente per lo stesso attentato?

Non ci sono analogie dirette, perché nessuno potrebbe accusarlo di nulla, ma anche Yvon Bertorello, il misterioso personaggio coinvolto nel caso dell'omicidio del comandante della guardia svizzera e di sua moglie e del suicidio dell'assassino, il vice caporale Cedric Tornay, appare come un personaggio esaltato, sopra le righe e legato ai Servizi.

Vale la pena ricordare la vicenda di Cedric Tornay, lo svizzero francofono ventitreenne che la sera del 4 maggio 1998, almeno secondo la versione ufficiale vaticana, uccide il comandante Alois Estermann, quarantaquattro anni, e sua moglie, Gladys Meza Romero, di quarantanove anni, una funzionaria dell'ambasciata del Venezuela, per poi suicidarsi.

L'inchiesta è stata definitivamente archiviata il 5 febbraio 1999 e non è stata più riaperta, nonostante i tentativi di appellarsi al papa degli avvocati francesi Jacques Vergès e Luc Brossolet, su richiesta della madre del vice caporale, Muguette Baudat, una signora di Vollèges nel Valois, quarantaquattrenne proprio come il comandante Estermann.

Il portavoce della Santa Sede, Joaquin Navarro Valls, numerario dell'Opus Dei e amico personale di Estermann, anche lui legato all'Opus Dei, appena poche ore dopo il dramma accreditò l'ipotesi di un "raptus di follia" di Cedric Tornay.

La vicenda rimane circondata di misteri. Tra questi, la presenza del sedicente sacerdote francese (era solo un diacono mancato) che si qualificò fin dagli inizi come amico e consigliere spirituale di Cedric e che fu l'ultimo a ricevere una telefonata sul proprio cellulare dal vice caporale suicida. La cosa veramente insolita è che questo misterioso Yvon Bertorello, dopo essere scomparso per quasi dieci anni, è ricomparso nel settembre del 2008 a bordo dell'aereo che portava Benedetto XVI in Francia, fra i giornalisti accreditati della Sala Stampa della Santa Sede, come corrispondente di un organo di stampa inesistente indicato come «Saje». Eppure sarebbe bastato interrogare il giudice Gianluigi Marrone e il promotore di giustizia dello stesso Tribunale Vaticano Nicola Picardi per apprendere che, secondo loro, Bertorello era un mitomane.

Quando nel febbraio del 1999 fu sospesa ogni azione penale per la morte degli Estermann e il suicidio di Cedric, il giudice precisò nella sua sentenza che si dovevano "approfondire altri fatti, emersi nel corso delle indagini, concernenti il signor Yvon Bertorello, ascoltato nel procedimento in esame, che possono configurare ipotesi di reato".

La madre di Cedric era assolutamente convinta che attorno alla morte del figlio ci fossero troppi misteri. Il giorno del dramma suo figlio non era affatto alterato.

"Quella mattina – ha detto in un'intervista proprio pochi giorni dopo, quando i ricordi erano ancora integri – avevamo parlato al telefono per quasi mezz'ora. Cedric era felice. Diceva di aver trovato un lavoro in Svizzera, un posto in banca. Sarebbe tornato in giugno. Mi aveva detto: 'Sono contento perché da Parigi arriva padre Yvon e porta buone notizie'."

"Ma chi era questo padre Yvon?" le chiese l'intervistatrice.

"Non l'avevo mai sentito nominare prima e non conosco il suo cognome. L'ho visto per la prima volta il 6 maggio, nella camera ardente in Vaticano. Io ero con la mia amica Cathy. Lui era seduto vicino alla bara di Cedric, piangeva e si lamentava. Me l'hanno indicato come suo padre spirituale. Allora mi sono avvicinata con Cathy. Il padre piangeva a dirotto. Paradossalmente ho cercato di consolarlo. Diceva che era tutta colpa sua, che quella sera avrebbe dovuto essere lì per impedire a Cedric di fare quello che aveva fatto. Poi sempre piangendo ha detto forte: 'L'hanno assassinato, l'hanno assassinato'.

Allora gli ho chiesto: 'Chi, chi l'ha assassinato?' Ma era sconvolto, non rispondeva. Ho cercato di scuoterlo senza riuscirci... Dopo qualche ora ci siamo rivisti, alla presenza di Cathy. Il prete insisteva nel dire che Cedric era stato ucciso. Sosteneva di averne le prove dentro la borsa: una cartella che non ha mai mollato. Diceva che era in pericolo, che doveva proteggersi per proteggere anche noi."

La signora Baudat non è riuscita a saperne di più da questo millantato prete allora trentacinquenne dall'aspetto di un sacerdote tradizionalista. Ma fa dei collegamenti.

"Mi è venuto in mente quello che mio figlio mi aveva detto in autunno: 'Con due amici [due guardie delle quali la signora preferisce non fare il nome] sto facendo un'inchiesta sull'Opus nella Guardia'. Gli avevo detto: "Fa' attenzione!" So che lui temeva l'Opus Dei. E diceva che Estermann ne faceva parte."

Certo è che il misterioso Yvon Bertorello rimane un personaggio singolare. Il giorno dopo il dramma comparve nella Sala Stampa della Santa Sede e mi disse di sapere molte cose, sventolando un dossier che teneva stretto, che faceva appena intravedere, ma dimostrando che conosceva bene Cedric. Disse di essere un giornalista del "Figaro", ma l'allora corrispondente del giornale padre Joseph Vandrisse non lo conosceva affatto. Disse che dipendeva dalla Segreteria di Stato, ma il suo nome non figurava nell'Annuario Pontificio.

È anche certo però che l'unico ad avere in tasca il numero del famoso telefono cellulare di Yvon Bertorello era lo scrittore della serie poliziesca *Sas*, Gerard De Villiers, venuto da Parigi per scrivere un *Intrigo in Vaticano* a partire da quell'episodio. Non si sa come lo avesse avuto, ma si sa che Gerard De Villiers, uomo della destra più intransigente, ha buoni amici nei Servizi Segreti francesi.

Nell'estate successiva Gerard De Villiers m'invitò nella sua villa di Saint-Tropez e invitò occasionalmente anche Yvon Bertorello, che aveva una residenza da qualche parte nel Var.

Yvon Bertorello raccontò delle cose che mi dettero la sensazione, condivisa dal giudice Marrone e dal promotore di giustizia Picari, che fosse per lo meno "strano". Disse tra l'altro di sapere che il Vaticano "possedeva" un suo aeroporto a Roma, affermò di abitare in un appartamento a piazza di Spagna dove celebrava la messa in presenza del cardinale segretario di Stato, e così via. Disse anche che aveva incrociato una volta nel passato Gerard De Villiers alla porta d'ingresso dei "Servizi" a Parigi.

Al ministero degli interni francese lo conoscevano bene. Veniva considerato "bene introdotto in Vaticano". A una mia precisa domanda i responsabili della Sala Stampa vaticana hanno risposto che Yvon Bertorello era stata ammesso nel volo pontificio in Francia perché raccomandato dalla diocesi di Parigi.

I Servizi di sicurezza del Vaticano, scomparsi dopo la guerra e rinati subito dopo l'attentato del 13 maggio 1981, erano all'oscuro di tutto.

Un paese di mercenari

La Città del Vaticano è "difesa" dal più numeroso esercito del mondo in rapporto alla popolazione e alla superficie. Il papa dispone di una truppa di centodieci guardie svizzere e di un corpo di gendarmi pontifici di centotrenta effettivi, tutti mercenari, su un territorio di quarantaquattro ettari. Il Vaticano è al quarto posto al mondo per densità abitativa, con poco meno di seicento cittadini, dei quali circa cinquecento abitano effettivamente nello Stato dove convivono anche duecentocinquanta residenti senza cittadinanza.

Prima del 1970 il rapporto fra cittadini e militari raggiungeva primati da Guinness ancora più impressionanti. Fu in quell'anno che Paolo VI mandò a casa guardie nobili e guardie palatine e trasformò i gendarmi in semplici vigili urbani.

Non si chiamava Corpo della Guardia Nobile di Sua Santità ma Guardia Nobile del Corpo di Sua Santità il piccolo esercito di aristocratici romani addetti "all'immediata custodia della Sacra Persona del Santo Padre" perfino quando era ormai morto e giaceva sul suo catafalco.

Secondo l'ultimo regolamento che risale al 19 marzo del 1963, le guardie nobili erano settantasei. L'unico a non avere un grado era l'armiere. Tutti gli altri erano ufficiali e sottufficiali, compresi i trombettieri incaricati allora di annunciare l'arrivo del pontefice nella basilica di San Pietro con le loro trombe d'argento. Era l'unico esercito al mondo con il 99% di ufficiali e un solo soldato.

Dovevano tutti avere lombi nobili d'origine pontificia o vantare altre nobiltà ma almeno centenarie "accompagnate da particolari benemerenze verso la religione e la Chiesa".

Alti non meno di un metro e settantacinque, con un censo sufficiente a vivere decorosamente, erano armati di sciabola o spada, pistola o carabina e di un bastone di legno lungo quattro palmi col pomo d'argento, da tenere infilato nella bottoniera.

Fondata nel 1801 da Pio VII, la Guardia Nobile vantava la sua origine al 1485, dalla Guardia dei Cavalleggeri, detta delle "Lance spezzate" perché i cavalleggeri erano stati appiedati e accasermati senza cavalli in un angolo dietro il Vaticano che si chiama ancora oggi Porta dei Cavalleggeri. L'ultimo comandante tornato da civile nel suo bel palazzo romano è stato il principe Mario Del Drago. L'ultimo papa che aveva custodito anche da morto era stato Giovanni XXIII, ma il suo ricordo più drammatico fu nel 1958 accanto al catafalco di Pio XII, l'ultimo papa a essere imbalsamato.

Il principe e i suoi uomini svenivano uno dietro l'altro per l'insopportabile odore. Infatti Pio XII fu imbalsamato, come ho già accennato, dal famoso medico Riccardo Galeazzi Lisi con il suo "miracoloso" metodo indiano.

Fino ad allora i papi venivano imbalsamati e le loro interiora, che si chiamavano rispettosamente i "precordi", erano conservate in ampolle di vetro nella chiesa dei Santi Vincenzo e Anastasio, di fronte a Fontana di Trevi, la cappella del palazzo pontificio del Quirinale, ereditato poi dai presidenti della Repubblica italiana.

La macabra operazione era abbastanza complicata. Per Pio IX il medico Ceccarelli richiese al farmacista pontificio: "500 grammi di china finemente polverizzata, 100 grammi di estratto di ratania, 304 grammi di bacche di ginepro, 100 grammi di essenza di lavanda, 300 grammi di canfora in polvere, due litri di alcool puro, chilogrammi tre fra timo, salvia, menta, rosmarino e basilico, grammi 340 di erba canforica, chilogrammi due di acido tannico, un chilogrammo di soluzione boro-salicilica, trenta bottigliette di Acqua della Scala e infine stoppa quanto basta".

Alla morte di Leone XIII, la ricetta fu di gran lunga semplificata grazie ai supposti progressi tecnici ventilati dall'archiatra Lapponi, il quale non richiese per l'imbalsamazione altro che cloruro di zinco e formalina pura. Ancora più semplici furono le operazioni post-mortem per Pio X. L'archiatra Amici provvide alla conservazione del corpo con iniezioni di formalina in gran quantità. Poco si sa delle mummificazioni successive fino al "sicurissimo" metodo indiano che ne ha chiuso definitivamente la storia.

Tornando a morti meno macabre, quella della Guardia Palatina d'Onore nel settembre del 1970 fu indolore. I suoi 498 uomini erano volontari venuti dalle più diverse categorie sociali di Roma e del Lazio: tranvieri, studenti, operai, professionisti, ma soprattutto commercianti del vicino quartiere dei Borghi ai quali erano solo rimborsate le spese di trasporto quando partecipavano alle cerimonie pontificie per disporsi lungo il passaggio del papa. La divisa ricordava la guardia repubblicana francese con il suo bravo kepì, la giacca nera e i pantaloni blu a bande rosse. Se ne tornarono tutti a casa senza troppi problemi, riciclandosi in una pacifica Associazione Santi Pietro e Paolo con scopi liturgici e caritativi ma anche di vigilanza nella basilica di San Pietro, a volte con troppo zelo nei confronti delle turiste.

Durante l'ultima guerra, dopo l'armistizio e l'occupazione tedesca, il numero dei palatini aveva raggiunto le quattromila unità. Erano in gran parte "ausiliari" tutti rivestiti militarmente come i parà: il Corpo si era trasformato in un rifugio per molti giovani che rischiavano i campi di lavoro in Germania e forse anche peggio. Erano formalmente un esercito di volontari incaricati di sorvegliare non solo il perimetro vaticano, ma anche i palazzi e le proprietà pontificie a Roma e a Castel Gandolfo.

La Guardia Palatina era stata voluta da Pio IX nel 1850. Aveva fuso la Milizia Urbana che risaliva alla fine del XVI secolo con la Guardia Civica istituita alla fine del XVIII da Pio VII come truppa di linea per la difesa di Roma. Erano stati chiamati a farne parte tutti i cittadini dai sedici ai sessanta anni "con esclusione delle persone artiste che vivono del ritratto della giornata, degli inabili e degli ebrei".

La banda della Guardia Palatina, fino al suo scioglimento, aveva il privilegio di suonare nelle occasioni ufficiali l'inno nazionale vaticano e cioè la marcia scritta espressamente da Charles Gounod per l'anniversario dell'incoronazione di Pio IX ed eseguita per la prima volta in piazza San Pietro l'11 aprile 1869. Aveva sostituito una marcia trionfale dell'austriaco Vittorino Hallmayr più adatta a un'operetta viennese che alle pompe pontificie. L'ultimo comandante è stato il conte Francesco Cantuti Castelvetri, rimasto alla testa del Corpo per ben trentatré anni. Lo ricordo bene. Era un panciuto pacioccone che sembrava un bonario fornaio dei Borghi, al quale neppure la divisa riusciva a dare una *silhouette* militaresca.

Infine la Guardia Svizzera. Una poderosa operazione mediatica per celebrare nel 2006 i cinque secoli di vita del più antico esercito di mercenari della storia ancora attivo è riuscita a far dimenticare in parte la misteriosa vicenda Tornay.

Per entrare a farne parte bisogna essere cittadini svizzeri, aver fatto il soldato, non avere più di trent'anni ed essere alti almeno un metro e settantacinque.

Sugli svizzeri ci sarebbero tante storie da raccontare, dal loro eroico sacrificio a difesa del papa quando Roma fu invasa dai lanzichenecchi nel maggio del 1527 al meno eroico incarico affidato loro dai papi del XIX secolo di proteggere le chiese dai popolani di Roma che ci andavano senz'alcun rispetto a orinare negli angoli ancora oggi protetti da robuste sbarre di ferro.

Mentre la Guardia Svizzera ha continuato per oltre cinque secoli a essere una milizia mercenaria armata, chiamata a proteggere la persona del pontefice, la Gendarmeria, fondata ufficialmente nel 1816 da Pio VII, è una diretta discendente dell'esercito pontificio. È diventata un corpo di mercenari solo dopo la nascita dello Stato della Città del Vaticano nel 1929. Dopo averla persa nel 1970, solo da poco ha ritrovato interamente la sua identità militare.

Il 15 settembre di quell'anno, infatti, cento anni dopo la famosa breccia di Porta Pia che il 20 settembre 1870 permise alle truppe piemontesi di entrare a Roma, nonostante la difesa dell'esercito pontificio e dei tremila zuavi volontari, venuti dalla Francia, dal Belgio e dal Canada, al comando del generale Louis de la Mericière, Paolo VI decise di licenziare tutte le sue truppe, salvando solo le guardie svizzere.

Le Guardie Nobili e le Guardie Palatine furono rimandate a casa. I gendarmi furono ridotti a semplici vigili urbani, con un'uniforme da guardiani dei musei al posto della tradizionale, prestigiosa uniforme napoleonica. Un'offesa per il Corpo, nato come Reggimento dei "Veliti" pontifici, cioè quei soldati romani che dovevano sempre essere i più esposti in prima linea.

La Gendarmeria aveva cominciato il suo servizio agli ordini dei papi poco meno di duecento anni prima con 1648 uomini e 525 cavalli fino a raggiungere il record di 5041 uomini prima della presa di Roma. I gendarmi erano tutti armati allora di sciabole, carabine a retrocarica Remington e pistole. Alla nascita dello Stato della Città del Vaticano nel 1929 non erano ormai più che un centinaio di uomini semi-disarmati.

Al momento della presa di Roma, l'intero esercito pontificio era di 13.175 uomini e di 1206 cavalli con un soldo che era tra i più alti dell'epoca. Con la riforma di Paolo VI si riduceva a un centinaio di giovani svizzeri armati quasi esclusivamente di alabarde.

Anche se così consistente ai tempi "eroici", non godeva di una gran fama di eroismo. Se è vero che perfidamente il presidente della terza Repubblica francese, Georges Clemenceau, avrebbe detto un giorno che "ci sono due cose che certamente non servono a nulla: l'esercito italiano e i coglioni del papa", forse la "Tigre" d'Oltralpe pensava allora soprattutto all'esercito di Pio IX il quale, nella difesa di Roma, per ordine del pontefice, si limitò a combattere quasi simbolicamente. Gli unici morti da parte papalina di quella giornata furono quattordici zuavi francesi comandati dal colonnello Athanase Charette de la Contrée, pronipote dell'omonimo eroe vandeano. Con loro caddero sotto le macerie del muro di Porta Pia tre soldati ignoti del colonnello romano Azzanesi e due cacciatori tedeschi al comando del colonnello svizzero Jeannerat.

Il 20 settembre 2008, con grande scandalo dell'opinione pubblica, il vice sindaco di Roma Mauro Cutrufo e il generale dei granatieri Antonio Torre se ne sono andati a commemorare il centotrentottesimo anniversario della storica caduta della città e hanno ricordato uno per uno i diciannove caduti papalini, ma si sono dimenticati di ricordare i quarantanove bersaglieri piemontesi caduti lo stesso giorno. In compenso il 20 settembre del 2010 il cardinale segretario di Stato Tarcisio Bertone ha accompagnato il sindaco Alemanno a rendere omaggio alla memoria degli antichi nemici davanti alla famosa Breccia dimenticandosi completamente dei caduti in difesa di Pio IX. Del resto ai piedi del monumento ai caduti dell'esercito pontificio che si trova al Verano, il cimitero di Roma, i nomi delle diciannove vittime erano scomparsi qualche anno fa sotto una corona di mirto in bronzo aggiunta misteriosamente non si sa bene da chi.

Solo il 2 gennaio del 2002 il Corpo di vigilanza per decisione sovrana di Giovanni Paolo II è tornato a essere il Corpo della Gendarmeria con l'incarico ufficiale della sicurezza.

Nel frattempo è andato in pensione il vecchio Ispettore generale Camillo Cibin, che è stato testimone dell'attentato a Giovanni Paolo II nel 1981 e che l'ha accompagnato nei suoi centoquattro viaggi in giro per il mondo. L'ha sostituito il suo vice Domenico Giani, un docente di pedagogia che ha prestato servizio negli organismi d'informazione e sicurezza della presidenza italiana del Consiglio dei Ministri.

I gendarmi fanno di tutto nel piccolo stato: dalle multe al controllo notturno della ragnatela di passaggi sotterranei. Sono poi naturalmente i "gorilla" del papa nei suoi spostamenti ma anche gli uomini dell'intelligence e dell'antisabotaggio.

Dall'inizio dell'Anno Santo del 2000, una sala operativa e di controllo, attrezzata con impianti d'allarme e di videosorveglianza di ultima generazione, è attiva giorno e notte.

Per il loro lavoro d'intelligence i gendarmi sono liberi di avviare intercettazioni telefoniche senza dover richiedere autorizzazioni a un magistrato come in Italia. Il codice di procedura penale vaticano stabilisce che ancor prima che gli atti relativi a un reato siano stati trasmessi all'autorità giudiziaria l'intercettazione telefonica può essere fatta dai gendarmi ai fini dell'accertamento di un reato. Sono le norme che erano in vigore in Italia nel 1929, recepite dalla legislazione vaticana con i Patti lateranensi. Nessuno ha pensato a modificare queste disposizioni, neppure Paolo VI con la sua legge del 21 giugno del 1969 che con discrezione abolì la pena di morte prevista da un regio decreto del 1926 richiesto personalmente da Mussolini.

Insomma i gendarmi hanno ritrovato tutti i loro antichi privilegi. L'unica cosa che non hanno recuperato sono le loro splendide uniformi napoleoniche con colbacchi e alti gambali di cuoio che consentivano al comandante un gigantesco copricapo con una voluminosa cascata di piume di vari uccelli multicolori.

GLI STRANI TRAFFICI DI MONSIGNOR IGNAZIO

Il piccolo mondo vaticano, uno Stato dalle dimensioni di un paese, non avrebbe teoricamente bisogno d'intercettazioni e di controlli telefonici. Furono opportuni forse durante la guerra e nell'immediato dopoguerra, almeno secondo il cardinale Nicola Canali che trasformò le suore del centralino in spie al suo servizio personale.

Molto spesso bastano gli occhi dei gendarmi, come dimostra l'incredibile vicenda di monsignor Ignazio rivelata da un rapporto riservato giunto sul tavolo del colonnello Spartaco Angelini nel settembre del 1969.

Mentre trascorreva le ferie nel Veneto, un gendarme riconosce monsignor D. in un uomo che usciva da un albergo di Chioggia insieme con una giovane donna assai attraente, probabilmente straniera, in abiti molto provocanti. Monsignor Ignazio D., reggente di una chiesa di Trastevere, era un alto funzionario della Caritas Internationalis ben conosciuto dai gendarmi. Dai rapporti di servizio risultava che si assentava dall'ufficio una o due volte al mese.

Monsignor Ignazio era un prelato romano, nato a Trastevere cinquantanove anni prima. Entrato giovanissimo nel Seminario Romano Maggiore, vi era stato ordinato sacerdote e aveva iniziato il suo ministero nella canonica di San Giovanni in Laterano. Aveva prestato servizio pastorale in varie parrocchie romane, divenendo poi parroco della chiesa di Santa Maria Addolorata in Trastevere, dove rimase vent'anni. Dopo un periodo di otto anni presso il Vicariato era stato insignito del titolo di "monsignore" e destinato ad un'altra parrocchia sempre in Trastevere.

I vecchi parrocchiani di Santa Maria Addolorata lo rimpiansero a lungo. Lo ricordavano come un sacerdote umile d'aspetto e dimesso nel vestire, l'incarnazione stessa della bontà e della misericordia. "Se esiste un santo sulla terra, questo è senza dubbio don Ignazio" ripetevano in molti.

231

Si diceva che dopo l'8 settembre 1943 avesse tenuto nascosta nella soffitta della casa parrocchiale una famiglia di ebrei, padre, madre e due bambine, rischiando la fucilazione se scoperto dai tedeschi. Dopo la liberazione di Roma aveva organizzato un centro raccolta di soccorsi da destinare ai bisognosi di varia estrazione.

Ottenuto il *placet* del cardinale Sergio Guerri (l'allora onnipotente governatore della Città del Vaticano), il comandante dà via all'operazione "Monsignor D." con la collaborazione dei carabinieri della Compagnia San Pietro.

Una decina di giorni dopo monsignor Ignazio viene agganciato da un'auto civetta vaticana alla sua partenza dalla parrocchia. Imboccata l'Autostrada del Sole in direzione di Milano, la vettura del prelato raggiunge l'area di servizio di Fabro. Monsignor Ignazio scende con una borsa da viaggio ed entra nella toilette. Ne esce senza talare, in jeans e t-shirt.

Quando arriva senza fermarsi al confine austriaco, i gendarmi tornano indietro.

Da quel giorno monsignor Ignazio venne seguito ogni volta che lasciava Roma. Il Comando dei carabinieri di Vipiteno aveva chiesto e ottenuto la collaborazione della polizia austriaca. L'itinerario era sempre lo stesso: passata la frontiera, prendeva alloggio a Innsbruck nell'abitazione di un certo Otto Kaster, alla periferia della città. Questo Kaster era ben noto alla polizia per sfruttamento della prostituzione e racket di locali notturni. Aveva anche subìto una condanna per spaccio di marijuana. Nel 1966 era stato assolto per insufficienza di prove dall'accusa di aver ucciso una prostituta trovata strangolata in un prato.

La moglie Annelise era un'ex ballerina di un music-hall di Salisburgo che, da giovane, aveva fatto la vita.

Monsignor Ignazio non stava in casa quasi mai. Raggiungeva sistematicamente la città insieme ad Otto. Quando tornavano, erano spesso accompagnati da una giovane donna. Talvolta anche da due. Passavano il pomeriggio prima della partenza in casa di Kaster con le finestre sbarrate e nel silenzio assoluto. Poi, a tarda sera, monsignore iniziava il viaggio di ritorno portando le donne con sé.

A Bologna usciva dall'autostrada e percorreva la via Emilia per alcuni chilometri in direzione di Anzola fino a un piazzale alberato dove una Mercedes in attesa prendeva a bordo le ragazze. Liberatosi del suo carico, tornava sull'autostrada. Si fermava per un breve riposo nella prima area di servizio per puntare poi decisamente senza più fermarsi su Roma. La Mercedes intestata a un certo A.C., incensurato, una volta prese a bordo le giovani donne, proseguiva fino a Ravenna.

Fermato una volta per un primo controllo da una pattuglia di carabinieri, il prelato aveva esibito una patente di guida vaticana intestata al dottor Ignazio D., residente nella Città del Vaticano.

Dopo tre mesi di pedinamenti e d'indagini ce n'era abbastanza per avere un esatto quadro d'insieme e per tirarne le conclusioni. Si trattava senza alcun dubbio del reclutamento di giovani donne da avviare alla prostituzione. Fu organizzato un piano per coglierlo in flagrante.

All'interno della Volkswagen parcheggiata sul ciglio della statale 12, circa un chilometro dopo il passo del Brennero per chi proviene dall'Austria, faceva un freddo del diavolo quella sera. Era passata da poco la mezzanotte e una pioggia sottile mista a nevischio turbinava attorno alla vettura, spinta da brevi e rabbiose raffiche di vento. All'interno, semintirizziti, sedevano, fumando una sigaretta dopo l'altra, il brigadiere Soderini della Gendarmeria e il brigadiere dei carabinieri Persico, del nucleo investigativo della Tenenza di Vipiteno. Cominciavano a essere stanchi: erano lì ormai da tre ore.

Persico ticchettava con la mano sulla piccola ricetrasmittente tenuta sempre accesa con la quale, ogni dieci minuti, effettuava una prova di collegamento col posto di frontiera, da dove un altro carabiniere doveva segnalare l'arrivo della macchina che stavano aspettando.

"Porco cane, che freddo! Ma quando arriva 'sta minchia de prete?"

"Ancora un po' di pazienza, Persico; vedrai che sta per arrivare, se vuole essere a Roma nella mattinata di domani… Almeno a giudicare da come ha sempre fatto fino ad ora."

"Ma da quanto dura 'sta storia?"

"Da alcuni anni, sembra…"

"E nessuno si era mai accorto di niente?"

"Pare proprio così."

"Com'è possibile che succedano certe cose?"

"Non ti meravigliare… Sono sempre successe… È mezzanotte e venti, prova a chiamare."

Persico premette il pulsante rosso del radiotelefono e attese. Una voce gracchiò.

"Zeta uno, sono in ascolto, passo."

"Qui Zeta due, prova di collegamento, passo."

"OK, Zeta due, passo e chiudo."

Persico aveva appena acceso un'ennesima sigaretta quando la cicalina della radio li colse quasi di sorpresa.

"Qui Zeta due, passo."

"Il gatto transita in questo momento, passo."

"Ricevuto, grazie. Passo e chiudo."

Persico mise rapidamente in moto il motore. Soderini pose il binocolo a raggi infrarossi a portata di mano, mentre la macchina cominciava a muoversi lentamente.

L'Opel grigia li sorpassò poco dopo a buona andatura e la Volkswagen iniziò il tallonamento. Sull'auto, oltre al "gatto" c'erano almeno due giovani donne bionde, come avveniva a ogni transito di frontiera.

A notte fonda attraversarono la periferia di Bolzano e imboccarono una deviazione per immettersi sull'autostrada per Trento e Verona. All'inizio dell'autostrada l'Opel rallentò e si portò nell'area di servizio. La Volkswagen prudentemente non la seguì, ma si fermò nella corsia di emergenza subito dopo l'uscita. Il brigadiere Soderini mise a fuoco il binocolo e guardò: riconobbe monsignor D. in bluejeans e maglione. Sembrava più scattante e più giovanile del prete di mezza età che conosceva mentre entrava nel bar con le mani sulle spalle delle due giovani donne.

Dopo una breve sosta, l'Opel riprese la corsa verso Trento a forte velocità. A Trento, l'Opel uscì dall'autostrada e si addentrò nella città, seguita dalla Volkswagen, ma con molta attenzione. Il tallonamento in una città deserta, alle due di notte, rischiava di essere scoperto. Dopo aver percorso una strada alberata, l'Opel si fermò davanti a un portone con due colonne ai lati. Una finestra del primo piano lasciava filtrare luce attraverso le tapparelle: evidentemente qualcuno era in attesa.

Monsignor Ignazio suonò il campanello e attese. Dopo pochi secondi s'illuminò la lunetta sopra il portone e si aprì un battente. Nel vano illuminato comparve prima la sagoma di un uomo alto e magro, e poi quella di una donna che si stringeva in una pelliccia: si muoveva a fatica come se fosse debolissima. Ci fu un rapido scambio di battute, poi la donna con la pelliccia fu fatta entrare nell'Opel. Monsignore pareva nervosissimo. Lo si vedeva gesticolare con foga, come se fosse contrariato per qualche cosa che non era andata nel verso giusto. Esaminò per un attimo, scuotendo la testa, qualcosa che l'altro gli aveva dato, risalì in macchina e partì. L'uomo alto rientrò e la luce si spense.

Tutto era durato meno di dieci minuti.

La Volkswagen si mosse a fari spenti e, prima di continuare il tallonamento, fece il giro della piazza. Il brigadiere dei gendarmi annotò la scritta sulla targa a lato del portone: "Dottor V. - Ginecologo". In un'area di servizio a venti chilometri da Bologna la macchina di monsignor Ignazio si fermò per fare benzina. Non essendoci ormai più dubbi sul percorso, gli inseguitori continuarono fino al punto d'incontro sulla via Emilia. Vi giunsero, infatti, con qualche minuto di vantaggio. Soderini scorse in una stradina laterale la Giulia dei carabinieri che avrebbe dovuto bloccare la Mercedes, una volta caricata la "merce". Tutto preciso come un orologio.

L'Opel del prelato ormai solo venne poi affiancata in uno spiazzo non molto lontano dove si era fermata. Monsignor Ignazio era seduto al posto di guida. Strinse nervosamente il volante e chiese: "Cosa c'è?"

"Monsignore, non so se lei mi conosce. Sono un brigadiere della Gendarmeria Pontificia: ho bisogno di parlarle. Anzi, se lei ha la bontà di avere un po' di pazienza, parlerà direttamente con il mio superiore che sta per arrivare."

Un ufficiale della Gendarmeria era in attesa in una macchina a fari spenti poco più avanti.

"Monsignore, buongiorno. Mi spiace doverla rivedere in questo luogo e in queste circostanze. Vorrei pregarla di rendere meno gravoso il mio compito."

"Sto ancora aspettando che qualcuno mi spieghi cosa sta accadendo. Non capisco nulla. Sono stato in Austria per contatti con le autorità ecclesiastiche locali sul problema delle vocazioni sacerdotali. Ho viaggiato tutta la notte. Sono stanco e dovrei essere a Roma per mezzogiorno..."

"Sappiamo che viene dall'Austria, da Innsbruck per l'esattezza, ma non crediamo che il suo viaggio abbia qualcosa a che fare con le vocazioni sacerdotali. Lei ha portato con sé tre giovani donne fino a Bologna..."

"Mi avete seguito?"

"Mi lasci finire, monsignore. Tre donne giovani, bionde e belle. Chi sono? Dove sono dirette?"

"Potrei dire semplicemente che mi hanno chiesto un passaggio e che io non so chi siano, e il discorso sarebbe chiuso, non crede? Le dirò, invece, come stanno esattamente le cose. Non c'è motivo che io nasconda alcunché. Ho incarico dalla Segreteria di Stato di ricercare personale volontario da inviare in territori di missione per coadiuvare i padri missionari nell'opera di assistenza e di evangelizzazione. Le tre ragazze cui lei alludeva sono aspiranti crocerossine. Sono destinate ad alcuni paesi africani... Mauritania o Costa d'Avorio... Un nostro incaricato s'interesserà delle pratiche per l'espatrio. Lei si renderà conto che la mia ricerca deve essere svolta con molta discrezione perché spesso le vocazioni laiche non sono viste di buon occhio dalle popolazioni locali, anzi a volte sono apertamente osteggiate."

"Sono minorenni le ragazze?"

"Non lo so."

"Come si chiama questo incaricato che s'interessa per l'espatrio?"

"Guardi, non mi sono mai interessato al suo nome completo. Lo conosco bene di vista. So che si chiama Franco, ma non so molto di più... È lui che mi aspetta con la macchina..."

"Monsignore, mentre io sono qui con lei, le tre ragazze e l'uomo che le accompagnava, il signor A.C. – si chiama così l'incaricato – si trovano in stato di fermo, per accertamenti, presso la caserma dei carabinieri di Anzola dell'Emilia. Vorrei che lei mi evitasse la necessità di un confronto."

"Insomma, buon Dio, che cosa volete dimostrare?"

"Vede, monsignore, noi stiamo cercando di salvarla... Mi creda, è la pura e semplice verità. Stiamo cercando di evitare che la polizia italiana s'interessi ufficialmente a lei. L'abbiamo fermata soltanto dopo che A.C. era andato via con la Mercedes, appunto per fargli credere che lei l'abbia fatta franca. Pensiamo che né lui né gli altri implicati in questa vicenda possano mai denunciarla, perché lei è stato così furbo da non dire mai il suo nome e il suo stato. Se lei vuole aiutare se stesso, deve rispondere a tutte le nostre domande. Se tergiversa o continua a mentire, ho l'ordine di consegnarla ai carabinieri e andarmene. Io, in questo momento, rappresento la sua unica possibilità di salvezza. Non la butti al vento!"

"Scusi, ma continuo a non comprendere. Se quel signore si chiama C. o D. me lo dice lei, non vedo cosa possa cambiare. Doveva pur chiamarsi in qualche modo, no? Se poi mi dice che è stato fermato dai carabinieri, non riesco a immaginare perché sia accaduto. Certo, non per fatti di cui io sia a conoscenza."

"Monsignore, vedo che non ha ancora afferrato il nocciolo della questione. Torno a dirle che se lei collabora con me, ciò che mi dirà non sarà mai rivelato a nessuno."

"Che cosa c'è da rivelare?... Non capisco."

"Allora cercherò di spiegarmi meglio, ma si ricordi che questa è l'ultima volta che lo faccio. La stiamo seguendo da tre mesi e sappiamo tutto. Non le sto chiedendo tanto di raccontarmi dei fatti, quanto di darmi delle spiegazioni. Si ricordi che è suo interesse rispondermi. Se non lo farà, io me ne vado e torno a Roma, e dico ai Carabinieri di procedere. Sappiamo che lei si reca in Austria una o due volte al mese, presso un noto pregiudicato di Innsbruck, Otto Kaster, per reclutare delle minorenni da avviare alla prostituzione in Italia e in Medio Oriente. Questo lo sappiamo già; non c'è bisogno che lei ce lo dica o ce lo confermi. Vogliamo soltanto sapere perché. Vogliamo sapere chi è esattamente questo Kaster e come mai lei lo conosce. Quali sono i suoi guadagni, a chi sono destinati, dove sono nascosti. Vogliamo sapere come può conciliare quest'attività criminale con l'immagine di sacerdote angelico che tutti a Roma conoscono. Vedo che finalmente ha capito. Ma faccia capire anche a me: che bisogno aveva di fare questo?"

"Le rivincite segrete."

"Che cosa?"

"Le rivincite segrete contro un'intera vita imposta da altri, voluta da altri, preparata da altri, e che ho accettato con gioia solo in apparenza. Tutto falso! Ho cinquantanove anni, ho recitato per tutta la vita, ho mentito tutta la vita. Ho mentito a me, ho mentito al mondo, ho mentito a Dio. Una commedia. Mi hanno messo in seminario da bambino dicendo che avevo sempre avuto la vocazione! Non ho mai avuto la forza sufficiente per ribellarmi apertamente. Anzi, paradossalmente, sono entrato nella parte e ho fatto di tutto per recitarla bene, odiando me stesso e gli altri. Cosa ne può sapere lei di cosa c'era dentro di me, quanta umiliazione, quanta frustrazione, quanto schifo, per non avere avuto il coraggio di ribellarmi, di spezzare l'involucro, di raccogliere i pezzi e di ricominciare tutto daccapo? Cosa ne può sapere lei del disperato bisogno di una rivincita segreta, come amo chiamarla, che riaffermasse la verità, che placasse per un attimo questa tempesta interiore, che mi facesse ritrovare Dio? Le sembro pazzo? Forse lo sono davvero. Ma io le dico che non ho mai sentito la vicinanza di Dio, non durante la Messa, non durante la confessione o in altri momenti del ministero sacerdotale, tanto quanto invece l'ho sentita quando compivo ogni sorta di nefandezze, anche se era un Dio che mi faceva paura. Ma lei che ne può sapere? Perché, sappia, si può adorare Dio sia pregandolo sia bestemmiandolo: è la stessa cosa."

"Quello che non capisco è perché non ha rinunciato al sacerdozio, perché questa doppia vita?"

"Gliel'ho detto, non ne ho avuto il coraggio. Ero prigioniero senza scampo della parte del prete. Una parte che odiavo, ma dalla quale non riuscivo a uscire. Forse lo avrei potuto venti anni fa. Ma allora era ancora vivo mio padre e io ne subivo l'oppressione psicologica, la sua volontà di pensare e di decidere anche per me, la sua dogmatica certezza che io fossi, che fossi sempre stato, il prete predestinato. Quando mio padre è morto era irrimediabilmente troppo tardi. Qualche volta ho anche meditato seriamente il suicidio. Poi ho incontrato Kaster e ho avuto la mia rivincita. Grazie a lui ho continuato a vivere. Sapesse quanto può aiutare a vivere una rivincita segreta!"

"Come e quando ha conosciuto Kaster?"

"Nel '44, a Roma. Era un caporale della Wermacht; era l'autista di un ufficiale superiore. Una sera venne da me a confessarsi e mi disse che voleva disertare. Lo aiutai a farlo, tenendolo nascosto fino alla fine della guerra. Dopo continuò a scrivermi periodicamente per confermarmi la sua riconoscenza. Nel '62 mi recai per una missione a Vienna. Al ritorno, passando per Innsbruck, pensai di rivedere Kaster. Era profondamente cambiato da come lo ricordavo. Sembrava precocemente invecchiato, eppure aveva circa dieci anni meno di me. Mi parve quasi un estraneo e provai una specie d'imbarazzo. Volevo andarmene, ma lui faceva di tutto per dimostrarmi la sua amicizia e la sua riconoscenza: mi doveva la vita. Accondiscesi a fermarmi due giorni, dimenticando di essere un prete... La moglie di Otto, Annelise, era ancora una bella donna e riuscì a sedurmi, con la chiara connivenza del marito. Dopo, conobbi una giovane donna di Linz, Ingrid Obenessen. Provai per lei una passione che mi travolse. Solo qualche tempo dopo seppi che era una prostituta. E seppi tante altre cose... Otto era nel giro della prostituzione e cercava un uomo fidato che potesse divenire una specie di agente per l'Italia. Pur essendo disponibile a traghettare donne col suo motoscafo in Grecia e in Turchia, Kaster riteneva assai pericoloso esporsi di persona alla frontiera con l'Austria, ove il frequente transito con giovani donne avrebbe potuto dare molto presto adito a sospetti. Il fatto che io fossi un ecclesiastico con tutti i documenti vaticani avrebbe potuto semplificare le cose. A tutti gli eventuali controlli avrei sempre potuto rispondere che si trattava di iniziative di volontariato per conto della Caritas Internationalis. Di fatto, non ci furono mai molti controlli e, quando ci furono, andò tutto bene, secondo le previsioni."

"Sappiamo che Kaster ha lavorato bene. Ci mancava però un anello. Circa un mese fa, fummo costretti a interrompere il solito pedinamento per noie meccaniche alla macchina, subito dopo il Brennero. Lei portava tre ragazze in macchina; quando giunse al solito appuntamento sulla via Emilia, ne aveva soltanto una. Pensavamo che le altre due le avesse lasciate da qualche parte durante il viaggio e volevamo sapere perché. Avevamo previsto giusto. Il dottor V. a Trento pratica aborti clandestini, non è così?"

"Sì, anche se si fa pagare un occhio della testa. Molte ragazze sono state convinte da Kaster a entrare nel giro proprio quando erano disperate per essere rimaste incinte. Il dottor V. pensa a tutto. Però adesso, mi scusi, sono stanchissimo, non ce la faccio più… Dove dobbiamo andare?"

"Ancora un minuto di pazienza, monsignore: perché stanotte, a Trento, ha ripreso una soltanto delle ragazze di cui le dicevo?"

"L'altra ha avuto un'emorragia fortissima. Dovrà stare a letto altri venti giorni."

"E se dovesse morire?"

"La morte e la vita sono nelle mani di Dio."

"È già successo qualche volta?"

"Adesso andiamo via, sono troppo stanco!"

"Quanto le rende tutto questo?"

"Molto più di quanto renda a lei il lavoro in Gendarmeria. Tenga, le voglio fare un regalo, sono novemila dollari… Da noi i pagamenti avvengono in contanti e soltanto in dollari."

"Li allegherò al rapporto. Dove tiene tutti i denari che ha guadagnato?"

"Le dirò solo che sono al sicuro fuori d'Italia. Non cerchi di farmi dire di più, che perderebbe il suo tempo. Comunque, può anche non crederci, ne ho donato più della metà in beneficenza… E non è stato un tentativo di salvarmi l'anima. Credo che sia ormai troppo tardi: ci sono dei limiti anche alla misericordia di Dio. La verità è che del denaro non mi è mai importato molto. Era molto più importante la rivincita segreta, il senso di pace che poteva darmi. Chi conosce la verità su di me?"

"Pochissimi altri, oltre a me."

"Davvero non avete intenzione di denunciarmi alla polizia italiana?"

"Questo lo decideranno altri, ai quali ho l'obbligo di riferire."

"Sarò in ogni caso sottoposto all'Ufficio disciplina del Vicariato. A Roma, per me, è finita."

"Andiamo, mettiamoci in viaggio."

"Dove andiamo?"

"L'accompagno a casa sua, a Roma..."

Monsignor Ignazio sparì nel nulla, rapidamente e senza clamore. Si vociferò che avesse accettato di essere trasferito, ridotto allo stato laicale, in un monastero nell'estremo sud d'Italia.

Quindici anni dopo apparve una notizia di poche righe su un quotidiano romano: "Monsignor Ignazio D. è morto due giorni fa in una clinica di Palermo per collasso cardiaco. È tornato finalmente nella sua Roma, a Trastevere, come da sua espressa volontà testamentaria, in quella Roma dove, per moltissimi anni, aveva profuso tanto bene e tanto amore. Una folla commossa ha partecipato ai funerali nella chiesa di Santa P."

GLI ULTIMI COLPI DI PICCONE

"I giovani continuano a costruire sulla fatica di quanti sono stati giovani e pieni di forza e che un giorno rimetteranno la loro opera in mani più giovani" disse Giovanni Paolo II agli anziani di Monaco di Baviera il 19 novembre del 1980, in occasione del suo primo viaggio in Germania.

L'ottantaquattrenne Fritz Walter Mailänder non c'era quel giorno ad ascoltare il papa. Un centinaio di chilometri più a nord assisteva con i tratti del volto tirati per non piangere alla fine dell'azienda alla quale la sua famiglia era legata da quasi due secoli. La Bergbräu moriva a Fürth sotto i colpi dei picconi e delle mandibole delle pale meccaniche. La storica fabbrica di birra passata dalle mani di Wolf Loeb a quelle della sua discendenza fino alle sue non sarebbe più passata ad altri giovani Mailänder.

Della grande tribù dei figli e dei figli dei figli di Wolf e Jeannette, alcuni sono morti in tempo per evitare gli orrori nazisti, gli altri sono stati travolti dalla tempesta della Shoah, o morendo nei lager o trascinati in giro per il mondo dal gran vento della fuga disperata. Altri hanno cercato con accanimento di rimanere collegati alle origini.

Alla morte del padre nel 1871 la Bergbräu era passata a Leonhard, il maggiore, e a Paul, il terzogenito.

Fecero crescere la già prospera azienda che nel 1883 trasferirono in un nuovo complesso alla periferia della città. La nuova Bergbräu immersa nella campagna ebbe la sua parte nella vita sociale di Fürth. Per gli abitanti la birreria fuori le mura divenne luogo d'incontro e di gite fuori porta. I clienti si sedevano su rozze panche, ombreggiate da vecchi alberi a godersi la birra Mailänder. Una grande sala poteva ospitare decine di famiglie. Sotto un chiosco nei giorni festivi suonava la banda musicale. La spensierata allegria delle feste nella birreria veniva ancora ricordata con nostalgia dai più anziani ai tempi di mia madre.

Intorno al 1890 il deputato socialdemocratico A. F. Bebel aveva chiesto di parlare ai suoi elettori nella Bergbräu. Il Comandante della Piazza di Fürth annunciò che in tal caso nessuna banda militare ci avrebbe più suonato. Bebel rinunciò al comizio ma la birreria venne boicottata dal partito socialdemocratico e dai sindacati. Il boicottaggio finì dopo il pagamento di un "riscatto" di alcune migliaia di marchi. Dagli archivi della Bergbräu scomparve un documento su questa vicenda durante l'arianizzazione dell'azienda nell'era nazista.

Fu il figlio di Paul a riprenderne la gestione, giovanissimo ma con una notevole esperienza di vita e di mestiere.

Fritz Walter aveva sedici anni quando scoppiò la prima guerra mondiale. Nel 1915 si arruolò e tornò a casa soltanto alla fine della guerra nel gennaio del '19. Suo padre nel frattempo era morto e dovette quindi prepararsi alla successione. Frequentò una scuola di birrai e dopo un tirocinio in altre fabbriche della zona, lo zio Leonhard se lo mise al fianco per completarne la formazione professionale e quindi lasciargli le redini. Dopo un primo matrimonio con Ida Hirschmann figlia unica di una ricca famiglia israelita di Norimberga, sposò nel 1938 Irene Landmann, una sua coetanea di Fürth.

Poche settimane dopo le nozze, nella "Notte dei cristalli", Fritz venne arrestato e deportato nel campo di concentramento di Dachau, in seguito alla delazione di un suo ex impiegato.

Irene riuscì a liberarlo dopo aver dimostrato che la famiglia aveva ottenuto il visto per Israele. Erano cresciuti entrambi in famiglie tedesche assimilate e di loro libera scelta non ci sarebbero mai andati. Ma in quel momento il trasferimento in Israele era stata l'unica chance per sfuggire rapidamente alle grinfie dei nazisti. Per il cugino Fritz fu un dolore mai superato, come confidò una volta a mia madre, lasciare la patria, la sua Fürth e la Bergbräu.

Partirono nella primavera del '39 con i figli. Nel frattempo l'azienda era stata confiscata sulla base del decreto del 3 dicembre 1938 che imponeva l'arianizzazione delle aziende.

In Israele i coniugi Mailänder presero in gestione un piccolo negozio di generi alimentari e riuscirono a crearsi una nuova esistenza. In quegli anni gli ebrei erano costretti a lasciare la Germania con una somma irrisoria di denaro, quanto bastava a sfamarsi durante il viaggio. Il cugino Fritz ha ricordato a mia madre quanto fosse stato duro dover imparare l'ebraico e adattarsi a costumi con i quali in gioventù aveva avuto poca dimestichezza.

Quando nel 1948 in Israele la situazione sembrò diventare preoccupante, Fritz decise di inviare il figlio ormai diciassettenne in America e fu una decisione terribilmente sofferta.

Nel 1950, quando uscì in Germania la legge sulla restituzione dei beni agli ebrei, Fritz partì da solo per Fürth con il progetto di vendere tutto e di tornare poi in Israele. Ma giunto sul posto, colpito dall'abbandono in cui versava la fabbrica, cambiò idea. L'affetto per la terra natale e per l'azienda familiare vinse. Con enorme coraggio si rimboccò le maniche e la rimise in sesto. Riuscì anche poco a poco a liberare la villa di famiglia occupata dagli sfollati. Fece tornare la moglie da Israele, dove la figlia si era nel frattempo sposata.

Nel 1960, visto che né il figlio Walter ormai cittadino americano e impegnato in altre attività, né altri nipoti sarebbero tornati a Fürth per dargli una mano, Fritz prese la decisione di mettersi in società con il giovane proprietario di un'altra fabbrica di birra. Nel 1962, nel centenario dell'azienda, i giornali della Baviera riportarono con grandi titoli la storia della Bergbräu e della famiglia Mailänder sottolineando lo stretto legame fra questi due nomi e la storia della stessa città.

La festa fu entusiasmante e indimenticabile ma anche faticosa e dispendiosa. Durò una settimana. Venne servita birra a quasi mille clienti al prezzo simbolico di tre *Kreuzen*, cioè al prezzo del 1862. Fritz ricordò che di quei cento anni sul suo conto personale erano da contarne quarantadue che gli erano sembrati passare molto rapidamente.

Dopo un primo periodo di buona collaborazione i rapporti con il socio si fecero sempre più difficili. Il cugino ne fu molto amareggiato, ma non seppe trovare il modo di uscire dalla situazione, anche perché la concorrenza nel settore era ormai divenuta pesante. Così, quando nel 1973 il suo socio si uccise, pressato da troppi problemi, l'ormai molto stanco e anziano Fritz cedette l'azienda a un importante gruppo industriale.

Fritz e Irene continuarono a vivere nella loro casa, mentre la fabbrica veniva gradualmente delocalizzata.

Nel 1978 la coppia ormai ultraottantenne prese l'inevitabile decisione di ritirarsi in un residence per anziani a Kissingen, una stazione termale della Baviera. Fu un grande dolore per il cugino dover abbandonare Fürth e il mondo della sua famiglia, la grande proprietà dove aveva giocato da bambino, la casa con tutti i suoi ricordi e le sue cose.

Poco prima che i coniugi lasciassero Fürth per sempre, mia madre andò a trovarli nel febbraio del '79. Era da quarantasei anni che non tornava in Germania. I suoi famigliari più intimi e gli amici più cari non c'erano più. Per molti decenni si era rifiutata di tornare in questo paese che aveva perseguitato lei, i suoi e tutti gli ebrei. Continuava a identificare senza distinzione i tedeschi con i carnefici dei suoi cari e di milioni di esseri umani la cui unica colpa era stata di appartenere alla "razza ebraica".

Ricordo benissimo che in quegli anni evitava di avere contatti con i tedeschi e di servirsi della lingua materna. Aveva perfino perso in parte la capacità di usarla correttamente.

Qualche tempo dopo, questo rifiuto così totale delle sue origini cominciò ad attenuarsi. Forse si rese conto poco a poco che le radici di un albero sono legate a un terreno e che questo terreno, che lo volesse o no, era tedesco.

A Fürth era stata l'ultima volta nel 1933 ospite della Bergbräu, un incontro con la famiglia che aveva quasi rimosso dalla memoria: aveva ancora nel cuore il terribile sgomento vissuto nella cittadina nei giorni dell'ascesa del nazionalsocialismo.

Prima d'incontrarsi alla stazione, si erano chiesti entrambi se si sarebbero riconosciuti. Ma quando vide venirle incontro sorridendo la bella figura di un distinto signore anziano che non sembrava certo un ultraottantenne, mia madre non ebbe dubbi. Fu lo stesso per suo cugino Fritz.

Alto e dai modi pacati, in Fritz Mailänder mia madre ritrovò i tratti di mio nonno. Aveva la sua stessa diffidenza nei confronti dei comportamenti frettolosi, ansiosi e rumorosi giudicati un po' il difetto di molti ebrei. Di spirito acuto, amava scherzare e le sue battute sembrarono a Mariechen espressioni della sottile bonaria ironia caratteristica di tanti Mailänder dagli occhi sempre vivi e come divertiti per far intuire quello che ancora non è stato detto.

Insomma Fritz e l'estroversa e vivacissima Irene le ricordavano i suoi genitori così diversi eppure così ben assortiti.

Con l'aiuto di un amico, un docente israelita, Fritz aveva fatto delle ricerche sulla famiglia Mailänder all'Archivio di Stato della Baviera a Norimberga. Si era recato anche nel borgo natale di Wolf Loeb. Diespeck era rimasto un borgo tranquillo e quasi addormentato. Della grande comunità ebraica di altri tempi non c'era più traccia. Vi risiedevano ormai due soli nuclei familiari, una coppia molto anziana e una famiglia che custodiva l'antico cimitero israelitico a pochi minuti dal paese dove sono sepolti i miei avi. La vecchia ebrea riuscì soltanto a ricordare che la bisavola Lea sapeva fare degli ottimi biscottini. Una vicina, un'anziana contadina che aveva prestato servizio in casa di Lea, ripeté più volte che in quella casa si beveva una buona birra. Fritz commentò tra il serio e il faceto, ma con grande malinconia, che dopo mezzo secolo di una persona non era rimasto altro che il ricordo di birra e biscotti!

Anche al cimitero incontrò delle difficoltà. L'amico professore che avrebbe dovuto aiutarlo nella decifrazione e nella traduzione delle iscrizioni sulle antiche tombe, essendo un Cohen non poteva entrarvi, secondo le regole ebraiche per questa famiglia sacerdotale. Come tutti i Mailänder della sua generazione, Fritz non aveva studiato l'ebraico. "Speriamo che il buon Dio chiuda un occhio al momento della sepoltura del professore, visto che i cimiteri gli sono vietati!" scherzò Fritz con mia madre.

Si mostrò molto riservato sulle sue vicissitudini. Tuttavia le raccontò qualcosa del periodo passato in campo di concentramento, ma senza drammatizzare e senza asprezza. Anzi si ricordò di alcune storielle che giravano fra gli internati per cercare paradossalmente col sarcasmo di tenere il più alto possibile il morale.

Le recitò anche un'antica preghiera per bambini nella quale erano state sostituite le parole: *"Mein lieber Gott mach mich blind* (Buon Dio mio, fa' che diventi cieco)*; Dass ich alles herrlich find* (che tutto possa trovare magnifico)*; Mein lieber Gott, mach mich taub* (Buon Dio mio, fa' che diventi sordo)*; Dass ich an den Unsinn glaub* (che possa credere alle sciocchezze)*; Mein lieber Gott mach mich stumm* (Buon Dio mio, fa' che diventi muto)*; Dass ich nicht nach Dachau komm* (che non finisca a Dachau)*; Mach mich blind, taub und stumm zugleich* (fa' che diventi cieco, sordo e muto tutto assieme)*; sodass ich liebe das Dritte Reich* (che possa amare il terzo Reich).*"

Fritz Walter, Irene e Marianne si lasciarono sapendo che non si sarebbero più rivisti ma senza i gesti che di solito segnano gli addii importanti, com'era nella tradizione dei Mailänder.

L'ultima lettera di Fritz a mia madre fu nel novembre del 1980 per annunciarle i primi colpi di piccone sulle mura della Bergbräu.

L'Aldilà tra Mitterrand e Wojtyla

Giovanni Paolo II era testa dura anche nelle amicizie. L'Opus Dei l'aveva aiutato per molti anni quando veniva a Roma dalla Polonia come vescovo e poi cardinale squattrinato, sprovvisto di collaboratori, per far fronte ai suoi impegni sinodali e curiali. L'Opera è stata compensata come si sa, divenendo l'unica prelatura nel suo genere e ottenendo molti posti chiave, fra i quali quello del portavoce Joaquin Navarro-Valls. Ha fatto lo stesso con i Legionari di Cristo che offrivano durante il pontificato la loro ordinatissima assistenza in tutte le cerimonie pubbliche.

Quando riusciva a stabilire un contatto profondo, cosa che non gli era difficile, l'amicizia si creava per sempre e nonostante tutto. Nutriva amicizia perfino per il generale Jaruzelski, del quale ovviamente disapprovava politica e decisioni. Era divenuto un grande amico del socialista mangia-cristiani Sandro Pertini, così com'era divenuto grande amico di François Mitterrand, che il filosofo cattolico Jean Guitton definiva "un re socialista curioso di Dio".

Una prova della sua costanza nelle amicizie e della sua riservatezza nelle relazioni con gli amici è proprio uno scambio epistolare con lo scomparso presidente francese del quale non sono riuscito a trovare poi traccia né fra i documenti raccolti dal postulatore della causa di beatificazione di papa Wojtyla né nella memoria dello stesso monsignor Dziwisz, oggi cardinale arcivescovo di Cracovia. Una conferma di un'attività epistolare personalissima che evadeva qualsiasi registrazione ufficiale.

Forse nella storia della Chiesa non esistono scambi di lettere fra papi e monarchi o capi di stato che non siano poi stati recuperati dall'Archivio Segreto, da Enrico VIII a Mussolini, dalla regina Cristina di Svezia a Charles De Gaulle, dall'imperatore Ghazan di Persia minacciato dai Mamelucchi al presidente John Kennedy all'epoca della crisi di Cuba e così via.

Ma di questa lettera scritta di suo pugno da Karol Wojtyla a François Mitterrand apparentemente non resterà traccia.

La sua storia comincia nel mese di settembre del 1994 quando il nunzio a Parigi, monsignor Lorenzo Antonetti – ultranovantenne quando ci ho parlato, ma lucido e attivo nel suo pensionato di suore, mi ha detto anche lui di non ricordare – lascia una mattina la sede della nunziatura al numero dieci della centralissima avenue du President Wilson. Si recava in un vecchio palazzo borghese di rue de Fleurus, nel sesto *arrondissement*, vicino ai giardini del Luxembourg, proprio accanto alla casa di Edith Stein. Ci abitava, in gran solitudine, il vecchio filosofo cattolico Jean Guitton, circondato da una confortevole confusione di libri e di pile di giornali che la sua fedele segretaria, mademoiselle Claire Hude, cercava disperatamente di razionalizzare.

Ho parlato a suo tempo con il vecchio filosofo. Ha cercato di proteggere la vicenda con dei "non ricordo bene, sa sono molto anziani, la memoria..." ma in sostanza l'ha confermata.

Nel 1994 Jean Guitton ha novantatré anni ed è il più longevo accademico di Francia, con oltre trent'anni di presenza sotto la *Coupole*. Amico di Teilhard de Chardin, ma anche del suo allievo marxista Louis Althusser, intimo di papa Roncalli ma anche di Paolo VI, è il solo laico che abbia preso la parola davanti ai vescovi riuniti in Concilio.

Questo in sostanza il motivo del colloquio tra l'ambasciatore del papa e il filosofo ultranonagenario: il presidente Mitterrand, malato di un cancro alla prostata ormai molto avanzato, potrebbe forse morire mentre è ancora in carica. Un suo riavvicinamento alla fede, confermato da funerali religiosi, potrebbe avere un impatto significativo sull'opinione pubblica non solo francese. Guitton è un suo amico di antica data...

"Ma cosa crede, Eccellenza? – replica grosso modo il filosofo, che alla sua età non teme certo di apparire brusco – Non posso mica andare a bussare alle porte dell'Eliseo e chiedere di vedere il presidente, anche se lo conosco da cinquant'anni, spiegando che voglio parlargli della sua morte annunciata!"

Il 30 settembre Jean Guitton è a Roma. L'associazione Gioventù missionaria ha organizzato una mostra di una cinquantina di suoi quadri – il filosofo è anche un apprezzato pittore – ispirati al tema della pace nel mondo.

Il giorno dopo Giovanni Paolo II è impegnatissimo a preparare il discorso di apertura del sinodo dei vescovi. Per di più tutte le udienze sono state sospese non solo per la pausa estiva ma anche per le condizioni di salute del pontefice, ancora legato ai ritmi della fisioterapia educativa dell'anca destra lussata da una caduta.

Ma per Guitton e per la sua missione il tempo si trova. Come ogni primo sabato del mese, il papa recita quella sera il rosario con i fedeli radunati nel cortile di San Damaso. Fra loro c'è anche il filosofo con il suo vecchio *chapelet* fra le mani, accompagnato dalla sua segretaria.

Mentre il papa sta terminando la recita delle preghiere dal balcone, Guitton viene invitato a salire alla prima loggia. Il pontefice gli viene incontro. La conversazione fra i finestroni e le pareti affrescate si prolunga per quasi venti minuti. Entrambi sono in piedi. Entrambi si appoggiano a un bastone. Sembra una scena irreale, manzoniana.

Non ci saranno fotografie. Non è tempo di ricordi per il futuro. È solo tempo per il futuro più lontano, per l'Aldilà: per François Mitterrand, per l'anziano intellettuale e forse per lo stesso pontefice che si avvicina ai settantacinque anni ed è pieno di acciacchi.

Nessuno saprà mai cosa si sono detti il filosofo francese e il pontefice che la morte l'aveva ben vista davanti agli occhi un 13 maggio di tredici anni prima. La solo cosa certa è che, al termine della conversazione, il papa si fa portare da monsignor Stanisław Dziwisz una busta già chiusa con il suo stemma sul lembo. La prende e la consegna a Jean Guitton che s'inchina a baciare l'anello, fermato dal papa con un abbraccio. Il giorno dopo Jean Guitton è di nuovo fra i suoi libri a rue Fleurus.

Quando il filosofo si reca all'Eliseo per consegnare la lettera si trova di fronte ad un muro di funzionari che invocano gli impegni e la stanchezza del presidente per non aprirgli la porta dell'appartamento privato.

Deve sventolare alta la missiva, spiegando che si trattava di un affare di Stato. Dopo un quarto d'ora è seduto di fronte a Mitterrand che legge attentamente le parole di papa Wojtyla. "Risponderò!" si limita a commentare con un tono di voce grave che è anche un congedo.

Il 18 novembre, un venerdì, poco prima delle cinque del pomeriggio, all'imbrunire, è la volta del presidente francese di venire a bussare alla porta di Jean Guitton. Avvertito il giorno prima, il vecchio intellettuale solitario e disordinato, vedovo da vent'anni, ha fatto dare una pulita alla moquette e tirato fuori in bella vista un suo ritratto di Blaise Pascal, la sua tela più riuscita.

Il presidente si siede su una poltrona ormai sfondata dal tempo e ricoperta alla bell'e meglio da una coperta rossa.

I due parlano a lungo e di tutto.

"Lei è il presidente che ha creato il socialismo alla francese. Ma lei è anche il successore dei re e dei capi di Stato che l'hanno preceduta e il rappresentante della Francia cristiana" gli ricorda Guitton agitando una mano ammonitrice e corrugando la fronte sopra la spessa montatura degli occhiali.

"Ma la morte? Cos'è la morte? Cosa c'è dopo?" gli chiede Mitterrand, al quale restano pochi mesi di presidenza e un anno di vita.

"Nessuno lo sa, presidente. Ed è per questo che si chiama l'Aldilà."

François Mitterrand avrà due funerali religiosi per sua dichiarata volontà, uno di Stato nella cattedrale *Nôtre Dame* di Parigi e uno privato nella chiesa del suo paese natale, Jarnac nella Charente.

Lo scomparso cardinale di Parigi Jean Marie Lustiger, che celebra quelli ufficiali, cita le stesse parole usate nella prefazione alla *Morte intima* di Marie de Hennezel: "Nell'uomo c'è una parte di eternità, qualcosa che la morte mette al mondo perché poi rinasca altrove".

A Berlino con papa Wojtyla

Pensavo che non sarei mai andato a Berlino. Ci sono emozioni forti che a volte si teme di non poter metabolizzare.

Mi ci ha portato Giovanni Paolo II nel giugno del 1996 quando fu chiamato dal presidente Helmut Kohl a benedire la riunificazione della Germania alla quale aveva certamente contribuito.

Mentre si rivolgeva ai capi-rabbini tedeschi nello storico quartiere di Charlottenburg, sono andato a cercare i fantasmi della Grossbeerenstrasse che mia madre aveva ritrovato quasi vent'anni prima vincendo la paura del ritorno.

La strada sembrava isolata dalla Berlino di nuovo piena di vita dopo la caduta del muro. Il pomeriggio era umido e freddo, il silenzio era disturbato solo dagli echi delle sirene lontane dei servizi di sicurezza. Al numero sessantotto una palazzina non corrispondeva affatto alle descrizioni. Eppure il quartiere mostrava di aver resistito senza danni ai bombardamenti e alle ristrutturazioni ubanistiche della città.

Non c'era traccia delle finestre del salotto di oma Reli e della *garçonnière* dello zio Carl che dovevano affacciarsi sulla strada. Una grande saracinesca chiudeva un garage o forse un magazzino. La tristezza poco a poco mi scendeva sulle spalle e nel cuore insieme a una nebbiolina diafana e surreale. Un portone era aperto. Alla destra dell'androne una piccola scala semibuia avrebbe dovuto portare all'appartamento di oma Reli. C'era solo un muro freddo e ostile che chiudeva ogni speranza. Poi una piccola luce a sinistra mi apparve come un richiamo. Era la luce del vecchio giardino interno dove poco a poco ho ritrovato i luoghi delle vecchie fotografie di famiglia, la finestra della mitica sala da pranzo, il cuore dell'appartamento, e la finestra della camera dove dormiva mia madre quando era ospite della nonna.

Ed ecco materializzarsi come grumi di nebbia ectoplasmi e scintille delle anime vittime della violenza, le *nizizit ha-neshamot* venute dai campi di sterminio.

Ciao uroma Reli. Mi hai conosciuto solo per lettera, ma hai avuto tempo di pensare a me, vero? Zio Carl! Tutto è sempre "eccellente"?

Zia Louise! Avevi ottantasette anni quando ti hanno portato a Theresienstadt. Eri sola. Avevi già perso da molto tempo tuo marito e i tuoi tre figli. Forse è stato meglio così. Per quante settimane hai dovuto ascoltare l'orchestra che accompagnava gli "ospiti" alle camere a gas prima che arrivassero le tue sorelle?

Il piccolo Paul Rabinovich trascinato dalla Danimarca a tredici anni in quel campo "modello" per ebrei nei sobborghi di Praga: lo ricordi? Sembrava un arcangelo con la sua tromba. Quante volte mi son detto: vai a cercarlo, chiedigli: hai conosciuto... hai conosciuto... hai conosciuto? È morto nel 2008. Avrei avuto tutto il tempo...

A settembre è arrivata Aurelie, abbracciata a Wally, quasi fossero un solo corpo madre e figlia. Così le ho pensate! Mi è difficile immaginare la gioia e il dolore del vostro incontro. E poi la "piccola" Else, la decima della tribù, così frivola, così graziosa, così attenta al suo aspetto, ormai stremata dagli stenti e dal lungo calvario in un vagone bestiame.

Else, porti ancora una gonna Liberty! Così ti voleva Moritz. Ricordi quando offrivate agli ospiti i piccoli campioni del fiorito cotone indiano? Marianne ci faceva i vestitini per le bambole.

Arthur Liberty, il vostro amico fraterno di Londra che aveva aiutato Moritz ad aprire la sua Liberty House a Berlino, ha pensato a voi con affetto. Lo so perché Mariechen era andata a trovarlo prima di morire.

Anche io ho solo camicie Liberty, zia Else! Forse tuo figlio Edgard ne indossava una quando fu catturato. Fuggiva con sua moglie Yvonne e con le figlie Silvie e Annette per le strade sterrate del sud della Francia.

Ne avevi viste di tutti i colori, mio povero Edgard: da una banca di Berlino eri finito a gestire una piccola pensione a Maison-Lafitte e a lucidare le scarpe ai pochi clienti, magari tedeschi, che ti caricavano sulle spalle le loro valigie.

Ma non è bastato. Alla fine hai visto anche scomparire in una camera a gas due giorni prima di te la dolce Yvonne e le tue piccole che non avevano ancora vent'anni.

Scusate, si è fatto tardi. Devo andare... il papa...

Ehi, nonno Fritz! Dove ti eri nascosto? Quasi quasi me ne andavo senza salutarti. Sento ancora la tua mano stringere la mia quando attraversavamo la strada per andare ai giardinetti di via Marcello Prestinari. Ci ha scritto il tuo amico polacco di Auschwitz. Avrei dovuto cercare anche lui... quanti rimorsi!

Ora devo proprio andare. Il papa deve aver finito di parlare alla comunità...

Ai capi-rabbini Giovanni Paolo II aveva appena detto che ci fu pure chi in quel fatidico novembre del 1938 denunciò dai pulpiti gli incendi delle sinagoghe. Ma aveva anche ammesso con grande onestà che erano "stati troppo pochi quelli che difesero gli ebrei".

Poi allo stadio olimpico evitò di ricordare cosa aveva fatto Pio XII per aiutare gli ebrei, come aveva scritto nel discorso distribuito alla stampa.

Mentre il papa si avvicinava la domenica sera alla Porta di Brandeburgo tenendo per mano il gigantesco cancelliere Helmut Kohl, sia il portavoce vaticano Joaquin Navarro-Valls, sia il cardinale Achille Silvestrini spiegarono candidamente che Giovanni Paolo II non aveva letto quelle righe perché "aveva fretta".

Così vanno le cose in Vaticano e forse non solo.

Finito di stampare in Firenze
presso la tipografia editrice Polistampa
aprile 2012